商业银行信息披露的比较与分析

——基于巴塞尔委员会的要求

胡奕明　等著

中国财政经济出版社

图书在版编目（CIP）数据

商业银行信息披露的比较与分析：基于巴塞尔委员会的要求/胡奕明等著. —北京：中国财政经济出版社，2014. 12
ISBN 978 - 7 - 5095 - 5890 - 4

Ⅰ. ①商…　Ⅱ. ①胡…　Ⅲ. ①商业银行 - 银行会计 - 经济信息 - 研究
Ⅳ. ①F830. 33

中国版本图书馆 CIP 数据核字（2014）第 285882 号

责任编辑：徐　洁　　　　　　封面设计：耕　者

中国财政经济出版社 出版

URL：http：//ckfz. cfeph. cn

E - mail：ckfz@ cfeph. cn

社址：北京市海淀区阜成路甲 28 号　邮政编码：100142

营销中心电话：010 - 88190406　北京财经书店电话：010 - 64033436、84041336

北京财经印刷厂印刷　各地新华书店经销

710 × 1000 毫米　16 开　17. 5 印张　280 000 字

2014 年 12 月第 1 版　2014 年 12 月北京第 1 次印刷

定价：46. 00 元

ISBN 978 - 7 - 5095 - 5890 - 4/F · 4753

（图书出现印装问题，本社负责调换）

质量投诉电话：010 - 88190744

打击盗版举报热线：010 - 88190492，QQ：634579818

序言
Preface

2001 年的时候，笔者完成了题为“商业银行信息披露的国际比较”的博士后报告。2013 年，即 12 年之后，又起意要完成同样的一项工作。

在这 12 年当中，银行业、特别是中国的银行业发生了巨大的变化。今天的国际和国内经济、金融环境也与往昔大不相同。经过 2007 年的金融危机，银行业面临的竞争环境、监管环境与 12 年前相比已大大改变，银行自身的发展也千差万别。在这 12 年当中，有的银行迅速成长，有的则陷入困境。这 12 年，中国银行业的发展可谓骄人。2001 年，中国只有 3 家上市银行，“四大”国有银行尚未完成股份制改造。而到了 2013 年，中国的上市银行已有 16 家，“四大”国有银行已成为香港 H 股和国内 A 股市场的“定海神针”。

2001 年完成的博士后报告主要根据巴塞尔委员会对银行信息披露的新要求，对巴塞尔委员会 12 个成员国 60 多家银行、11 个非成员国 37 家银行以及中国 18 家商业银行的年报进行了调查，采用了“披露指数”和“披露比率”两个分析工具，目的在于了解各国银行信息披露的现状，分析中国商业银行与巴塞尔委员会要求以及与其他国家银行之间的差距，为中国管理当局推动商业银行的信息披露提供参考。

当时的主要结论是：（1）成员国银行披露较好，对于巴塞尔委员会的要求及其变化跟进较快。各成员国在披露方面参差不齐。与美国银行相比，加拿大银行在信用风险方面披露较好，日本银行则在市场风险披露较好；（2）非成员国在总体上披露不如美英银行，但在有些地方不比它们差，如对信用风险及其管理的披露。在所调查的非成员国中，澳大利亚、新加坡披露水平较好，接近美英银行。其次是南非、韩国、中国香港、墨西哥和马来西亚。各国和地区在公开披露的管理方面各有千秋。如新加坡和香港的银行披露水平与其金融管理当局的规范有很大关系，要求高、披露好。韩国银行则在信用风险管理技术开发方面走在其他国家前面；（3）中国商业银行披露水平总体很低，不及非成员国银行。但上市银行情况较好，已达到非成员国银行的平均水平，接近香港和韩国银行。国内银行披露情况好坏依次是：上市银行、国有独资银行、非上市股份制商业银行和城市商业银行。影响中国商业银行披露水平的因素主要有：缺少必要的规范、业务发展和披露要求之间存在不适应性、信息披露的数据基础不够理想。

2013 年的第二次调查其范围与 2001 年的稍有不同，主要是因为巴塞尔委员会在 2009 年纳入了一批新成员，其中有许多国家或地区在上次调查时还是非成员国。为保持调查范围的一致，这次的调研对象包括：（1）以 1974 年共同成立巴塞尔委员会的十大工业国的商业银行 48 家；（2）亚洲 5 个国家和地区（分别是中国台湾、中国香港、新加坡、澳大利亚和韩国）的 36 家商业银行；（3）国内 16 家上市银行；（4）国内非上市银行（以城市商业银行为主）的 90 家银行。

在调研方法上，两次工作基本相同。首先根据巴塞尔委员会的信息披露调查，设计一个调查问卷。通过对年报的阅读，对披露项目进行打分，最后对这些分数进行比较分析。不过在这次的调研中，对上述四类银行的调查分别由四个人负责，由笔者负责对他们的工作进行纠偏。经过几轮测试，四个人的评判标准趋于统一。之后，四个人各自独立完成相应的部分。不过，尽管有上述纠偏，但不同打分者对标准的把握可能仍存在系统性偏差，导致4类银行之间的分数不能直接进行比较。而2001年的打分完全由一个人完成，不同类别的银行之间可以直接比较。另外，在这次调查中，年报大多采用某一年度如2012年的年报，但在对国内上市银行进行分析时，考虑到资料容易获得，我们采用了2003年、2006年、2009年、2012年4个时间点上的年报，并进行了不同时点的比较和分析。在第8章，我们还对国内非上市银行信息披露影响因素进行了分析，因为样本量足够大，可以采用多元统计回归方法进行分析。

这次调查采用的问卷基本保留了2001年的调查项目，同时，我们根据巴塞尔协议III的新要求还新增了几个项目。在1995年至2003年间，巴塞尔委员会进行过多次信息披露调查。其中，1999年的调查问卷包含有170个调查项目，2003年则包含有104项。笔者2001年的调查主要以巴塞尔委员会2001年的调查问卷为蓝本，再根据当时新资本协议“对风险更敏感”这一精神，结合新兴市场的特点，确定了100个调查项目。而2013年的调查则在这一基础上又增加了几项巴塞尔III的内容，总调查项目为104项（第5章为107项）。在这次调研中，没有考虑巴塞尔委员会2003年4月关于新资本协议的第三次征求意见稿中提出的减少某些方面的披露如内部评级法（IRB）和资产证券化等的要求。

这次出版的专著，除了对上述新的调研工作进行整理外，还对博士后报告也进行了不少的改动。最大的改动在于第1、2、4章，第1章几乎重写。十二年来，银行监管变化巨大，巴塞尔委员会在这期间出台了许多新的监管规范和要求，从文件发布的数量上看，近几年可以说是前几年的几倍。此外，中国的银行业也在快速发展，形成了新的监管机构（中国银行业监督管理委员会，简称银监会）并发布了大量的监管规范。为便于全书统一，在第1章至第4章中还进行了“时态”变换，陈述上对过去的工作改用“过去时”。

本书主要有8章，总体结构分为三部分。第一部分只有第1章，介绍巴塞尔委员会有关信息披露的规范、变迁及有关思考。第二部分包括2、3、4三章，主要分析2001年那个时候的信息披露状况，分别涉及巴塞尔委员会成员国银行、非成员国银行和中国的商业银行。第三部分包括第5章至第8章，主要分析2013年的银行信息披露情况，依银行类别不同分别在各章中进行阐述。其中第5章针对巴塞尔委员会成员国银行，第6章针对亚太区的商业银行，其中有些是成员国的、有些不是，如台湾地区的银行。第7章是关于中国的上市商业银行，第8章则为中国的非上市商业银行。

上述各个章节有些内容已在学术期刊上公开发表（或已投稿待发表）。已发表的有如：“对新加坡等五国和地区银行年报中信息披露的分析”，发表于《国际金融研究》2001年第11期；“商业银行信息披露：Basel原则及其对我国的指导意义”，发表于《会计研究》2001年9月；“国际活跃银行信息披露发展之比较”，发表于《世界经济》2002年第8期。2013年新调研的研究成果，也已形成工作论文。从这个意义上说，本书应算一本论文集。将这些工作汇编成书，可以将两次调研成果相互对照，便于观察商业银行信息披露的发展和变迁。

2000年前后，中国的银行业还比较封闭。对于商业银行是否要进行信息披露，许多人表现出了过度的担心，认为“透明度”提高会导致信息泄漏，造成中国经济、金融的不安全。笔者当时的工作恰恰给监管当局的决策者们提供了所需的基本事实，那就是，国外银行的透明度远远高于国内银行，而透明度高的似乎并不担心安全问题。随着人们对这一问题认识的加深，加强信息披露、提高透明度已成了主流声音。2002 年 5 月 21 日，中国人民银行发布了《商业银行信息披露暂行办法》，这成为国内最早面向所有商业银行的信息披露规范文件。2009 年，中国成为巴塞尔委员会成员之一，国内大型商业银行的信息披露也逐渐采用了与国际同行无异的最高标准和要求，这一发展方向与本项研究当时的主张是一致的。显然，这项研究的成果在今天看来是令人欣慰的。

笔者通过这项研究获得的最大体会是：第一，中国银行业的发展非常迅速，信息披露水平不断提高。从 2003 年至 2012 年，国内上市商业银行的信息披露水平呈现不断上升的趋势，但不同类型的银行之间差异较大。从中小银行的情况来看，信息披露状况也在不断改善。总体上看，工、农、中、建、交五家大型国有商业银行依然最好，其次是其他上市银行，再次是非上市中小银行；第二，从信息披露反映出来的情况是，中国的商业银行这 10 年间在风险控制和管理、经营模式和管理模式等方面与国际大型银行间的差距越来越小，在客户争取、市场开拓方面逐渐适应激烈竞争的市场环境，金融创新方面亦有长足进步。国内中小银行成长迅速，通过上市，经营活动不断得到规范，风险控制能力不断增强；第三，数据的可获得性大大提高，许多资料可以通过公开的网络资源获得。记得 2001 年调研最困难的工作之一就是收集国内各家银行的年报。当时，许多大型商业银行尚未上市，从公开的网络渠道几乎无法获得所要的年报。于是，托朋友、托熟人，一份一份地从银行或监管机构去索要。记得有一次来到一家监管机构的办公室，在相关人员的允许下，直接到存放年报的书柜里去翻找，然后拿去复印。由于信息披露在那时候还没有什么规范要求，各家银行都有自己的年报格式，且厚薄详略不一，有的内容丰富、陈述生动，有的则只有薄薄几页纸。当时，像工、农、中、建几家大行，在年报术语、甚至会计科目的名称上都不完全一样，给甄别和评分工作带来不小的困难。

在本书完成之际，以前朋友们提供的帮助似乎又重温了一遍，难以忘却。另外，我的4位学生张媛媛、刘仲先、单泽琪、李忠良分别参与了第5、6、7、8章的工作。我们希望藉着此书的出版，对这项研究中帮助过我们的那些朋友表示衷心的感谢，同时也希望本书能对从事或关注这一问题的人们有些许的帮助。由于时间和水平有限，书中可能存在不少错误或疏漏，但文责自负，希望读者给予指正。

胡奕明

2014年11月

目录
Contents

第1章　商业银行信息披露的宗旨和原则
——巴塞尔委员会的要求

巴塞尔（Basel）委员会是银行监管领域最重要的国际组织，由十国中央银行共同创设于1974年，最初有12名成员①。2009年吸纳了一批新成员，目前其成员已扩大到27个国家和地区。该组织致力于银行业监管的国际合作，并为国际银行业监管提供普遍标准、指导原则和最佳监管建议。

提高透明度，规范信息披露，是巴塞尔委员会提出的关于商业银行监管的主要要求之一。在本章中，我们将首先简述巴塞尔委员会近年来的一些主要监管思路、重要协议与文件，并就商业银行信息披露宗旨和原则进行梳理汇总，为后续研究奠定基础。

1.1　巴塞尔委员会的监管思路及演变

1. 巴塞尔Ⅰ的提出

1974年，德国赫斯塔特银行、纽约富兰克林国民银行和英国—以色列银行三家大型国际商业银行因外汇投机活动造成了巨额损失，继而破产倒闭。对此，十国集团中央银行行长迅速作出反应，提出应制定相关的国际监管标准，决定设立“银行法规与监管事务委员会”，后更名为“巴塞尔银行监管委员会”（Basel Committee on Banking Supervision，以下简称BCBS）。1975年2月，BCBS召开首次会议，发布了针对海外银行机构的监管协议。自此，BCBS逐渐成为银行业监管领域中最重要的国际组织，成为制定银行监管标准的权威机构。

堵塞国际监管中的漏洞是BCBS的一项重要任务，其遵循的两项基本原则

① 其成员最初为：比利时、加拿大、法国、德国、意大利、日本、卢森堡、荷兰、瑞典、瑞士、英国和美国。

是：没有任何境外银行机构可以逃避监管，以及监管应当是充分的。为此，1983 年 5 月，BCBS 制订了一份文件，名为“对银行海外机构的监管原则”，提出东道国和母国监管当局应负有的监管责任。该文件是 1975 年发布的著名的“巴塞尔协议”的修订版。

BCBS 对德国赫斯塔特银行等三家大型银行倒闭的深刻反思发现，在国际大型银行业务不断扩张，与债务危机有关的国际风险不断增长的同时，主要国际银行的资本充足率却在不断下降。而对银行来说，资本金恰恰是承担风险和吸收损失的重要资金来源。于是，在十国集团行长们的支持下，BCBS 的成员们决心结束银行体系内资本标准的进一步下滑，争取形成比较一致的资本充足率衡量标准，并就以加权方式衡量表内与表外风险达成了广泛的共识。1988 年，BCBS 发布了“统一资本计量和资本标准的国际协议”（简称巴塞尔Ⅰ）[①]，这是国际上首次确定的银行业资本监管框架，该标准提出了定于 1992 年年底前实施 8% 的最低资本准备金的框架。

2. 巴塞尔Ⅱ的提出

自最低资本充足率提出以来，资本体系即处在持续不断的改进和完善当中。由于资本充足率是监管资本（regulatory capital）（即资本—扣减项）与风险加权资产（risk-weighted assets）的比值，相关的改进主要围绕分子——监管资本和分母——风险加权资产展开。

从分子来看，主要是哪些资本工具可以确认为监管资本以及包括哪些扣减项。由于融资类工具的日益复杂，如期权特征的加入以及股权和债权的混合，使得可以吸收银行经营风险和损失的资本从数量到质量越来越难确认。为此，自 1988 年巴塞尔协议以来，有关监管资本的定义就不断被修订。例如，1991 年 11 月，对可计入资本的一般准备和一般贷款损失准备作了更准确的定义；1995 年 4 月，BCBS 又发布了修订协议，考虑了银行衍生产品的信用头寸的双边净额结算的影响。

从分母来看，则是考虑对风险资产进行加权计算，进而涉及商业银行最核心的一项管理工作——风险管理。在 1988 年的资本协议中，主要涉及的风险

① Basel Committee, “International convergence of capital measurement and capital standards”, July 1988.

是信用风险，而在巴塞尔Ⅱ中，则拓展到除信用风险以外的其他风险。1996年1月，BCBS将银行的外汇、交易债券、股票、商业与期权头寸中的市场风险纳入到新修订的协议中，作为正式的补充规定，并提出最迟到1997年底正式实施。这个补充规定的一个重要变化是，银行可以选择采用"标准化方法"或"内部风险模型方法"来估算其市场风险资本要求。

之后，1999年3月，BCBS发布"新资本充足框架"第一次征求意见稿。2001年1月和2003年4月，又分别发布了"新资本协议（the New Basel Capital Accord）"简称"巴塞尔Ⅱ"的第二次、第三次征求意见稿。在这期间，BCBS还发布了许多关于信用风险、市场风险、操作风险及其他风险管理的规范性、指导性文件，包括对银行外汇头寸的监管、银行国际贷款的管理（国家风险）、银行表外业务风险的管理、防止犯罪分子利用银行系统洗钱、大额风险的管理、衍生产品的风险管理指南和利率风险管理等①。在这些工作的基础上，2004年6月，BCBS发布了"新资本协议"修订框架，给出了到2008年底之前达到最低资本要求的过渡安排。

巴塞尔Ⅱ与巴塞尔Ⅰ的几个重要不同点是：（1）提出了最低资本要求（Minimum Capital Requirements）、监督检查（Supervisory Review Process）和市场约束（Market Discipline）为核心的三大支柱，这与巴塞尔Ⅰ注意力集中在最低资本要求上不同；（2）拓宽了风险关注的领域，加入了操作风险，而巴塞尔Ⅰ只关注了信用风险、市场风险两类风险；（3）巴塞尔Ⅱ侧重于提高资本监管的风险敏感性，引入了信用风险内部评级法和操作风险高级计量法，允许风险管理能力较高的银行不再采用监管机构规定的统一风险权重，而是使用内部模型计量监管资本，以使监管资本更多地与风险和经济资本挂钩。这也是巴塞尔Ⅱ与巴塞尔Ⅰ的最大区别②。

与此同时，BCBS还发布了一系列围绕改善国际银行业管理、提高其抗风险能力的规范、指引或原则，如有效核心监管原则、透明度要求、公司治理指引等。1997年4月，BCBS首次就"有效银行监管的核心原则"给出了征求意见稿，同年9月正式发布。该文件规定了有效监管的25条基本原则，其主要

① BCBS, History of the Basel Committee and its membership, April 1997.

② 李文泓："银行监管理念与方式的反思——监管规则的简单性、可比性与风险敏感性"，中国银监会工作论文2014年。

内容包括先决条件、发照与结构、审慎法规和要求、持续银行监管手段、信息要求、正式监管权力、跨国银行业等，意在为各国和国际监管机构及其他公共当局提供一个基本的参考标准。1998 年 9 月，巴塞尔委员会下属的透明度小组编写了“增强银行透明度”指引，建议就 6 个方面进行充分披露：财务业绩、财务状况（包括资本、清偿能力和流动性）、风险管理战略和实务、风险敞口（包括信用风险、市场风险、流动性风险和操作、法律及其他风险）、会计政策以及基本的运营、管理和公司治理信息等。1999 年 9 月，根据 OECD 关于公司治理的指引，BCBS 首次发布了一份“增强银行公司治理”的文件，并于 2006 年 2 月发布了修订后的指引，该指引不在于给出一份与已有规范不同的指引，而在于推动国际银行业的公司治理，它十分强调董事会和经理层的职责、利益冲突的有效管理、内部控制和内外部审计的重要性、透明的治理运作以及在提升公司治理实践过程中监管者的角色等。

这一系列的规范可以说是整个国际银行业监管体系中的一部分，也可以看成是对巴塞尔Ⅱ的补充或加强。

3. 巴塞尔Ⅲ的提出

若把 2004 年 6 月巴塞尔Ⅱ的发布看成是上一个阶段的结束，则之后的发展可以说是巴塞尔Ⅱ的升级，直至巴塞尔Ⅲ的提出。在此期间，BCBS 继续发布巴塞尔Ⅱ相关文件，如 2005 年 11 月发布的“资本计量和资本标准的国际趋同”、2006 年 6 月发布的“有效实施巴塞尔Ⅱ的母国—东道国信息共享”等。

然而，2007 年美国“次贷”危机爆发，2008 年雷曼兄弟公司倒闭，国际金融危机迅速席卷欧盟和日本等世界主要金融市场，给全球经济带来了巨大的灾难。金融体系的顺周期波动、不恰当的薪酬激励机制、糟糕的治理和风险管理以及银行业的高杠杆率和流动性不足，是导致这次危机的主要原因。一些人士对巴塞尔资本监管提出了质疑，认为现有的资本监管对这种顺周期性具有强化作用，而且这些措施只能防范个体机构的风险，不能防范金融体系中的系统性风险。为此，BCBS 重新审视资本监管框架，于 2009 年出台了“巴塞尔Ⅱ框架完善建议”、“巴塞尔Ⅱ市场风险框架的修订”、“交易账户新增风险资本计算指引”及“稳健的压力测试实践和监管原则”，也称“巴塞尔 2.5”。

但是，此次金融危机银行体系所暴露出来的种种问题，依靠对原有协议的修修补补已无法很好地解决。为此，G20 委托巴塞尔银行监管委员会制定新的银行资本协议，对银行业监管进行重新厘定。经过数月的讨论，各成员国（或地区）于2010年9月12日对巴塞尔Ⅲ达成一致并形成草案；在11月的G20首尔峰会上，该草案被提交给G20成员国进行审定，最终获得批准，形成了银行业监管新标准。

2010年6月11日，巴塞尔银行监管委员会主席、荷兰央行行长韦林克在维也纳召开的国际金融协会春季会议上描绘了BCBS这次改革的基本思路，提出了希望达到的7个目标，即捕获所有风险；提高资本金的质量；对杠杆比率提出要求以抵御风险；设置抵御冲击的缓冲区；流动性；更好的监管、风险管理和透明度；在系统性监督方面做得更好①。

2010年12月，BCBS发布了“增强银行业抗风险能力的全球框架”和“流动性风险计量、标准与监测的国际框架”，简称巴塞尔Ⅲ。前者涉及资本，于2011年6月推出了一个修订版；后者关于流动性，于2013年1月推出了修订版。目前这两个修订版的文件即为挂在巴塞尔委员会网站上的巴塞尔Ⅲ文件。巴塞尔Ⅲ重新修正了资本的定义，强调了资本吸收损失的能力，提高了资本充足率要求，扩大了监管资本的风险覆盖范围，同时还设立了流动性风险管理框架，启用了反映短期流动性的指标“流动性覆盖比率”（Liquidity Coverage Ratio，LCR）和反映中长期流动性的指标“净稳定融资比率”（Net Stable Funding Ratio，NSFR），以保证银行有充足的流动性资产应对短期冲击，减少流动性错配。这些指标被作为资本充足率指标的有效补充。而且，为缓解顺周期性和防范系统性风险，巴塞尔Ⅲ从宏观审慎角度还提出了逆周期资本要求和系统重要性银行额外资本要求。

与巴塞尔Ⅱ相比，巴塞尔Ⅲ有这样几个特点（谢平，2011）②：（1）继续以资本要求、部门监管、市场约束为三大支柱，主要侧重于第一支柱的改革，在第二和第三支柱上也有所调整；（2）巴塞尔Ⅲ的主导思想是以资本监管为主，同时引入流动性监管标准；（3）监管理念以微观监管为主，引入了宏观审慎监管的概念；4）通过对宏观经济影响分析来校准资本和流动性监管的关键参数。

---

① 韦林克：“巴塞尔委员会监管改革新思路”，《中国金融》，2010年第13期。

② 谢平：“巴塞尔新协议对中国银行业监管的启示和影响”，《浙江金融》，2011年第2期。

与巴塞尔Ⅲ推出的同时，BCBS 还对其他相关规范进行了修订，或推出新规范。首先，对于公司治理，2010 年 10 月推出了修订后的“增强公司治理的原则”。针对 2006 年版存在的一些问题，如董事会对高管监管不够、风险管理不到位、薪酬制定不合理、以及过于复杂的和不透明的组织结构与运作等，此版在上述方面有所加强。其次，自 2006 年修改后，“有效银行监管的核心原则”于 2012 年 12 月又推出了新修订版本。该版本中的核心原则增加到 29 条，更加注重对银行风险的监控，同时，更注重监管当局实施有效监管，并给出了“有效”的标准和评估是否有效的方法，此外，该版本还突出地强调了公司治理和市场约束机制的重要性。第三，在 2007 年开始的金融危机中，让人们看到一些全球性大型金融机构出现问题给整个金融系统乃至经济带来的巨大冲击。为此，巴塞尔委员会 2011 年第一次提出“系统重要性银行”的监管理念，对确定为具有系统重要性的银行就资本和信息披露等提出了更高的要求。之后 BCBS 不断进行修订补充，并将这类对象从国际重要银行扩展到国内重要银行。第四，2009 年 4 月金融稳定委员会出台了“稳健薪酬实践原则”，与此相呼应，巴塞尔委员会从 2010 年开始就银行体系的薪酬问题发布了征求意见稿，并于 2011 年公布了两个规范“将薪酬制度与风险、业绩挂钩的方法”和“巴 III 关于薪酬的披露”，前者是在看到薪酬与业绩的关联会带来潜在风险的基础上，强调薪酬应与审慎的风险承担相联系；后者则提出了关于薪酬定性、定量信息具体的披露要求。

4. 组织与运作

巴塞尔委员会本身不具有法定的跨国监管权力，其各类监管建议、标准与指导原则也没有强制法律效力，那么这些标准或原则是如何发挥作用的呢？这就涉及巴塞尔进程（Basic Process）的两个层面：全球协调、全球合作与各国执行（谢世清、黄嘉俊，2010）[①]。

具体来讲，第一个层次“全球协调”，主要表现为全球各国金融监管机构以及国际金融组织之间的协调与合作，以加强全球金融体系的稳定。其作用主要是透过国际合作来对各委员会制定的金融监管准则进行推广。在这一层次上

① 所谓“巴塞尔进程”（Basel Process），是指这些由清算银行通过其常设委员会和金融监管规则制定机构来促进国际货币与金融合作，以达到维护国际金融体系稳定的工作。参见文献：谢世清、黄嘉俊，“巴塞尔进程与全球治理”，《上海金融》，2010 年第 11 期。

发挥作用的主要包括：二十国集团（G20）财长和央行行长联席会议、金融稳定理事会（FSB）、国际货币与金融委员会（IMFC）以及国际金融协会(IIF)。其中，二十国集团、财长和央行行长联席会议是巴塞尔进程的最高决策中心，金融稳定理事会则是除前两者外在巴塞尔进程中具有最高领导地位的实体组织。第二个层次"全球合作与各国执行"，是指全球金融监管准则制定机构之间的合作，由各国金融监管当局来贯彻执行巴塞尔进程中所产生的各项金融标准。

巴塞尔委员会在推进上述两个层面工作的同时，有两个重要的手段或工具：

（1）监督执行报告。为了解巴塞尔Ⅲ的执行状况，巴塞尔委员会自2010年起开始进行每半年一次的核查。核查对象主要是巴塞尔成员国或地区的银行，包括所有"1类"（Group 1）银行和部分"2类"（Group 2）银行。第一次核查报告《综合、定量的影响研究结果》是依据2009年12月31日263家银行数据统计的，于2010年12月发布。所谓"定量的影响研究"（Comprehensive Impact Study，简称QIS），是指对资本定义变动、风险资产增减、杠杆率、资本缓冲、两个流动性标准等方面的执行情况的考察，了解有多少银行已达到标准，有多少没有达到。之后的报告被称为"监测报告"（monitoring exercise或monitoring results）。巴塞尔委员会通过对样本银行的定期监测，可以及时了解巴塞尔Ⅲ的执行情况以及尚存在的问题，这是推动巴塞尔Ⅲ协议实施的一个重要手段。

（2）监管联席会议（supervisory college）制度，即针对每一个跨境运营的主要金融机构建立专门的常设监管者组织，以加强日常监管。在中国，2009年11月12日至13日，中国银监会召开了中国工商银行监管（国际）联席会议，有10个国家和地区的11个监管机构的19名代表出席会议。2010年9月，又举办了中国银行（国际）监管联席会议，与来自22个国家和地区的34位金融监管当局代表进行了信息交换及沟通协调。监管联席会议由受监管金融机构的母国负责，包括相关的东道国监管者，其主要职责是在适当而充分的信息披露基础上全面评估这些金融机构的风险、潜在宏观影响以及其商业战略前景。

1.2　关于商业银行信息披露的相关规范

巴塞尔委员会关于信息披露的规范文件主要有两类，一是有关信息披露的专门规定，二是一些主要文件中包含信息披露相关规定，对此我们进行了梳理，得到表1－1。表1－1列出了巴塞尔委员会发布的有关信息披露一些主要文件。

表1－1　　　巴塞尔委员会发布的信息披露主要文件

颁布时间	文件名称
1995.5	银行和证券公司衍生产品业务监管信息框架（与证券委国际组织联合发布）
1995.11	银行和证券公司交易和衍生产品业务公开信息披露（1993—1994年年报）（与证券委国际组织联合发布）
1996.11	银行和证券公司交易和衍生产品业务信息披露调查（1995年年报）（与证券委国际组织联合发布）
1997.9	有效银行监管核心原则
1997.11	银行和证券公司交易和衍生产品业务信息披露调查1996（与证券委国际组织联合发布）
1998.9	衍生产品和交易业务监管信息框架
1998.9	增强银行透明度
1998.11	银行和证券公司交易和衍生产品业务信息披露调查1997（与证券委国际组织联合发布）
1999.7	贷款会计和披露的稳健实践
1999.10	银行和证券公司交易和衍生产品业务公开信息披露建议（与证券委国际组织联合发布）
1999.12	银行和证券公司交易和衍生产品交易信息披露——1998年年报公开信息披露调查结果（与证券委国际组织联合发布）
2000.1	新资本充足率框架：第三支柱——市场约束
2000.9	信用风险信息披露最佳实践
2001.1	新巴塞尔资本协议（第二次征求意见稿）
2001.4	银行公开信息披露：1999年信息披露调查结果
2002.5	银行公开信息披露：2000年信息披露调查结果
2003.4	新巴塞尔资本协议（第三次征求意见稿）

续表

颁布时间	文件名称
2003.5	银行公开信息披露：2001 年信息披露调查结果
2006.6	统计资本计量和资本标准的国际协议：修订框架——综合版（即新巴塞尔资本协议最终版）
2010.5	增强公司治理的原则（修订版）
2011.7	第三支柱关于薪酬的信息披露要求
2011.11	全球系统重要性银行：评价方法与附加的损失吸收要求
2012.6	资本构成的披露要求
2012.9	有效银行监管的核心原则（修订版）
2013.7	流动性覆盖比率信息披露标准（征求意见稿）
2013.7	全球系统重要性银行：更新的评价方法和较高的损失吸收要求（修订版）

1. 巴塞尔Ⅰ和Ⅱ阶段的信息披露规范

1994 年，历经一场政府证券市场风波之后，欧洲货币常设委员会（ECSC）[①] 于当年 9 月提交了一份讨论报告（即费雪报告）：“金融中介的市场和信用风险的公开披露”。报告建议，金融中介机构应当披露其市场和信用风险以及其风险管理业绩方面的定量信息，强调披露的风险评估方法应为其在风险管理中实际使用的方法，且其业绩信息要有时间上的可比性。该报告的一些基本思想后为巴塞尔委员会所采纳，并体现在有关信息披露的报告当中。

1995 年 5 月，巴塞尔委员会透明度小组与证券委国际组织技术委员会（IOSCO Technical Committee）发布了一份联合报告：“关于银行和证券公司衍生产品业务的监管信息框架”（简称“监管信息框架”），提出了有效监管银行和证券公司衍生产品业务所必需的信息框架。该信息框架由两部分组成，一份数据目录和一份公认的最基本的信息框架。这是委员会关于信息披露及透明度方面的第一份报告。该报告主要以巴塞尔委员会 1994 年 7 月“衍生产品风险管理指导”、证券委国际组织“关于规范证券公司的 OTC 衍生产品业务的操作和金融风险管理控制机制”（1994 年 7 月）、“费雪报告”以及巴塞尔资本协

① 欧洲货币常设委员会（Euro-currency Standing Committee）是国际清算银行的一个中央银行论坛，1999 年 1 月更名为全球金融系统委员会（Committee on the Global Financial System）。

议等为基础，提出了与风险管理指导相配合的监管信息采集框架。

同年 11 月，两委员会又联合发布了另一份重要报告“银行和证券公司交易及衍生产品业务的公开信息披露”。该报告考察了十国集团一些活跃的大型国际性银行和证券公司交易和衍生产品业务的信息披露情况，阐述了公开信息披露对于金融市场稳定和经营决策之意义。报告吸收了“费雪报告”和前述“监管信息框架”报告中的概念，并对今后进一步加强信息披露提出了建议。

自这份报告开始，到 1999 年两委员会每年都要对银行和证券公司的年报进行一次调查。调查从 1993 年年报开始到 1999 年年报，共形成了 6 份报告。1995 年至 1998 年调查报告所考察的信息内容大体一样，但 1999 年的报告却有很大不同。后者考察的信息以 1999 年发布新的公开信息披露指引为依据。通过每年一次的考察，两委员会可以及时了解实际信息披露的总体情况、历年来取得的进展以及有待进一步改善之处。两委员会鼓励银行和证券公司向市场参与者提供足够的信息，以使市场了解交易和衍生产品业务带来的风险。这些调查从一个侧面表明，两委员会正为此进行着不懈的努力。

1996 年 6 月，七国集团里昂高峰会议后发表申明，呼吁国际上应加强对各国金融体系稳定的重视，委员会应参与强化新兴市场国家监管标准的工作。1997 年，在许多非十国集团国家监管当局的积极参与和密切配合之下，委员会制定了“有效银行监管的核心原则”核心原则为各国监管机构和其他公共当局提供了一套基准，其中原则 21 专门就银行机构的会计信息及披露提出了要求。1999 年 10 月，经过补充和评价，委员会将这套核心原则发展为“核心原则方法”。

1998 年，随着各方对透明度问题逐渐达成共识，委员会于 9 月份颁布了“增强银行透明度”报告。该报告阐述了透明度在市场约束、增强金融系统安全和稳定中的作用，分析了公开信息披露的潜在弊端，确定了透明度信息质量特征，并就如何提高银行透明度提出了一整套建议。该报告是委员会关于信息披露方面的一个纲领性文件，对公开信息披露和监管信息规则的制定均具有指导意义。与此同时，委员会还开始在一些具体实践上推出了信息披露指南。如 1998 年 10 月推出的“贷款会计、信用风险披露和相关事项的稳健实践”①，为

① 该报告为征求意见稿，正式报告更名为“贷款会计和披露的稳健实践”，于 1999 年 7 月公布。

1999 年新资本充足率提出市场约束原则奠定了基础。

在提高银行透明度思想指导下，考虑到金融体系已发生了巨大变化（金融机构的增多、衍生产品的运用、各种风险管理技术的发展以及信息披露标准和实践的变化等），委员会与证券委国际组织一道，决定修订 1995 年 5 月和 11 月颁布的“监管信息框架”和“公开信息披露”。

1998 年 10 月，两委员会给出了新的监管信息框架“关于衍生产品和交易业务的监管信息框架”。新框架以 1994 年两委员会“推进风险管理指导”、1995 年“公开信息披露”、1996 年“资本协议市场风险补充规定”以及 1997 年“利率风险管理原则”为基础，更为广泛地讨论了现金和衍生产品交易中的风险，特别是市场风险问题，体现了监管要与金融创新和风险管理技术的发展保持同步这一精神。

1999 年 2 月，两委员会又联合发布了“关于银行和证券公司交易和衍生产品业务公开信息披露建议”征求意见稿。同年 10 月，公布了“公开信息披露建议”正式报告。该报告以 1995 年的披露建议为基础，对“监管信息框架”、“增强银行透明度”和“费雪报告”中的概念作了进一步的发展。与 1995 年 11 月的报告相比，新的报告突出了透明度原则，考虑了许多新的风险管理技术，借鉴了许多公共组织如国际会计准则、美国证监会（SEC）等的相关工作，对定性信息给出了按风险分类进行揭示的具体框架，并对定量信息提出了更加全面、详细的揭示要求。上述两份报告是委员会有关信息披露方面的两份核心报告。

1999 年 6 月，也正是在透明度思想指导下，委员会对资本充足率再次进行了修订，形成了“新资本充足率框架”文件。银行监管的三个支柱（即市场约束）概念被首次提了出来。委员会认为，为加强第三支柱的作用，银行应当披露资本结构、风险描述以及资本充足率方面的信息。

2000 年 1 月，关于第三支柱，委员会又专门出台了一份报告“新资本充足率框架：第三支柱——市场约束”，进一步支持和强化了 1999 年 6 月的新框架，并将其适用范围从国际型活跃银行扩展到一般银行。第三支柱的概念来自 1999 年的“贷款会计和披露的稳健实践”、1999 年“公开信息披露建议”和

2000 年“信用风险信息披露最佳实践”①。在这份报告中，第三支柱的概念获得了进一步的发展。

在 2001 年 1 月发布的“新巴塞尔资本协议”中，委员会特别强调了信息披露，认为通过强化信息披露可以达到强化市场约束的目的。因此，在新协议中，委员会就“适用范围、资本结构、风险敞口与评估以及资本充足率”四个领域，制定了更为具体的定量和定性信息披露要求，并提出了有关信息披露的规定和建议。至于披露的重要性，委员会的看法是，信息披露会影响对银行资本的要求。因为新协议允许银行采用内部方法计算风险资本要求，即对资本要求允许有一定的灵活性，而适当的信息披露则是监管当局准许银行使用内部方法的前提。对于信息披露标准，委员会认为应与国际会计准则委员会合作，以保持两个披露框架之间的一致性。为了避免过多信息给市场造成的混乱，委员会还将披露划分为核心和补充两类。此外，委员会还就专有信息（proprietary information）的披露问题、监管当局对不披露情况应采取什么措施等问题提出了建议。可以说，新资本协议给信息披露确定了一个总体方位。

2001 年 4 月，一个信息披露多方联合工作小组②向巴塞尔委员会、全球金融系统委员会（CGFS）、国际保险监管委员会（IAIS）和证券委国际组织提交了一份“最终报告”。该工作小组与 9 个国家的 44 个金融机构进行了合作，通过它们提供的数据，研究金融风险披露问题。该报告的结论是：要加强定量信息的披露，披露应与内部风险评估实践相一致，期间披露比期末披露能提供更好的风险信息。之后，联合工作小组分别于 2002 和 2003 年又发布了两次对金融机构年报信息披露的调查结果，比较不同银行的信息披露，并指出存在的问题和待改进之处。另外，在 2001 和 2003 年委员会还就“新资本协议”发布了第二次和第三次征求意见稿。

2006 年 6 月，在 2005 年 11 月修改框架的基础上，委员会给出了巴塞尔Ⅱ的综合版，包括四个部分：引言和适用范围、第一支柱、第二支柱及第三支柱。在这一版中，之前的许多要求得以继承，关于信息披露依然是在其“第三支柱”部分进行阐述。这一版可以说是巴塞尔协议Ⅱ系列的最终版。此后

① 该报告于 2000 年 9 月发布，其征求意见稿于 1999 年 7 月发布。

② “信息披露加强联合治理工作小组”由巴塞尔委员会、全球金融系统委员会（CGFS）、国际保险监管委员会（IAIS）和证券委国际组织四方于 1999 年 6 月组建。

不久，委员会就开始关注流动性，并公布一系列文件，也称巴塞尔协议Ⅲ。

2. 巴塞尔Ⅲ阶段的信息披露规范

巴塞尔Ⅲ阶段的信息披露规范从时间上看，可以从2010年5月“增强公司治理的原则”修订版的公布算起，之后是巴塞尔Ⅲ有关流动性和资本的披露要求等，如2012年6月的“资本构成的披露要求”，2013年7月“流动性覆盖比率信息披露标准”以及2011年7月公布的“第三支柱关于薪酬的信息披露要求”，修订版的“有效银行监管的核心原则”、“增强公司治理的原则”和全球系统重要性银行相关评价要求等。对于这些规范的具体内容和要求，我们将在1.3节进行详细阐述。

我们注意到，这段时间巴塞尔委员会并没有如之前那样对金融机构的年报进行按项目的逐项打分式调查，这也是我们为什么要在2013年对银行年报进行披露指数评分比较的一个重要原因。我们希望通过继续比较，跟踪了解金融机构在金融危机之后的信息披露状况，加强市场约束机制对商业银行风险的有效监管。

1.3　巴塞尔协议下的信息披露宗旨与原则

市场约束机制是最重要的监管力量之一，而信息披露又是市场约束机制能否有效发挥作用的关键。一直以来，信息披露都是巴塞尔委员会极为关注的问题之一。然而，金融市场在不断发展，监管手段和方法也在不断改进，信息披露存在同样的问题，即需要不断增进、完善。为此，我们将巴塞尔协议下信息披露规范及要求分两个阶段进行阐述，了解哪些地方发生了变化，哪些地方没有发生变化。

1. 巴塞尔Ⅰ和Ⅱ阶段

这一阶段信息披露的宗旨和原则主要体现在巴塞尔委员会发布的四份文件中：2001年1月的“新巴塞尔资本协议”、1999年10月的“银行和证券公司交易和衍生产品业务公开信息披露建议”、1998年9月的“衍生产品和交易业务监管信息框架”以及1998年9月的“增强银行透明度”。其中，以新协议最为重要。

（1）宗旨。

促进有效监管、提高金融体系的安全性和稳定性，是巴塞尔委员会的根本宗旨。从这一宗旨出发，委员会当时确立了由三个“支柱”构成的监管框架：最低资本规定、监管当局的监督检查和市场约束。信息披露是第三支柱“市场约束”中的一个重要组成部分。在新资本协议中，委员会指出，“市场约束具有强化资本监管、帮助监管当局提高金融体系安全稳健的潜在作用。银行有效的信息披露可向市场参与者提供信息，帮助市场约束发挥作用”。

市场约束作用主要通过影响市场参与者的决策及行为来实现。当市场参与者可以及时获得诸如银行财务状况、经营战略、风险、风险管理能力、收益等方面的可靠信息时，市场参与者将减少决策的盲目性，他们将通过减少业务或要求更高的资金回报等方式，更有效地配置资本，从而促使银行实行有效的和审慎的管理。同时，在出现市场风波时，他们能够甄别经营良好和经营不善的银行，从而减轻和防止了市场的盲动。由此可见，市场约束发挥作用是以有效的信息披露为前提的。

（2）信息特征。

要发挥市场约束、促进金融体系的安全和稳定，信息披露必须是有效的，符合一定要求的。首先，它必须与决策“相关”，即对市场参与者进行决策来说，披露的信息是有用的。其次，它还必须是“可靠的”、“及时的”和“可比的”，及时披露可靠的、具有多向可比性的信息对决策帮助很大。再次是“全面性”和“重要性”。当市场参与者和其他使用者对银行进行评价时，他们需要“全面的”信息，即指对各种业务活动和法律实体进行汇总、合并和评估后的信息。由于太多的信息反会造成市场的混乱，因此，对信息有必要根据业务活动的重要性进行取舍，这即指信息的“重要性”。此外，在瞬息万变的市场中，具有一定前瞻性的信息对决策更有帮助。表1－2给出的是四个信息披露基本文件对信息特征总体要求。

表1－2　　信息披露四个基本文件对信息特征的要求

第三支柱（征求意见稿）	增强银行透明度	公开信息披露建议	监管信息框架
核心和补充披露 I.4.17－19节*	全面　5（a）54、55节	及时　II（1）10、11节	全面　I（b）12节
重要　I.4.20节	相关　5（b）56节	可靠　II（1）10节	及时 I（b）13、14节
专有信息 I.4.21节	及时　5（b）57节	全面　II（1）11节	可理解　I（b）16节
披露频率　I.4.22、23节	可靠　5（c）8、59节	前瞻　II（1）11节	有用　I（b）16节

续表

第三支柱（征求意见稿）	增强银行透明度	公开信息披露建议	监管信息框架
可比性 I.4.24 节	可比 5（d）60 节	重要 II（1）12 节	可比 I（b）16 节
	重要 5（e）61 节	有用 II（1）13 节	
		可比 II（1）14 节	

* “新巴塞尔资本协议”征求意见稿辅助文件“第三支柱（市场约束）”的第 I 部分第 4 章节总第 17—19 节段为“核心和补充披露”。

从四个基本文件对信息特征的要求来看，信息的及时性（披露频率）、可比性、相关性（有用性）、重要性和全面性是最普遍的。

及时性要求常常与披露频率联系起来。这是因为银行业务及其风险情况始终处在一种变化过程当中，经常性披露对决策来说十分重要。在通常情况下，披露大多是“期末”发生。巴塞尔委员会认为，一年一次的披露频率远远不够。委员会要求，新资本协议要求披露的内容其披露频率最少应半年一次。此外，一些重大事件则应在发生后尽快披露。

信息披露的可比性主要指在机构、国家以及时间方面可以相互比较。这一要求暗示，银行在不同时间应选择一致的会计政策。如果因会计准则、会计政策发生变化而导致信息涵义变化，也应予以披露。可比性的要求主要是为了方便对不同国家、不同机构、不同时期进行分析比较，从而更有利于市场约束作用的发挥。

关于全面性，“公开信息披露建议”和“监管信息框架”指的是关于交易和衍生产品业务对银行总体风险及利润的影响情况，以及银行对这些交易和业务风险的管理情况等。但在“增强银行透明度”中则是指各种业务和法律实体的汇总信息。在这里就引出了信息的“合并”基础与“分部”基础问题。按委员会要求，披露应以合并信息为基础，同时注意一个集团内部关键实体和主要业务上的信息。

重要性也是基于同样的考虑。所谓重要性，是指如果该信息未予披露或被错误披露将改变信息使用者的决定。实际上，重要性原则就是对所披露信息的有所选择。由于过量的、不分主次的信息披露会造成市场无所适从，有些信息并不需要所有银行，特别是一些较小的或复杂程度低的银行予以披露。因此，对信息披露分出“核心”和“补充”两类[①]是很有必要的。这方面的思考在2001年的新资本协议中得到了体现。

专有信息是“第三支柱”中提出的新内容。因为信息披露许多数据来自银行内部系统，有的信息的披露可能会影响银行的竞争力，如关于银行客户情况的披露将有悖于保密原则，银行竞争力将因此而受损。专有概念的提出，是对公开披露和商业机密这对矛盾权衡考虑后的结果。

（3）披露内容。

关于信息披露的具体内容，巴塞尔委员会在几个相关文件中均有详细规定。表1-3给出了信息披露内容梗概。

表1-3　　信息披露内容梗概

增强银行透明度	公开信息披露建议	第三支柱
财务业绩	总体信息	适用范围：
财务状况：	定性信息：	核心披露
资本	一般信息	补充披露
清偿能力	风险与管理控制	资本结构：
流动性等	市场风险	核心披露（定性）
风险管理策略和实践	信用风险	核心披露（定量）
风险敞口：	流动性风险	补充披露
信用风险	其他风险	核心和补充均应包括的信息
市场风险	会计和估价方法	风险敞口与评估：
流动性风险	定量信息：	银行账簿上的信用风险
操作风险	市场风险	市场风险
法律和其他风险	信用风险	操作风险
会计政策	流动性风险	银行账簿上的利率风险
业务、管理和公司治理基本信息	其他风险	资本充足率：
	收益	核心披露（定量）
		补充披露

① 核心披露即指那些对所有机构来说是基本的、对市场约束基本运作来说相当重要的披露。而补充披露则视银行风险、资本充足率和计量资本要求所采用方法等而定。见“第三支柱”（征求意见稿）。

按“增强银行透明度”的要求，信息披露包括：财务业绩、财务状况、风险管理策略和实践、风险敞口、会计政策以及业务、管理和公司治理基本信息等。这些信息是市场参与者进行决策必不可少的。在委员会后来颁布的“公开信息披露建议”中，这些内容被进一步具体化了。披露建议将信息分为定性和定量两类，且按风险类别分别予以细化。在新资本协议“第三支柱”中，信息披露归为四大领域。每一领域又分为“核心”和“补充”两类。在核心和补充大类中，有时还再细分出定性和定量信息。

从表1－3中可以发现，三者对披露内容要求的共同点是，强调定性和定量信息的平衡，且均按风险类别划分。主要不同点是：（1）所要求披露的风险类别不同。“增强银行透明度”和“公开信息披露建”有流动性风险，“第三支柱”则没有。在“第三支柱”中，操作风险和利率风险受到强调；（2）前两者未考虑内部风险计量方法对信息披露的影响，但“第三支柱”则充分考虑到这一点。例如，信用风险的披露就与所采用的风险计量方法有关，采用“内部评级法（internal ratings-based approach，IRA）”的银行披露的信息将涉及计量模型参数、模型假设等内容，这是“标准法”（即通过信用资产风险加权方法估算信用风险）中所没有的。

（4）信息采集。

披露信息的采集要考虑三个方面的问题：首先是成本。如果披露的信息需要银行另外收集，或每个管理机构都有一种独特的信息要求，无疑则将加重银行的负担，使信息成本太高。因此，从银行内部系统中收集数据，采集银行自身管理所需信息，成本将大大降低。此外，不同信息披露规范管理机构之间的合作和沟通也很重要，应尽量统一信息要求。同时，还可由这些机构出面组织有关统计工作，以降低披露成本。

其次是保持与金融创新和风险管理技术之间的同步发展。金融创新和风险管理技术的发展可谓日新月异，如果信息披露的内容不能与之同步，信息的有用性则将大大降低。从银行内部系统采集信息是保持同步的最佳方式。

第三是控制信息质量，特别是风险管理及内部控制方面的信息。质量控制可以通过参照独立的风险管理和控制单位、内部和外部审计、专家咨询等的评价来进行。

(5) 监管信息与公开披露信息。

尽管监管当局的监管和公开披露信息均以银行监管为目的，但监管信息和公开披露信息仍有一定差别，主要表现在：①监管信息来源渠道多，有的直接来自公开披露信息，有的则来自现场稽查、日常呈送的监管报告、监管当局组织的有目的性的审计或调查。监管当局还可接近银行自已加工的信息；②监管可以要求比公开披露更多的信息，特别是在及早发现问题和控制情况恶化方面。监管信息可能比公开信息更详尽、及时，有些还可能是不能公开的专有信息等；③监管当局在对外公告有关监管信息时具有很大的选择余地，它可以选择一些综合性的统计资料进行公告，不必受到公开披露有关准则和规定的约束；④在一些金融市场不够发达的国家和地区，由于市场约束作用弱，监管作用强，监管信息将更受重视，建立一个综合性的监管报告体系意义更大。

2. 巴塞尔Ⅲ阶段

自巴塞尔Ⅲ提出到目前为止，信息披露规范主要有6个文件："增强公司治理的原则"、"第三支柱关于薪酬的信息披露要求"、全球系统重要性银行的相关披露、"资本构成的披露要求"、"有效银行监管的核心原则"、"流动性覆盖比率信息披露标准"。这些文件对信息披露有的只有原则性要求，有的则给出了具体的披露格式规范。

(1) 原则性要求。

首先，是"增强公司治理的原则（2010年5月修订）"的披露要求。该文件指出银行应向其股东、存款人、相关利益方和市场监管者进行适当的信息披露，强调了透明度在公司治理发挥作用中的意义，认为披露的内容应与银行的规模、复杂性、结构、经济重要性、风险特征等相称，并明确要求银行的信息披露必须"准确"、"清晰"、"易于理解"和"及时"，且可以让信息使用者方便地获得，甚至建议银行在自己官网上进行披露。披露的形式不限于定期报告（如年报），还可以有其他形式的报告。

对于披露内容，"增强公司治理的原则"提出应遵照OECD2004年给出的原则[①]，披露包括银行的目标、组织与治理结构、主要股东、投票权及关联方

① 参见 *OECD Principles of Corporate Governance*，2004年4月修订，首发于1999年6月，www.oecd.org/dataoecd/32/18/31557724.pdf。

方面的信息，指出银行还应遵循 FSB[1] 的标准和原则披露薪酬与激励方面的政策。对于风险，银行须披露其风险容忍度、描述界定过程、提供董事会处理风险的有关信息。对于一些复杂或不透明的结构，银行可披露与这些活动有关的目的、策略、结构、风险、控制等方面的信息。

其次，是“有效银行监管的核心原则（2012.9 修订）”的披露要求。这一文件重申了“有效市场约束”机制，认为银行应向投资者和债权人提供“准确、有意义、透明和及时”的信息。第 28 条“信息披露与透明度”指出，这些以合并或个体基础上的公开信息应当是容易获取的，且公允地反映了银行或银行集团的“财务状况、经营业绩、风险暴露、风险管理策略、公司治理政策及过程”等。关于财务状况和业绩的信息，还应当遵照有关标准，做到“可比、相关、可靠、及时”。银行集团结构中所有实体也应当披露。此外，监管机构或政府部门应对是否符合披露标准进行有效评价，并强制执行。对于整个银行系统的信息，监管部门或相关机构也应定期披露，这些信息包括资产负债表指标和统计参数的汇总数据，以反映银行业务的主要方面（资产负债表结构、资本充足率、盈利能力及风险状况）。

再次，是关于“全球系统重要性银行”的相关披露要求。在 2007 年的金融危机中，一些大型、国际活跃金融机构的危机对整个金融系统带来了巨大的冲击，给实体经济带来严重损害。为此，巴塞尔委员会认为，应当对这类金融机构加强监管，提高其抗风险能力。这些因规模、关联、复杂、缺乏替代或全球性而不允许倒闭的大型金融机构，过去在其经营中很少考虑这种负面外部性。加上政府对他们的隐性支持，更有可能出现“道德风险”。因此，从国际角度而非一国角度加强监管就显得格外重要。

按 2013 年 7 月修订的“全球系统重要性银行：更新的评价方法和较高的损失吸收要求”的规定，杠杆比率测量超过 2000 亿欧元规模的银行需要在财年结束 4 个月内或 7 月底前在年报或银行网站上披露 12 个指标。设定 2000 亿欧元的规模标准，目的是让全球最大的 75 家银行都被包含在内。这 12 个指标分别是：披露调整后的表内外资产余额、金融机构间资产、金融机构间负债、发行证券和其他融资工具、通过支付系统或代理行结算的支付额、托管资产、

---

① FSB，即金融稳定委员会（Financial Stability Board）的简称。

有价证券承销额、场外衍生产品名义本金、交易类和可供出售证券、第三层次资产、跨境债权和跨境负债等。利用这些指标可以计算出每家银行的分数，监管机构依据这一分数可以确定入选“全球系统重要性银行（G-SIBs）”的门槛。确定为 G-SIBs 的银行，需要增加相应的资本，并要求有更高的信息披露水平。

（2）具体披露要求。

在巴塞尔Ⅲ关于信息披露的规范文件中，有 3 个包括具体披露内容及要求，分别涉及资本构成、流动性覆盖比率和薪酬激励。

首先，关于资本构成的披露。在 2012 年 6 月出台的“资本构成的披露要求”文件中，BCBS 给出了关于资本构成信息的详细披露要求，其中包括几个部分：①2018 年 1 月 1 日开始采用的常规模板，参见表 1－4，以统一各家银行的信息披露格式，增强可比性；②在上述模板基础上，纵向增加两栏，一栏是对应的资产负债表报告数据，另一栏是对应的监管口径数据，分析并说明两者的差别，以减少不同银行因遵循不同的会计准则而带来的差异；③给出资本工具的详细描述，主要披露资本工具上的相关特征条款，如发行人、期限、面值、股息、可转换、减记等，以便让投资者、债权人和监管者能更充分地了解资本工具的结构；④最后，还给出了当前至 2018 年 1 月 1 日的过渡期披露模板，以逐步落实巴塞尔Ⅲ的规定；⑤对于披露方式和频率，文件指出可以在年报、公开网站、监管机构的报告中披露，通常与财务报告披露同步，但资本结构发生变化时则另需披露。

在表 1－4 中，披露模板将计算资本充足率的各级资本及扣减项一一进行了列示，其中有加总及扣减公式。例如，第 6 项是“监管调整前的普通股一级资本”，即第 1—5 项的加总。第 7—27 项均为扣减项，第 28 项即为其加总。第 6 项减去第 28 项，即得到第 29 项“普通股一级资本（CET1）”。此外，表中还给出了一些特殊的门类，如“国家最低要求”，要求银行披露所在国家采用的最低资本充足率标准，只要这些标准不同于巴塞尔Ⅲ，以及“低于扣减门槛的金额”、“列入二级资本的准备金适用上限”、“须剔除的资本工具”等。在表中有些项目还规定必须以斜体方式呈列，这些项目是暂时性的，2022 年 1 月 1 日以后将逐渐取消。

表 1－4　　巴塞尔Ⅲ的信息披露模板①

巴塞尔Ⅲ自 2018 年 1 月 1 日采用的常规披露模板	
普通股一级资本：工具与储备	
1	直接发行的合格普通股（和非股份制公司中的相当工具）资本加上相关股份溢价
2	留存收益
3	累计其他综合收益（及其他储备）
4	*直接发行的须从 CET1 中剔除的资本（仅限于非股份制公司）*
5	附属公司发行及由第三方持有的普通股资本（CET1 组中允许的）
6	监管调整前的普通股一级资本
普通股一级资本：监管调整	
7	谨慎的估值调整
8	商誉（扣除相关税项负债）
9	抵押服务权利以外的其他无形资产（扣除相关税项负债）
10	依赖未来盈利但不包括暂时性差异产生的递延税资产（扣除相关税项负债）
11	现金流套期储备
12	预期损失准备金缺口
13	资产证券化销售利得（载于巴塞尔Ⅱ框架段 562）
14	公允价值负债信用风险变动损益
15	固定收益养老金资产净值
16	对本银行股票的投资（若尚未从资产负债表报告的实缴资本中扣除）
17	互惠交叉持有的普通股
18	对监管合并范围之外的银行、金融和保险机构的资本投资，扣除合格的空头头寸，其中银行拥有的该金融机构已发行普通股不超过 10%
19	对监管合并范围之外的银行、金融和保险机构普通股的重大投资，扣除合格的空头头寸（超过 10% 的部分）
20	抵押服务权（超过 10% 的部分）
21	由暂时性差异产生的递延税资产（超过 10% 部分，扣除相关税项负债）
22	超过 15% 的部分
23	其中：对金融普通股的重大投资

① 参见 BCBS，Composition of capital disclosure requirements，Rules text（June 2012）中的附录 1。

续表

巴塞尔Ⅲ自2018年1月1日采用的常规披露模板	
24	其中：抵押服务权
25	其中：由暂时性差产生的递延税资产
26	国家特定监管调整
27	因无足够的其他一级和二级资本覆盖扣除额而对普通股一级资本进行的监管调整
28	普通股一级资本监管调整总和
29	普通股一级资本（CET1）
其他一级资本：工具	
30	直接发行的合格的其他一级资本加上相关股份溢价
31	其中：根据适用会计准则分类为权益
32	其中：根据适用会计准则分类为负债
33	*直接发行的*
34	由附属公司发行并由第三方持有（在AT1组中允许的）的其他一级资本工具（及未包括在第5行中的CET1工具）
35	*其中：须剔除的附属公司发行的工具*
36	监管调整前的其他一级资本
其他一级资本：监管调整	
37	对本银行其他一级资本工具的投资
38	其他一级资本工具中的互惠交叉持股
39	对监管合并范围之外的银行、金融和保险机构的资本投资，扣除合格的空头头寸，其中银行拥有的该金融机构已发行普通股不超过10%
40	对监管合并范围之外的银行、金融和保险机构的重大资本投资（扣除合格的空头头寸）
41	国家特定监管调整
42	因无足够二级资本覆盖扣除额而对其他一级资本进行的监管调整
43	其他一级资本监管调整总和
44	其他一级资本（AT1）
45	一级资本（T1 = CET1 + AT1）
二级资本：工具与准备金	
46	直接发行的合格的二级资本加相关股份溢价
47	*从二级资本中须剔除的直接发行的资本工具*

续表

巴塞尔Ⅲ自2018年1月1日采用的常规披露模板	
48	由附属公司发行并由第三方持有的（在二级资本组中允许的）二级资本工具（和不包含在第5和第34行中的CET1及AT1工具）
49	*其中：须剔除的由附属公司发行的工具*
50	准备金
51	监管调整前的二级资本
二级资本：监管调整	
52	对本银行二级资本工具的投资
53	二级资本工具中的互惠交叉持股
54	对监管合并范围之外的银行、金融和保险机构的资本投资，扣除合格的空头头寸，其中银行拥有的该金融机构已发行普通股不超过10%
55	对监管合并范围之外的银行、金融和保险机构的重大资本投资（扣除合格的空头头寸）
56	国家特定监管调整
57	二级资本监管调整总和
58	二级资本（T2）
59	总资本（TC = T1 + T2）
60	总风险加权资产
资本充足率和缓冲	
61	普通股一级资本（占风险加权资产百分比）
62	一级资本（占风险加权资产百分比）
63	总资本（占风险加权资产百分比）
64	机构专门缓冲要求（最低CET1要求加上资本留存缓冲加上逆周期缓冲加上G-SIB缓冲要求，占风险加权资产百分比）
65	*其中：资本留存缓冲要求*
66	*其中：银行特定逆周期缓冲要求*
67	*其中：G-SIB 缓冲要求*
68	用来满足缓冲的普通股一级资本
国家最低要求（若不同于巴塞尔Ⅲ）	
69	国家普通股一级资本充足率最低要求（若不同于巴塞尔Ⅲ的最低要求）
70	国家一级资本充足率最低要求（若不同于巴塞尔Ⅲ的最低要求）

续表

巴塞尔Ⅲ自 2018 年 1 月 1 日采用的常规披露模板	
71	国家总资本充足率最低要求（若不同于巴塞尔Ⅲ的最低要求）
低于扣减门槛的金额（风险加权之前）	
72	对其他金融资本的非重大投资
73	对金融普通股的重大投资
74	抵押服务权（扣除相关税项负债）
75	由暂时性差异产生的递延税资产（扣除相关税项负债）
列入二级资本的准备金适用上限	
76	针对适用标准法风险的适合列入二级资本的准备金（上限应用之前）
77	在标准法下列入二级资本的准备金上限
78	针对适用内部评级法风险的适合列入二级资本的准备金（上限应用之前）
79	在内部评级法下列入二级资本的准备金上限
须剔除的资本工具（只在2018 年1 月至2022 年1 月间适用）	
80	*须剔除的CET1 工具当前上限*
81	*因超过上限（赎回和到期超过上限）从CET1 中扣除的金额*
82	*须剔除的AT1 工具当前上限*
83	*因超过上限（赎回和到期超过上限）从AT1 中扣除的金额*
84	*须剔除的T2 工具当前上限*
85	*因超过上限（赎回和到期超过上限）从T2 中扣除的金额*

其次，关于流动性覆盖比率的披露。考虑到在 2007 年金融危机中一些有着良好资本充足率的银行但仍未幸免于难，主要在于其流动性出现问题，巴塞尔委员会引入了以流动性监管为主的两个指标：流动性覆盖比率（Liquidity Coverage Ratio，简称 LCR）和净稳定融资比率（Net Stable Funding Ratio，简称 NSFR）①。

在 2013 年 7 月推出的“流动性覆盖比率信息披露标准（征求意见稿）”中，BCBS 提出巴塞尔委员会成员国的国际活跃银行应当达到的标准，即 2015 年 1 月正式启用 LCR 标准，其最低要求为 60%，到 2019 年 1 月，该标准为

① 巴塞尔委员会提出，关于 NSFR 的信息披露，将待有关标准推出后予以规范。

100%。该文件特别强调了“高质量流动性资产”的重要性，也提到在特殊环境下该比率可能不达标时的处理方法。文件要求对于 LCR 的披露应与财务报告的公告同步，有关信息可以在财务报告中、或公开网站上、或监管机构的公开报告中披露。文件第 2 节给出了 LCR 披露模板，见表 1－5。BCBS 要求银行均按此模板列示，银行可以对模板中的数据进行解释或说明。考虑除 LCR 外还有其他判断银行流动性状况的信息，文件建议银行对其他流动性信息也予以适当的披露，如抵押池和融资来源的集中度限制、按机构列示的流动性风险暴露、表内表外的快到期项目及引发的流动性缺口等等。

表 1－5 给出了流动性覆盖比率的计算细项，首先是计算高质量流动资产总数，即第 1 项（第 21 项），其次分别计算现金流入和现金流出，得到净现金流量，即第 22 项，最后两者相除，得到 LCR，即第 23 项。

表 1－5　　　　流动性覆盖比率的披露模板①

	(1)	(2)	(3)
当地货币		未加权价值总额	加权价值总额
		平均	平均
高质量流动资产			
1	高质量流动资产总额		
现金流出			
2	零售和小企业客户存款，其中		
3	稳定的存款		
4	欠稳定的存款		
5	无保证批发融资，其中		
6	运营存款（所有交易对手）和合作银行机构网络中的存款		
7	非运营存款（所有交易对手）		
8	无保证负债		
9	有保证的批发融资		

① 参见 BCBS，Liquidity coverage ratio disclosure standards（Issued for comment）（19 July 2013）第二节。

续表

(1)		(2)	(3)
当地货币		未加权价值总额	加权价值总额
		平均	平均
10	其他要求，其中		
11	与衍生品风险和其他抵押要求相关的流出		
12	与债务工具融资损失相关的流出		
13	信用与流动性便利		
14	其他合约融资义务		
15	其他或有融资义务		
16	总现金流出		
现金流入			
17	有保证借款（如逆回购）		
18	完全正常履约敞口带来的流入		
19	其他现金流入		
20	总现金流入		
			总调整价值
21	高质量流动资产总额		
22	净现金流出总额		
23	流动性覆盖比率（%）		

再次，关于薪酬的披露。2007 年的金融危机，让人们看到金融机构薪酬激励与风险承担之间的密切联系，不当的激励会导致过度的冒险。为此，金融稳定委员会（FSB）就这一问题给出了一个指引“稳健薪酬实践原则”。巴塞尔委员会在补充的“第二支柱”指引中提出，金融机构“应当清晰、全面、及时地”披露其激励实践。在“第三支柱关于薪酬的信息披露要求”文件中，BCBS 给出了一些基本原则和具体披露要求，要求银行最少按年度基础在一个地方或一个文件中进行披露，既要有定量信息，也要有定性信息，同时还要求银行自 2012 年 1 月 1 日开始遵照执行。披露的信息应当涵盖以下几个方面：①公司治理/薪酬委员会结构；②薪酬结构的设计/操作以及审议的频率；③风险/合规工作人员的薪酬独立性；④风险调整方法；⑤薪酬与业绩之间的关系；

⑥长期业绩的衡量；⑦薪酬类型（如现金或股权，固定或变动等）。披露最好区分高级管理人员和涉险人员两类，图表兼用，既有以前年度的数据，也有当前年度的数据。文件在最后还给出了定性、定量披露的具体说明，详见表1－6。

表1－6　　　　关于薪酬的信息披露要求[①]

定性信息披露	(a)	关于薪酬监督组织的信息，披露应包括： • 薪酬监督组织的名称、构成和任务 • 已征求过意见的外部顾问、委托机构、薪酬流程所涉方面 • 银行薪酬政策所涉范围描述（如区域、业务类别），包括在外国子机构和分支机构中的适用程度 • 对高级管理人员、涉险人员进行雇员类别描述，包括每类雇员数目
	(b)	关于薪酬流程设计和结构的信息，披露应包括： • 概述薪酬政策的主要特点和目标 • 薪酬委员会是否检查过去一年公司的薪酬政策，如果是，概述所有的变化 • 讨论如何让银行保证其风险和合规雇员的薪酬与他们所监督的业务之间没有关联
	(c)	描述将当前和未来风险纳入薪酬流程的各种方式，披露应包括： • 概述在薪酬措施中体现的关键风险 • 概述体现这些风险的关键方法的性质与类型，包括那些难以衡量的风险（价值不需披露） • 讨论这些风险衡量是如何影响薪酬的 • 讨论过去一年这些风险衡量方式的性质和类型是如何变化的、变化的理由以及变化对薪酬的影响
	(d)	描述银行在一个业绩考核期内如何将业绩与不同水平的薪酬相联系，披露应包括： • 概述银行主要业绩指标，顶级业绩条线与个人 • 讨论个人薪酬金额是如何与银行整体及个人业绩相挂钩的 • 讨论银行在业绩指标不佳时实施薪酬调整的方法

① 参见 BCBS，Pillar 3 disclosure requirements for remuneration（July201）第二部分中的“关键披露”。

续表

定性信息披露	(e)	描述银行是如何将薪酬与长期业绩相联系的，披露应包括： ● 描述银行关于变动薪酬递延和授予的政策，如果递延的变动薪酬在雇员和雇员组之间是不同的，则要描述影响这一部分薪酬的各因素及其相对重要性 ● 描述在授予之前和（若国内法律允许）授予之后通过回拨安排调整递延薪酬的银行政策和标准
	(f)	描述银行所采用的变动薪酬的不同形式以及运用这些不同形式的规则，披露应包括： ● 概述所提供的变动薪酬的形式（如现金、股票及与股票挂钩的工具和其他形式） ● 描述不同形式的变动薪酬的应用情况，若在雇员或雇员组之间存在不同变动薪酬的混合形式，则要描述决定这些混合形式的各因素及其相对重要性
定量信息披露	(g)	● 主要薪酬监督组织本财年召开的会议次数以及支付给这些成员的薪酬
	(h)	● 本财年中获得变动薪酬奖励的雇员数目 ● 本财年保证授予奖金的人数及总额 ● 本财年记入获奖的人数及总额 ● 本财年获得遣散费的人数及总额
	(i)	● 未发放的递延薪酬总额，区分为现金、股票及与股票挂钩的工具和其他形式 ● 本财年发放的递延薪酬总额
	(j)	● 本财年薪酬奖金数额的详细列示： ——固定与变动 ——递延与非递延 ——用到的不同形式（现金、股票及与股票挂钩的工具、其他形式）

1.4 问题与思考

尽管巴塞尔协议正在不断进行修订和完善，相关要求也正在逐步得以落实，但金融业务层出不穷的创新，各种新工具和新技术的迅速吸纳，加上国际经济环境的快速变化，使得全球金融系统始终处在一个变化不定的过程当中，也使得金融行业的风险监管从来就没有“句号”可言。为提高监管成效，人们需要不断对过去的监管行为和模式进行回顾和评价，需要为新出现的问题和挑战寻找应对之策。

信息披露之所以重要，是因为它可以通过市场约束机制发挥作用。在这里我们主要围绕与风险监管相关的信息披露及市场约束机制进行讨论，评估现有做法，并就可能的改进提出一些建议。

1. 风险监管基本思路与相关信息披露

按目前巴塞尔委员会的监管思路，主要是以资本充足率、流动性覆盖比率和杠杆率等为核心监管对象。通过这些比率的核算，提高银行资本损失吸收的能力，推动银行业规范其风险衡量工具和方法，提升其风险管理能力，增强整个银行体系的稳定性。

但是，这一监管思路却存在这样几个问题：（1）监管规则复杂性不断增加，计量方法复杂性不断提高（李文泓，2014）①。从专注于最低资本要求的巴塞尔Ⅰ，到具有资本监管、监督检查和信息披露三大支柱的巴塞尔Ⅱ，再到提高资本质量、扩大风险覆盖面、增加杠杆率监管、流动性风险监管和宏观审慎监管内容的巴塞尔Ⅲ，巴塞尔资本协议的内容也在不断扩充。从计算方法上看，相对巴塞尔Ⅰ，巴塞尔Ⅱ引入的信用风险内部评级法和操作风险高级计量法大大增加了“风险加权资产”计算的复杂性；（2）资本监管具有一定的顺周期性（张金城、李成，2011）②。在宏观经济衰退时期，在资本强约束和主动避险驱动下，银行会紧缩信贷，从而加剧了经济衰弱的程度。而在宏观经济繁荣时期，对违约概率、违约损失率等风险要素的较低估值，会导致基于内部评级的监管资本要求偏低，进而导致银行信贷扩张，刺激经济，加速其上升的趋势；（3）导致银行盈利能力下降，因为更高的资本充足率和更低的杠杆比率导致银行资金的使用成本增加，使得净资产收益率下降（陆静，2011）③；（4）无法克服系统性风险。尽管巴塞尔Ⅲ体系提出了对全球重要性银行的监管并对银行交易对手也有一定的要求，但这并不能从根本上防范系统性风险，

① 李文泓：“银行监管理念与方式的反思——监管规则的简单性、可比性与风险敏感性”，中国银监会工作论文2014年。

② 张金城、李成：“银行信贷、资本监管双重顺周期性与逆周期金融监管”，《金融论坛》，2011年第2期。

③ 陆静：“巴塞尔协议Ⅲ及其对国际银行业的影响”，《国际金融研究》，2011年第3期。

因为个体风险不等于系统风险，对个体的监管并不能阻止系统性风险的发生。

作为三大支柱之一的市场约束机制要发挥作用，高质量信息披露是前提。在上述风险监管思路下，信息披露也存在这样几个问题：（1）信息披露复杂程度增加。信息披露从表内到表外，从财务信息到非财务信息，要求越来越多，披露也越来越详细。这与上述监管规则复杂性增加问题是一样的。但是，信息多也不一定代表质量高，相反还会增加信息处理的成本；（2）要防范系统性金融风险，需要监控一些与系统性风险密切相关的信息。但从目前 BCBS 的披露要求来看，主要是针对单个银行或银行集团个体，这些已披露的信息中哪些涉及系统性风险，人们似乎并不非常清楚。这表明，对系统性金融风险的传导方式和途径的认识尚不够充分、到位，因而也就谈不上提出这方面的信息披露要求；（3）对于要求披露的一些具体项目在增减时似乎缺少充分的依据。譬如，在巴塞尔Ⅱ第三次征求意见稿中，BCBS 决定在相当大的程度上减少披露的要求，特别是有关内部评级法（IRB）和资产证券化方面的披露要求，主要是考虑了银行的反馈意见。出现这种情况，可能与巴塞尔委员在信息披露方面缺乏足够的理论依据和规则有关；（4）市场约束要发挥作用，一定是以市场能读懂并理解相关信息的经济含义为前提，然而考察有关风险信息市场反应的研究尚待加强。在现有文献中，可以看到一些针对定量风险信息如 VaR（Lim，2007）、资本充足率和杠杆率（Calomiris & Powell，2000；巴曙松等，2010）、贷款资产质量（Chipalkatti，2005）等市场反应的研究①，但已披露的信息何止这些。如果发现大量的风险信息其实被市场忽略了，或者说市场对其没有反应，则很难想象市场约束能有效地发挥作用。

显然，要解决上述问题，首先是风险监管总体思路需要调整优化，是否用复杂应对复杂，即用复杂的规则来监管日益复杂的金融业务？是否采用简单模

---

① Lim, C. Y. and P. M. Tan, 2007, Value relevance of value-at-risk disclosure, Review of Quantitative Finance and Accounting, 29 (4): 353 - 370.

Chipalkatti, N. 2005, Do Investors Reward Bank Disclosure Transparency? Evidence from India, Journal of International Accounting Research 4 (2): 25 - 52.

Calomiris, C. W. and A. Powell, 2000, Can emerging market bank regulators establish credible discipline: the case of Argentina 1992—1999, NEBRWorking Paper Series 7715.

巴曙松、张阿斌、朱元倩："中国银行业市场约束状况研究——基于巴塞尔新资本协议第三支柱视角"，《财经研究》，2010 年第 12 期。

型和多个简单指标汇总的指标体系？这与目前主要依靠资本充足率单一指标的思路是相悖的；其次是加强对风险相关信息披露的基础性研究，特别关注各项信息的经济意义，发现或构造那些能反映系统风险的优质指标，筛选出那些经济意义重大的信息，以降低信息处理成本，改进信息使用效果。

2. 风险信息的披露与市场约束机制

市场对于银行风险信息的反应无非三种：无反应（或忽略）、正确反应和不正确反应。在一个有效市场中，正确反应意味着对信息有充分的理解并及时采取了合适的市场行为。而市场约束机制则主要建立在“正确反应”的基础上。对信息的滞后或过度反应，均属于不正确反应。不正确反应越多，市场就越无效。

对市场约束机制的定义是（Berger，1991）①：当银行风险加大时，股东、存款人、其他债权人将会采取相应的行动以制约银行。存款人会取回存款或要求更高的利率以补偿风险；其他债权人则会卖出债券或要求更高的收益率，从而使得债券的价格下跌，银行的筹资成本提高；而股东则会卖出股票，使股票价格下跌，或是通过股东大会影响经营者决策等，从而制约银行。

对于上述机制，一些实证研究给出了支持的结果。例如，Hosono 等人(2004)② 运用存款利率模型和存款增长模型，对存款利率变化和存款数量增长与衡量银行风险水平各变量之间关系进行了分析，发现存款人市场存在约束机制。Wilson 等人（2012）③ 的研究也得到类似的结论，他们发现风险披露指数与存款风险溢价之间显著相关，表明信息披露有利于减缓过度冒险。又如，Flannery 和 Sorescu（1996）④ 对 1983—1991 年期间的 83 家美国大银行的 422 个债券样本进行分析，发现 1989 年后的次级债券风险溢价与银行风险高低相

① Berger, A. N. , 1991, Market discipline in banking. Proceedings of the Conference on Bank Structure and Competition, Federal Reserve Bank of Chicago, 1991: 4192439.

② Hosono K, Iwaki H, Tsuru K. 2004, Bank regulation and market discipline around the world. RIETI Discussion Paper Series, 042E2031, 2004: 4230.

③ Wilson, W. , L. Rose and J. Pinfold, 2012, Moderating risk in New Zealand retail banks: Disclosure as an alternative regulatory regime, Journal of Banking Regulation, 13 (1): 4 – 23.

④ Flannery, M. J. and S. M. Sorescu, 1996, Evidence of bank market discipline in subordinated debenture yields . Journal of Finance, 51 (4) : 134721377.

关，认为市场约束确实存在。Covitz 等人（2000）[①] 的研究也得到相同的结论，而且越是后期的数据样本，两者间的相关性也越强。也就是说，债券市场存在约束机制。类似地，股票市场也存在约束机制。Brewer 等人（2003）[②] 的研究表明，银行的财务、风险状况指标能迅速反映到股价上、且体现出不同银行之间的差别，而 Chipalkatti（2005）[③] 利用印度数据分析发现，投资者对银行高质量披露会有正向反应。

但是，也有不少研究对市场约束机制提出了质疑，甚至反对的意见。首先，市场约束有效发挥作用存在一些前提条件。例如，如果存款人因监管机构、法律和安全网设计、政府隐性担保等因素获得存款安全感，则其对银行的监督动机将被大大削弱（Dewatripont & Tirole，1994）[④]。对于其他债权人如次级债持有人来说亦是如此。此外，信息披露本身的局限性（寿建新，2003）[⑤]、市场参与者对披露信息的有限认识（Soifer，2004）[⑥]、银行对市场参与者行为反应的不敏感（Sinan & Fatma，2007）[⑦] 以及金融市场是否开放（Bourgain et al.，2012）[⑧] 等，都有可能造成市场约束机制的失效；其次，在一定情况下，信息披露还存在反效果，即会加剧金融体系的不稳定，最终导致投资者受损。Stiroh（2006）[⑨] 对美国银行控股公司的研究表明，披露的非利息收入组成等

---

① Covitz, D. M., D. Hancock and M. L. Kwast, 2000, Mandatory subordinated debt: would banks face more market discipline?, Working Paper, Board of Governors of the Federal Reserve System.

② Chipalkatti, N., 2005, Do Investors Reward Bank Disclosure Transparency? Evidence from India, Journal of International Accounting Research, 4 (2): 25 – 52.

③ Brewer, E., H. Genay, and W. C. Hunter, 2003, Does the Japanese stock market price bank – risk? Evidence from financial firm failures, Journal of Money, Credit, and Banking, 35 (4): 507 – 543.

④ Dewatripont, M., J. Tirole, 1994, The p rudential regulation of banks. Cambridge, MA: M IT Press.

⑤ 寿建新、戴志敏："新资本协议中的市场纪律及其局限性"，《浙江金融》，2003 年第 8 期。

⑥ Soifer, R., 2004, Problems remain over information disclosure. http://www.globalriskregulator.com.

⑦ Cebenoyan, Fatma, and A. Sinan Cebenoyan, 2007, Subordinated debt, uninsured deposits, and market discipline: Evidence from U. S. bank holding companies. Working Paper, Hunter College Department of Economics.

⑧ Bourgain, A., P. Pieretti, and S. Zanaj, 2012, Financial openness, disclosure and bank risk-taking in MENA countries, Emerging Markets Review, Actors , Crisis and Financial Market Development, 13 (3): 283 – 300.

⑨ Stiroh, K. J., 2006, New Evidence on the Determinants of Bank Risk, Journal of Financial Services Research, 30 (3): 237 – 263.

信息会导致股价波动。Penas & Tumer-alkan（2010）[①] 对土耳其银行的研究也发现，披露期限错配、货币错配、不良贷款等金融脆弱信息会让股东担心未来盈利，市场对此将出现负面反应。市场对有些信息的反应，可能会导致特定时期损失加重。在风险变得不可控时，披露不仅不会降低银行破产的可能性，反而会导致其增加（Cordella &Yeyati，1998）[②]。这也从一个方面解释了为什么光靠信息披露不能解决危机的问题。

了解上述信息披露与市场约束机制之间的这些复杂关系，不仅可以避免披露过量的信息，还可以让人们采取主动，在一些特殊时期适当地调整披露策略，以避免金融系统出现大的波折。

3. 相关的会计、审计准则与实务

在以信息披露为基础的市场约束机制中，信息质量本身非常关键。我们注意到，随着对这一问题的深入理解，巴塞尔委员会越来越重视会计、审计相关工作。2000 年 4 月，BCBS 发布了“国际会计准则评价”，希望实现会计准则的国际协调与趋同，以适应金融市场全球一体化的趋势。2006 年 6 月，又推出了“银行运用金融工具公允价值的选择权指南”，敦促应尽量采用国际会计准则 IAS39 号。2007 年金融危机之后，公允价值计价遭到不少批评。2009 年 8 月，BCBS 总结教训，发布了“更换 IAS39 的指导性原则”，提出公允价值会计准则应反映经营模式、避免不必要的复杂、吸取金融危机教训等。同时，BCBS 也非常重视审计师的作用。2001 年 2 月出台了一份有关审计师和银行监管者各自角色、相互关系的草案，几经修改，于 2014 年 3 月正式发布了“银行的外部审计”，强调了审计委员会的作用，构建了审慎的监管者和外部审计师以及审计监管机构之间的关系。另外，BCBS 还设立了一个专门的机构“会计专家工作组 Accounting Experts Group（AEG）”，其主要任务是“确保国际会计、审计准则及实践能促进银行稳健的风险管理、通过透明度支持市场约束、加强银行体系的安全与稳健”。

---

① Penas, M. F., and G. Tumer-alkan, 2010, Bank Disclosure and Market Assessment of Financial Fragility: Evidence from Turkish Banks' Equity Prices, Journal of Financial Services Research, 37 (2-3): 159-178.

② Cordella, T., E. L. Yeyati, 1998, Public disclosure and bank failures, International Monetary Fund, Staff Papers - International Monetary Fund 45 (1): 110-131.

尽管 BCBS 在会计、审计方面做了不少工作，但有些问题依然无法解决：（1）不同银行遵循的会计准则可能是不同的，有的遵循国际会计准则，有的遵循某一国家或地区的会计准则。尽管会计准则的国际趋同正在推进，但目前依然没有做到全球统一；（2）金融工具创新有的就是针对规则来的，创新本身就是以突破某些法律、会计、税法、外汇管制等方面的限制为目的。因此，人们常常能看到许多“表外”（即在资产负债表外反映）工具层出不穷。当会计准则调整后，某些工具被纳入了“表内”，但新的工具马上又出现了，且依然在“表外”。正所谓“道高一尺，魔高一丈”；（3）除上述原因外，会计准则自身也存在一些技术上尚未解决的问题。例如，要确认资产和负债有几项标准，其中一项是“可计量”。如果相应的金融工具“不可计量”或难以“可靠”地估计，就不能确认为资产（或负债）。而不可计量可能是因为缺乏合适的数量分析工具，也可能是因为金融工具本身的特性难以定量化。

针对上述问题，目前巴塞尔委员会似乎正在两个方向上不断努力：首先，是深度参与，将自己的想法、要求向会计准则、审计准则制定机构提出，以便在准则的制定、修订中尽可能体现这些想法和要求，使它们与银行业监管要求相配合；其次，将监管信息和会计信息的差异进行揭示，如近期在资本构成的披露规范中要求同时披露监管口径和会计口径的细项信息，并给出两者的差异。显然，这些努力可以缓解上述问题，但并不能从根本上解决。

4. 薪酬披露与风险控制

金融危机中暴露出的激励机制缺陷主要体现在薪酬与风险之间缺少关联，雇员获得的短期薪酬中没有反映出公司的长期风险，进而导致公司过度承担风险。金融稳定论坛（Financial Stability Forum，FSF）2009 年 4 月出台了“稳健薪酬实践原则”，提出薪酬应当用所用类型的风险进行调整，薪酬数目也应与风险数量相配称，同时薪酬计划还应考虑与风险的时间维度相联系，此外，该文件还强调了公司董事会对薪酬的监督责任。相应地，BCBS 根据这些规范，对薪酬的信息披露也提出了要求，2011 年 7 月出台了“第三支柱关于薪酬的信息披露要求”，具体内容参见前面的介绍。

尽管目前对薪酬和风险的挂钩有一定的要求，但这种要求似乎难以奏效。

首先，从 BCBS 要求披露的薪酬内容来看（见表 1－6），无论定性和定量信息，可能都无法给出薪酬与风险之间关系的貌相。表 1－6 中要求的薪酬信息，基本是关于薪酬情况本身，要求给出薪酬调整的依据，也没有提到如何依据风险进行调整。当然，要给出薪酬和风险之间的数量关系（从公司整体角度）可能就更困难了，一是因为薪酬本身类型结构就很复杂，二是风险本身具有不确定性，估计起来也很困难，再者，即使前面两者都可以估算，两者间的数量关系也不是很容易就能确定的。

其次，薪酬和动机是挂钩的，之间存在的关系完全因人而异。有的人可以为了1万元愿意冒巨大风险，有的人却可能完全没有感觉。如果说这层关系带有很大的不确定性，那么类似地，动机与采取冒险行动之间也是不确定的，也是因人而异的。有强烈动机的人一定会采取行动，且行动的尺度同样很大，这一点是值得怀疑的。当团队中各人的这种取舍标准差异很大时，薪酬和风险承担行动两者之间的关系就更难确定了。

第三，现有的薪酬工具大多带有“买入看涨期权”的特征。以“基本工资＋普通业绩奖金”为例，常常是业绩越好，奖金越多，而业绩越差，奖金最少为零，一般不会让雇员从过去已发的奖金中要回。这种不对称的收益业绩结构就是一个典型的“买入看涨期权”。正因为这种“上无封顶、下有保底”的薪酬结构，常常激励人们采取更多的冒险行动，因为有收益时自己的奖金可以多一些，而有损失时则主要由公司承担。如果根据金融稳定委员会的要求，薪酬应更多地与风险挂钩，则薪酬工具的设计应有所突破和创新。现在，“递延发放＋扣回式”奖金已在一些国家和地区推出。在本例中，即意味着奖金递延到后面几年发放，如果公司出现损失，就可以从这些递延尚未发放的奖金中进行扣减，以减少其“不对称性”。然而，这种工具是否能遏制过度冒险，还需要深入研究。

第2章　巴塞尔委员会成员国[①]银行信息披露调查（1995—2003）

1995—2003年，巴塞尔委员会与证券委国际组织（IOSCO）几乎每年都组织一次对各成员国银行年报信息披露的调查[②]。通过这些调查，委员会一方面可以了解到银行信息披露的现状、存在的不足、以及逐年取得的进展，另一方面还可以考察信息披露建议和标准在实践中被采纳的情况，为以后信息披露标准的制定、修改奠定基础，同时也起到引导银行改进其信息披露的作用。

每次调查之后，委员会均将调查结果及有关数据予以公布[③]。在这一部分，我们除了对巴塞尔委员会调查结构进行总结性分析之外，还利用这些数据继续做了一些对比研究，特别是对不同国家和地区银行信息披露情况的对比、各国银行信息披露跟上巴塞尔委员会要求的步伐等。

2.1　两委员会的调查工作

巴塞尔委员会和证券委国际组织1995—2001年对几十家大型国际性银行和证券公司的信息披露情况进行的调查结果见表2-1。

① 巴塞尔委员会成员国中包括国家和地区，统称为“成员国”。

② 巴塞尔委员会在1995年、1996年、1997年、1998年、1999年、2001年和2003年进行了银行信息披露的调查。1995—1999年的调查格式与2001-2003年的有所不同。

Basel Committee, 1996, Survey of disclosures about trading and derivatives activities of banks and securities firms

——, 1997, Survey of disclosures about trading and derivatives activities of banks and securities firms

——, 1998, Trading and derivatives disclosures of banks and securities firms

——, 1999, Trading and derivatives disclosures of banks and securities firms

——, 2001, Public disclosures by banks: results of the 1999 disclosure survey

——, 2003, Public disclosures by banks: results of the 2001 disclosure survey

③ 披露详细调查数据的有1995年、1996年、1997年、1998年、1999年的调查报告，2001年的调查报告没有附上详细数据。2003年的披露调查同时给出了1999年、2000年和2001年三年的数据。

表 2-1　　联合调查工作情况

调查时间	年报年份	银行家数	证券公司家数	信息条目数
1995.11	1993—1994	67	12	不详
1996.11	1993—1995	67	12	85
1997.11	1993—1996	67	12	87
1998.11	1993—1997	67	11	68
1999.12	1993—1998	60	11	170
2001.04	1999	57	0	104*
2002.05	1999—2000	55	0	104*
2003.05	1999—2001	54	0	104*

* 问卷调查的问题总数。

委员会调查的内容主要依据当时有关信息披露文件规定，如1995年主要依据1994年9月发布的“费雪报告”和1995年5月发布的“监管信息框架”，1999年则主要依据同年10月发布的“公开信息披露建议”。披露标准每一次大的变动，调查内容都会相应有一次大的调整，使得每次调查的条目、甚至调查的对象都会有所不同。两次大的调整分别是1999年和2001年。1999年10月，新的“公开信息披露建议”发布。相对1995年的“建议”，新建议作了很大改动。2001年，新资本协议对公开信息披露又提出了新的指导意见。

调查选择的对象是巴塞尔委员会各成员国的银行和证券公司。按原先的设想，调查将采用跟踪式。但是，1995年，美国大通银行和化学银行合并，日本东京银行和三菱银行合并，使原来的样本结构发生了变化。此后，委员会放弃了跟踪式，调查对象时有变动。从1995年到1999年，被调查机构均选择各国衍生产品业务①最大的几家，总数分别为79、79、79和71。2001—2003年，调查对象是各国具有代表性的银行，分别为57、55、54家。

① 衡量标准是机构的衍生产品业务名义本金数量。

调查数据仅来自年报。有关交易和衍生产品业务的信息主要在年报的两个地方披露：一是财务概括或管理层报告，是机构关于财务管理状况和业绩的披露；二是年度财务报告，有资产负债表、损益表、股东权益变动表、财务状况或现金流量变动表以及报表的附注等。会计数据以合并报表为基础，其他非直接的信息未纳入调查范围。2001 年的调查与此有所不同，它采用了问卷调查方式。问卷设计了 104 个问题，被派发到成员国银行监管机构，并由他们负责填报。值得一提的是，几次调查中，在调查表中未予回答或未披露的项目，不一定是“不愿”披露的项目，而很有可能是因为机构没有这项业务，或依据重要性原则不必披露。

2.2 调查结果综述

1995 年至 1998 年，在“跟踪”调查这一思想指导下，委员会调查的信息内容比较接近，而 1999 年和 2001 年之后则与前几年大不相同。在 1999 年 170 个调查信息栏目中，只有 27 个栏目与 1998 年相同。而 2001—2003 年的调查，其范围扩大到资本结构和资本充足率等，多了许多新内容，调查项目为 104 项。以下是这几次调查结果的综述。

1. 1993—1997 年年报信息披露比较

与 1993 年年报相比，1994 年年报有了很大改进。一些金融中介首次披露了其内部风险管理机制中的市场风险头寸，信息风险头寸信息提高了很多，对交易和衍生产品业务管理的讨论也更深入。调查还发现，报告所涉及的机构普遍建立了风险评估与管理机制，可定期获取信息供内部管理部门使用和供董事会参考。但是，各银行和证券公司所披露信息的类型和价值存在很大差异，有的机构一直很少披露交易和衍生产品业务信息。

1996 年委员会侧重调查了总风险头寸指标、信用风险、市场风险和收益方面的信息。调查结果显示，市场风险和收益分解被为交易和非交易行为，且按定性和定量进行了披露。与 1994 年相比，1995 年年报对交易和衍生产品业务的披露继续有所加强，相关风险和风险管理方法的讨论得到发展，对会计和头寸估价技术也进行了更详细的讨论，披露内部在险价值（VAR）方法定量信息的机构所有增加。

较之 1995 年年报，1996 年年报又有所改进。主要表现在：披露在险价值方法和模型假设的机构越来越多，风险管理讨论扩大到操作风险和法律风险，提供了更多有关评估方法和衍生产品信用损失会计处理信息。此外，许多机构将 OTC 和交易所交易工具区分开来并用名义金额加以披露，在其他一些领域的披露也继续有所加强。

与以前年度相比，1997 年年报最大的改进之处是，加强了操作风险和法律风险管理方面的讨论，有关市场风险和估计的讨论有所增加，交易对手信用质量和集中度方面信息更多，披露市场风险 VAR 方法和相关假设定量信息的机构大幅增加。此外，还出现了披露市场风险资本要求数据的趋势，有关信用风险和市场风险的定性、定量信息明显增多。然而，披露信息类型和有用性还有待改善。调查发现，一些机构对其关键交易和衍生产品业务的披露仍很少。

2. 1998 年和 1999 年年报信息披露

1999 年 10 月，巴塞尔委员会颁布了新的“公开信息披露建议”。作为其工作的继续，委员会又对 1998 年年报的调查作了重大修改。调查的信息项目从上一年的 68 项扩大到 170 项。调查内容包括五大部分：总括信息、会计和评估方法、定性信息、定量信息以及收益信息。

结果显示，“总括信息”披露最好，“收益信息”最差。关于风险管理政策和风险敞口，市场风险和信用风险着笔最多，流动性风险和操作风险较少，最少的是其他风险。关于风险计量模型，则是市场风险多于信用风险。就每家机构披露的信息来看，大多数机构披露的信息都超过了调查栏目的 40%。与以前年度相比，1998 年年报关于市场风险和市场风险模型方面的定性和定量信息披露得到扩充，有持有期、置信度、累积风险因子方法和 VAR 方法等方面的信息。当前信息风险和信用增强等信息风险定量信息披露有所增加。

2001 年展开的对 1999 年年报的调查变动更大。这次调查的目的有两个：一是了解现有披露距新巴塞尔资本协议要求的差距；二是在相对超前或不足的披露领域作为银行业和相关准则制定机构的指南。调查的领域有：资本结构、资本充足率、市场风险内部模型方法、内部和外部评级、信用风险模型方法、证券化业务、信用风险准备、信用衍生工具和其他信用增强方式、衍生产品、地域和业务分散情况、会计政策及所有其他风险。

这次调查的主要发现是：（1）许多银行披露了资本结构重要信息，但对创新的或复杂的资本工具披露不够详细；（2）披露基于风险的资本比率计算的银行较多，但对估计资本充足率和确定资本水平内部过程的披露不够；（3）许多银行披露了投资组合的市场风险内部模型、压力测试和回顾测试内部模型有关规程等；（4）很少有银行披露内部评级过程及在资本配置方面的运用情况；（5）只有少量银行披露了信用风险计量模型的类型、应用、投资组合中的应用等信息，也很少有银行披露交易对手信用风险压力测试过程；（6）只有一半略多的银行披露了资产证券化的数量和类型；（7）许多银行披露了信用风险敞口及坏账准备定量信息，但对有些细节的披露还不够；（8）绝大多数的银行披露使用了信用衍生工具，但总体上不及其他衍生工具；（9）对衍生产品战略和目标的披露较多，但定量信息不够；（10）多数银行披露了信用风险的分散情况，但对过期资产分散披露不多。

3. 披露最多和最少的领域

表2－2是根据1999年和2001年调查数据整理的，分别反映了1998年年报和1999年年报披露最多和最少的领域。百分比反映的是对某项信息而言，披露了该项信息的银行占总被调查对象的比例。由于信息范围发生了的变化，对这两份调查无法直接进行比较。但是从表2－2中我们还是可以看到：（1）两年来披露均居“榜首”的信息主要有市场风险模型及有关参数（关于参数的披露越来越多），市场风险和信用风险管理方法的定性说明以及有关资产计价基础、收入确认的会计政策和方法；（2）两年来披露均居“榜尾”的主要有信用风险模型及参数，信用衍生产品类型、数量等；（3）在2001年披露最多的信息中，有的是首次进入调查范围的，如一级资本、普通股和优先股等权益信息等；（4）在2001年披露最少的信息中，也有首次进入调查范围的，如资产证券化细节信息（剩余资产风险、追索权等）、信用风险模型细节信息等。

表2－2　　1998年报和1999年报中披露最多的和最少的信息领域*

1998年年报		1999年年报	
调查项目	%	调查项目	%
市场风险及其产生的信息	96	普通股权益数量	98
管理市场风险的方法	96	内部模型置信度水平	98

续表

1998 年年报		1999 年年报	
调查项目	%	调查项目	%
交易和衍生产品收入确认会计政策与方法	96	资产初始确认和存续期计量的基础，如公允价值或历史成本	98
确认、计量和管理市场风险的政策	94	总资本基数	96
名义金额	94	所运用的内部模型的类型（如历史模拟，VAR）	96
交易和衍生产品控制过程和风险管理组织结构中心主要方面梗概	94	按巴塞尔资本协议要求的方法计算的以风险为基础的资本比率	96
信用风险管理方法	94	一级资本的数量	95
衍生产品会计方法	94	长期非积累优先股的数量	94
信用风险及其产生信息	93	下属公司中少数股权的数量	91
对承担风险政策、交易和衍生产品于总体风险水平影响的概括	92	对交易和非交易业务收入进行确认的会计方法和政策的描述	91
交易业务的经营目标及达到这些目标的战略概述	92	对任何信用损失建立备抵的一致做法	91
市场风险模型的类型，如 VaR	90	内部模型持有期	89
		银行内部按性质或功能划分的收支信息	89
信用风险压力测试过程	3	资产证券化后次级利息保留（第一种损失保护）详细情况	5
交易账户中现金工具的平均市值	6	关于信用风险计量模型的定性定量信息，包括参数、一段时间的业绩、模型有效性及压力测试	8
导致确认历史成本计价法下衍生产品累计递延损失的事项	7	基于内部和外部信用评级的、表内表外信用敞口质量的汇总信息	11
法律风险管理业绩	7	无力履约的衍生产品的重置成本	13
信用衍生产品政策、策略和目的	10	信用增强对 OTC 合约中银行交易对手敞口的作用	14
表外工具平均信用风险敞口或风险敞口范围	10	证券化中的一般追索条款	15

续表

1998 年年报		1999 年年报	
调查项目	%	调查项目	%
操作风险管理业绩	11	衍生产品信用风险损失准备的性质和数量信息	15
信用风险计量模型的主要假设	11	按工具类型给出的信用衍生产品细目	18
提早终止条款	11	运用信用衍生产品买卖的信用风险数量	18
确定市场价值时流动性是如何考虑的	13	银行内部资本配置中是如何运用内部评级的	21
非交易投资组合的情景分析和比例冲击影响的汇总结果	14	提供非交易投资组合对冲击影响的情景分析汇总结果	21
包括重大/创新、复杂或杠杆衍生产品、或可转移信用和其他风险工具的业务汇总信息	14	资产负债表资产的风险敞口（特别是每一类资产的账面价值和风险权重数量）	21
对预期交易套期的会计处理	15	如对对手信用敞口进行压力测试时应披露测试过程和测试、在风险管理系统中的作用	23
流动性风险管理业绩	15	资产证券化后剩余资产上的风险数量	23

*1998 年年报数据直接来自 BASEL 和 IOSCO1999 年的调查，1999 年年报则整理自 2001 年的调查数据。

4. 进一步的分析及结论

从前面对巴塞尔委员会和证券委国际组织的联合调查综述可以看到，银行信息披露在不同领域参差不齐，除了委员会的引导和敦促外，根本上还是取决于银行自身的业务、技术和管理水平的发展状况。

银行信息披露在不同领域发展速度不同，其中在市场风险管理技术方面发展最为惊人。VAR 方法从 1993 年开始，到目前为止几乎所有的银行都采用了这一方法。有关这些模型的信息披露最多、也最详细。但是，信用风险管理技术的发展却很慢。尽管在第一次调查时委员会就注意到这一问题，但几年之后，这一领域特别是信用风险模型方面发展仍然相当缓慢。尽管委员会不断敦促各银行加强这一方面的披露，但银行业务和管理技术的实际发展状况乃是决定银行信息披露水平之关键。原因是显而易见的。市场风险模型发展快，得益于市场数据的完备和IT技术的发展。实际上，这在统计方法上并未有根本性的突破。但是，信用风险数据，特别是交易对手、信用衍生工具等，在数据可获得方面存在一定困难。加上信用风险本身度量上存在不少问题，信用条款复杂，信用增强方式多，银行要建立内部信用风险模型实非易事。因此，从1993年年报到1999年年报调查，这一部分几乎每年都成为委员会呼吁的重点。这说明，信息披露的发展最终将受到银行自身业务特点及管理水平发展的制约。

比较这几年的调查项目，我们还发现，几年来均处较低披露水平的项目在新的调查中被删除和合并了，如收益信息减少了、其他风险（流动性风险、操作风险、法律风险等）删除了或被合并了。当然，这并不能说明委员会对此不再重视。收益信息是非常敏感的信息，出于经营竞争考虑，许多银行可能不愿多加披露。因此我们推测，巴塞尔委员会在有些问题上也会向银行作出妥协。

此外，我们还注意到，首次纳入调查范围的信息项目有的一开始就有一个很高的披露水平，如资本充足率和资本结构；有的则很低，如资产证券化、内部信用评级等。披露水平一开始很低的大多是新提出的要求（见表2-2）。而披露水平一开始就较高的则表明，银行信息披露遵循许多组织的要求，如国际会计准则委员会、证券交易所等，银行的披露并不都是从零开始，有的已有很好的基础。因此，注重其他组织对银行信息披露的要求亦是非常必要的。从零开始的披露往往意味着信息披露的数据基础较差，意味着银行要追加大量的信息披露成本。

2.3 调查数据分析（I）——紧跟巴塞尔的步伐

银行实务的发展和监管的需要，使巴塞尔委员会对信息披露的要求不断在改变。总体上说，银行对这种变化适应得很快。为考察成员国银行对这种变化的适应能力，我们从1996—1998年的三次调查数据中，选择了61条相同的调查条目，并逐条收集数据，考察了自1993年年报到1997年年报中披露的变化（参见表2-3）。披露比率为披露某项信息的银行占当年被调查银行和证券公司总数之百分比。“97-93”一栏为1997年和1993年比率之差。

表 2-3　　1993 年年报—1997 年年报中信息披露比率分析

项目	1993 %	1994 %	1995 %	1996 %	1997 %	97-93 %
定性信息						
目标讨论：交易与非交易目的与战略	48%			95%	99%	51%
风险讨论：放入表内风险	47%	47%	73%	96%	97%	50%
特定风险讨论：信用风险及其产生	43%	70%	84%	86%	91%	48%
信用风险管理方法	38%	71%	90%	95%	92%	54%
市场风险及其产生	44%	71%	86%	87%	91%	47%
市场风险的管理方法	37%	73%	94%	96%	96%	59%
流动性风险及其产生	24%	47%	58%	62%	65%	41%
流动性风险的管理方法	19%	48%	59%	68%	68%	49%
操作风险和法律风险	13%	33%	41%	51%	58%	45%
操作风险和法律风险的管理方法	10%	27%	39%	54%	60%	50%
市值是如何估计的：	33%	57%	73%	82%	87%	54%
市值调整/准备	11%	18%	23%	34%	41%	30%
无标价时的估计	34%	39%	57%	63%	76%	42%
衍生产品会计政策	80%	90%	91%	91%	99%	19%
适用于不同衍生产品的会计方法	67%	71%	76%	78%	87%	20%
套期会计标准	44%	52%	61%	62%	67%	23%
衍生产品终止	15%	35%	42%	46%	54%	39%
衍生产品资产负债净额结算	15%	27%	34%	46%	47%	32%
衍生产品信贷损失会计处理	11%	11%	24%	34%	36%	25%
总头寸指标						
交易和非交易名义金额信息	85%	100%	100%	100%	100%	15%
市值数据：衍生产品总的正市值	33%	53%	63%	68%	83%	50%
衍生产品总的负市值	16%	32%	37%	47%	64%	48%
交易账户：区分交易资产和交易负债	34%	49%	48%	49%	58%	24%
现金工具：期末（MV）	53%	66%	86%	84%	81%	28%
期间平均（MV）	0	9%	9%	9%	13%	13%
衍生工具：期末（MV）	27%	56%	56%	63%	68%	41%
期间平均（MV）	4%	20%	29%	37%	33%	29%

续表

项目	1993 %	1994 %	1995 %	1996 %	1997 %	97－93 %
非交易衍生产品头寸：总市值	20%	27%	37%	39%	51%	31%
信用风险						
当前信用风险敞口（净抵后的）	28%	48%	46%	53%	55%	27%
总的正市值	33%	53%	63%	68%	79%	46%
潜在信用风险敞口	1%	11%	19%	27%	36%	35%
交易对手信用质量	8%	34%	52%	63%	71%	63%
按交易对手类型	5%	27%	38%	48%	54%	49%
按内部或外部评级	8%	14%	22%	27%	29%	21%
集中度信息	14%	39%	58%	61%	71%	57%
地区风险敞口	10%	25%	27%	29%	42%	32%
行业集团敞口	14%	38%	46%	48%	51%	37%
抵押或其他信用增强方式	0	3%	4%	14%	21%	21%
实际信用损失	5%	11%	13%	18%	17%	12%
不良合约	1%	10%	10%	13%	14%	13%
银行及等同于银行信贷的衍生产品	43%	57%	57%	59%	55%	12%
市场风险信息						
交易业务：在险价值（VAR）数据披露	5%	23%	46%	63%	81%	76%
高/低 VAR	0	9%	22%	30%	46%	46%
平均 VAR	0	13%	25%	34%	41%	41%
证券组合价值日际变化	0	6%	14%	23%	27%	27%
证券组合价值大于 VAR 部分的变动	0	8%	13%	19%	27%	27%
置信区间	3%	15%	44%	61%	81%	78%
持有期	0	20%	42%	59%	76%	76%
累计所有风险因素的方法	0	5%	18%	29%	27%	27%
情景分析	1%	3%	8%	16%	26%	25%
非交易衍生产品：衍生产品对利率重置“缺口”头寸的影响	29%	32%	33%	30%	31%	2%
情景分析：比率冲击影响	6%	18%	19%	20%	24%	18%
非交易证券组合的 VAR	0	5%	6%	9%	33%	33%

续表

项目	1993 %	1994 %	1995 %	1996 %	1997 %	97－93 %
收益信息						
交易业务：交易收入信息	61%	75%	81%	87%	95%	34%
按风险敞口/业务种类	10%	23%	43%	51%	51%	41%
按衍生工具的现金头寸	28%	29%	23%	27%	50%	22%
现金头寸的净利息收入	37%	44%	33%	34%	37%	0
非交易业务：衍生工具单独对收益的影响	6%	14%	13%	25%	35%	29%
净利差总体敏感性对收益的影响	19%	23%	18%	19%	26%	7%
递延利得或损失数量	9%	10%	16%	25%	27%	18%
衍生产品未实现利得或损失	15%	27%	30%	35%	45%	30%

表2－3包括61个项目，其中最后一栏为1993—1997年年报披露比率的差值。该差值最小为0%，最大为78%，均值为35%。也就是说，61个项目披露比率的平均变化幅度为35%。如果再平均到各年，则为8.75%。可见，成员国银行紧跟巴塞尔的步伐总体上是很大的。

然而，并不是所有的信息披露都是“步调一致”的。有的信息披露领域发展得很快，有的则很慢。在表2－3中我们发现，变化最小的主要是以下一些项目：交易业务来自现金头寸的净利息收入、非交易[①]衍生产品对利率重置缺口头寸的影响、非交易衍生产品净利差总体敏感性对收益的影响。它们四年来披露比率的提高还不到10%。其次是实际信贷损失、银行及等同于银行信贷的衍生产品、非交易衍生产品比率冲击情景分析和递延利得损失数量等，它们四年来的提高幅度不到20%。从这些提高最慢的项目看，它们大部分集中在非交易衍生产品。一般来说，银行不披露某些信息，原因可能是某类业务实际发生少、或数据过于敏感、或数据获得困难，或者在这一领域就根本没有业务。就上述发展最慢的几个领域看，这些原因可能都存在。例如，情景分析在当时许多银行可能都没有能力做，而实际信用损失又非常敏感等等。

① 交易（trading）和非交易（non-trading）指持有衍生产品的目的是用于交易，还是作为最终用户用于套期保值等风险管理。

信息披露发展较快的领域主要在于：VAR模型及参数等信息、交易对手信用质量、市场风险和信用风险等管理方法的描述、地区和行业集中度、市值估计、交易及非交易战略与目标等。这些方面四年的提高幅度大多超过50%。这一结论与对1998年和1999年年报最多和最少披露的分析结论相一致。

从表2-3中我们还发现，有的披露迅速提高后即达到一个比率高且稳定的状态。例如，2—3年内即稳定在90%披露比率的有：交易和非交易战略与目标、市场风险和信用风险管理方法描述等，1年内即达到90%稳定状态的有衍生工具会计政策披露、交易和非交易名义金额等。另有一类披露迅速提升后即达到一个较稳定状态，但比率不高。例如，2—3年内即稳定在53%左右的当前信用风险敞口，2年内稳定在25%左右的内、外部信用评级，1年内稳定在13%左右的不良合约信息等。这种低比率稳定状态的出现，从某种角度反映了信息披露本身还存在不少制约因素，委员会对信息披露的推动工作会受其影响。

如果银行对巴塞尔提出的新要求每次都从零开始，事先毫无准备，可想而知，要跟上它的步伐是何等艰难。然而，我们发现，并非所有首次提出的新要求银行披露比率都是零。为此，我们将巴塞尔委员会2001年新添加的调查项目进行了分析，见表2-4。

表2-4　　巴塞尔委员会信息披露新要求及实际披露比率

新披露项目	信息条目数	最小值	最大值	均值
资本结构	14	36%	98%	74%
资本充足率	7	21%	96%	46%
内部和外部评级	4	11%	56%	33%
证券化业务	8	5%	53%	29%

表2-4给出的是2001年调查中新加进的4大类项目的披露比率情况。这4大类项目是：资本结构、资本充足率、内部和外部评级以及证券化业务。以资本结构为例，涉及信息条目共14条，其中披露比率最低的是36%，最高的达到98%，平均披露比例为74%。由此可见，尽管巴塞尔信息披露要求有许多"新"项目，但首次调查中的这些新项目披露比率并不低。在新项目中，

最低的项目“证券化业务”也不是零，而是5%。这些数据说明，成员国银行信息披露较为规范，数据基础较好。这也许是它们能够迅速跟上巴塞尔变化的主要原因之一。许多披露规范可能来自其他组织的要求，如会计准则委员会。因此，注重其他组织对信息披露的规范，适当进行自愿披露，将提高银行对巴塞尔要求调整的适应能力。

2.4 调查数据分析（II）——成员国银行之比较

巴塞尔委员会的12个成员国在信息披露发展方面是不平衡的。根据调查数据，我们以美国为基准，进一步分析了5个主要成员国：日本、加拿大、法国、德国和英国银行信息披露情况。分析数据为1995年年报至1998年年报，上述几个成员国被调查的银行数通常在6家以上。其他成员国因样本过少（有的只有2—3家），不便作对比分析。

1. 日本银行

为便于分析，我们绘制了图2－1。图中的“比率差”为日本银行（不包括证券公司）披露比率减去美国银行披露比率之差（以后对其他各国的分析亦同）。披露比率即为对应某信息条目披露的银行占所在国被调查银行总数之百分比。横轴为信息披露条目顺序号。该顺序号即为按调查表所列信息条目的编号，其对应关系见本章后的附表2－1。

一个显而易见的趋势是，日本银行信息披露发展很快。从1996年明显落后于美国，到1999年已基本不分上下。较美国银行而言，日本银行在市场风险及管理方面一路领先，直到1999年美国才赶上来。但在信用风险方面，日本银行则显然不如美国，而且差距一直较大。有关日本银行的具体差异我们归纳如下：

（1）信用风险信息披露差距大。1996年，有关信用风险信息披露，日本银行几乎为零，仅在实际信贷损失、不良合约、银行及银行信用等价衍生产品等若干方面有少量披露。1997年，这一情况仍未改观。除了当前信用风险敞口、银行及银行信用等价衍生产品两项外，其他披露比率亦均为零。自1998年起，这一方面开始有所改善，特别是在交易对手信用质量、集中度、当前信用风险敞口等方面提高较快。到1999年，总体已大大改进。在信用风险定性信息条目中，有13项高于美国，8项低于美国。特别值得一提的是，在信用风险管理模型方面，日本超前于美国。这说明，日本银行已十分重视信用风险管理，并做了大量工作。1999年相对美国银行不足的地方主要是：法律强制清算对信贷风险敞口的影响、内外部评级、实际信贷损失、损失准备等。

(2) 市场风险披露领先。在市场风险模型方法及披露方面，日本银行一直走在前面。1996年，有关VAR的披露就较美国强出许多，而同期其他国家均比美国差。然而，当时有关这方面的披露还都不够规范，非常薄弱。情景分析、非交易衍生产品市场风险等几乎都没有披露。1997年，VAR方面仍领先美国许多，许多披露比率已达到100%。情景分析已起步，当时美国为零。非交易衍生产品市场风险中除了对衍生产品期限影响一项外，其他均为零。相反，美国银行在这些方面已开始有所改善。1998年，这一优势仍然保持。VAR和情景分析仍领先于美国。非交易衍生产品市场风险尽管落后于美国，但已有所提高。1999年，美国进步巨大，许多项目的披露已达到100%。尽管在风险管理定性信息方面日本没有丢失领先地位，但在定量信息披露上，美国已胜出少许。

(3) 会计政策有差距。1996年，日本银行对衍生产品会计政策的披露与美国相比差距大。到1998年，情况基本未变。在衍生产品套期标准、资产负债净额结算和信贷损失方面，会计政策披露仍比美国差。1999年，关于套期方面的会计政策仍没有一项披露，同时在不良资产及备抵方面也一项没有。但是，在一般会计政策披露上，日本银行已有些提高，如公允价值、市值估价、信用衍生产品、重大会计政策变动等。这说明在会计政策披露方面日本银行已开始有所改善。

(4) 收益信息披露不足。1996年，这一方面情况严重。10个调查项目中有6项披露比率为零，其他的均不到15%。1997年，情况仍未变化，披露比率仍很低。只在交易收益、现金头寸净利息收入、衍生产品收益影响、衍生产品未实现损益等方面有少量披露。以后两年这一情况未见明显改善，仅在非交易衍生产品未实现损益一项上有很大提高，达到100%。这说明在收益信息披露方面，日本与美国差距很大。

(5) 其他差异。除上述几点主要差异外，日美银行在许多方面还有差别。例如，在套期保值有关信息、风险管理业绩信息、非交易衍生业务信息等方面，日本银行不如美国。但在市值数据方面，日本从1996—1997年完全空白，一跃到1998年的100%。此外，一些信息披露可以根据多种分类依据进行披露。日本银行只选择其中某种分类进行披露，不像美国银行按多种分类进行披露，这可能也是导致日本银行披露比率总体偏低的一个原因。例如，交易账户有两种分类：期末市值和期间平均市值。结果，日本银行只披露了按期末市值分类的信息，而美国银行则两种分类信息都有。

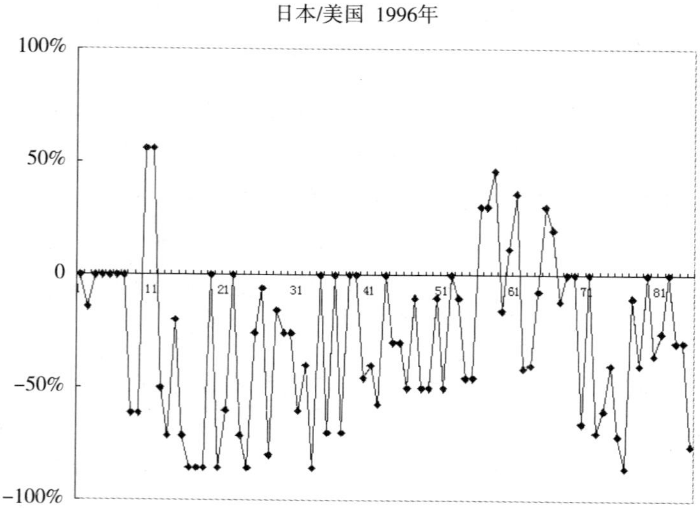

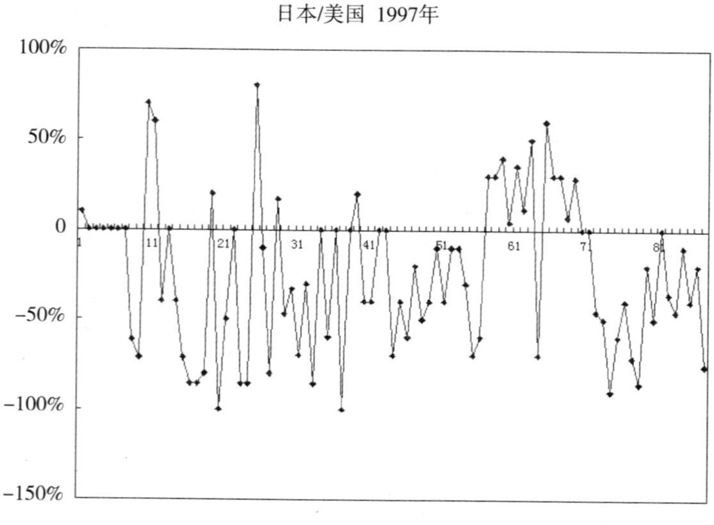

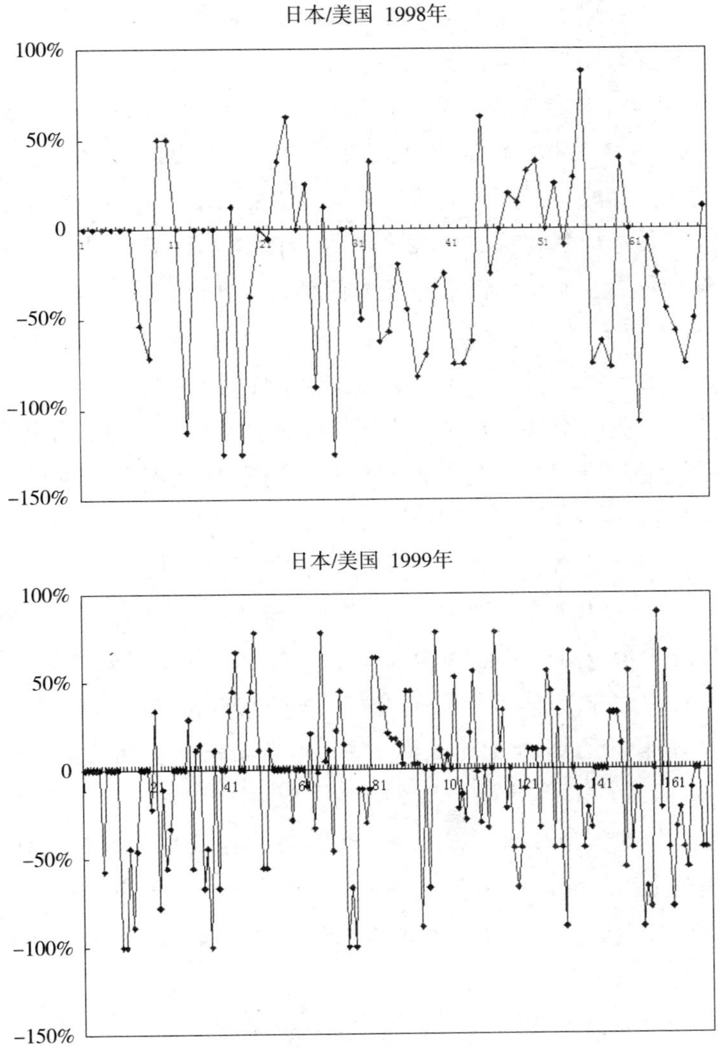

图 2-1 日本银行和美国银行的披露比较

2. 加拿大银行

同样，我们对加拿大银行进行了分析，得到图 2-2。从总体上看，加拿大银行的披露情况与美国接近，各有短长。在风险管理及其披露方面，除了市场风险外，加拿大银行总体上好于美国。与日本银行相反，在信用风险披露上，加拿大银行领先，而在市场风险披露上则比较落后。在会计政策披露方面不如美国，但在法律风险、操作风险及流动性风险的披露方面则好于美国。在收益信息披露方面则与美国相差不大。

（1）信用风险披露领先。加拿大银行在信用风险披露方面一直居领先地位。1996 年，加拿大银行在信用风险的主要方面如当前风险敞口、潜在风险敞口、波动性、总的正市值、交易对手信用和集中度等方面均领先于美国。但在信用增强、实际信贷损失、不良合约等方面稍落后于美国。1997 年，美国与之差距有所拉大。加拿大银行除了当前敞口、实际信贷损失和不良合约外，其他 11 项均好于美国。1998 年，这一情况基本保持。1999 年，美国银行进步较大，与加拿大银行之间的差距在缩小。从定性信息披露看，加拿大银行仍遥遥领先，特别是在信用风险的内部控制、管理组织和结构、信用风险模型、信用衍生产品运用及资产证券化方面。但从定量信息披露看，两国银行已很接近。在 19 项信息中，有 8 项比美国差，9 项比美国好。

（2）在市场风险披露方面迎头赶上。在市场风险披露方面，加拿大银行最薄弱的地方即 VAR 披露。1996 年，只有日际 VAR、平均 VAR、置信区间和持有期几项有少量披露，其他均为零。在情景分析方面与美国一样，均为零。仅在非交易衍生产品部分有个别信息披露好于美国，达到 100%。以后两年中，关于 VAR 模型方面的披露多了一些，但差距仍在。在情景分析、市场风险资本要求、非交易衍生产品披露方面好过美国。1999 年，VAR 数据披露继续有所提高，如周际和月际汇总 VAR、实际证券组合损失超过 VAR 部分的天数等，均超过美国。此外，在名义金额、正负市值、期末市值和平均市值等方面也等于或超过美国。这说明，在市场风险披露方面，加拿大银行正在不断努力，迎头赶上。

（3）会计政策披露相对薄弱。加拿大银行在这一方面一直较为薄弱，尤其是在套期会计、衍生产品终止、衍生产品资产负债净额结算、衍生产品信用损失会计处理以及重大会计政策变动等方面。这也是其他各国会计政策相对比较薄弱的地方。

（4）收益信息差别与其他。在交易业务收益信息方面，加拿大银行与美国银行差别不大，主要在于交易收入披露时所依据的分类标准不同。但在非交易衍生产品收益方面，与美国差距较大。到 1999 年仍是如此。在 1999 年的调查中，加拿大银行披露交易收益的较多，但单一衍生产品收益较少，有关非交易衍生产品的披露有所增加。此外，在操作风险、法律风险和流动性风险方面，无论定性还是定量，均好于美国。

加拿大/美国 1996年

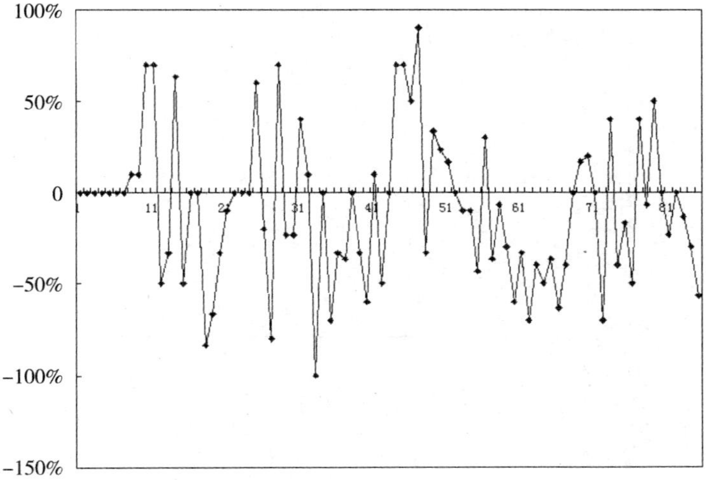

加拿大/美国 1997年

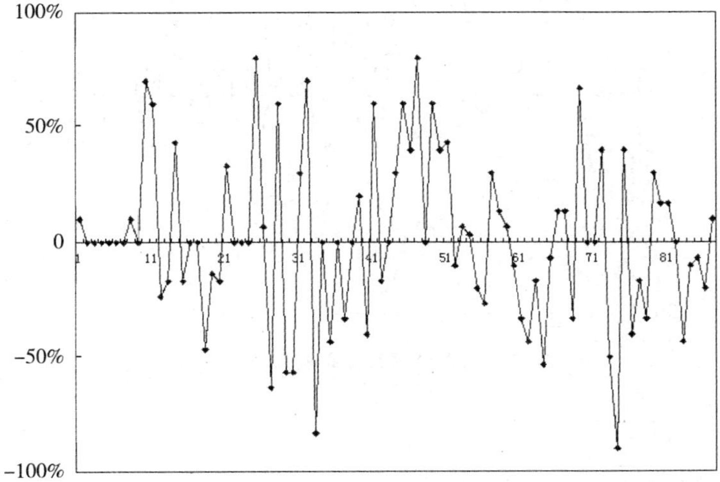

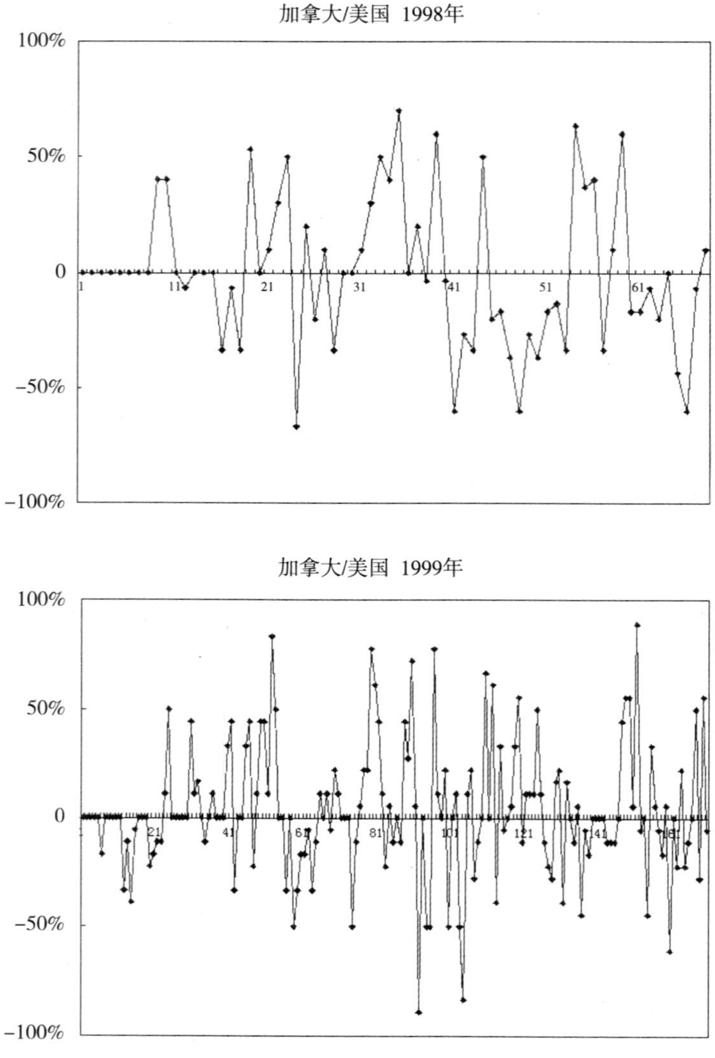

图 2-2 加拿大银行和美国银行的披露比较

3. 英国银行

英国银行信息披露总体上不如美国，亦不如加拿大。有关英国银行的披露比率差见图 2-3。总的来说，英国银行在头寸信息上好于美国，但在大多数地方，如会计政策、VAR 信息披露、情景分析等方面次于美国，信用风险方面一直接近美国，但差距有拉大的趋势。

(1) 头寸信息较好。在1996—1998年的调查中，头寸信息主要包括名义金额、期限计划、合同数据、市值数据和交易账户、非交易衍生产品头寸等。在1999年的调查中，这些头寸信息则包括在市场风险定性和定量信息中。英国银行在名义金额披露的分类依据与美国不同，前者主要区分“交易所交易”和“OTC交易”，而不是“交易”和“非交易”。在期限计划中的分类披露亦如此。英国银行在这几方面一直保持领先。头寸信息披露的好坏，在一定程度上反映了银行市场风险管理能力的强弱。

(2) VAR方法及数据信息披露较弱。英国银行在VAR方法及相关信息披露上不如美国。1996年，有关VAR的11项信息中，英国均低于美国。1997年，11项中仍有6项为零，但此时已有所改进，特别是在日际VAR、置信区间和持有期等方面。然而，到了1999年，英国银行仍然落后。1999年，英国银行在VAR定性信息如模型类型、持有期、置信区间、风险累计、回顾测试规程等方面有所加强，但在定量信息方面仍很弱，在涉及VAR的9项信息中，披露率均低于美国，由此可见一斑。

英国/美国 1996年

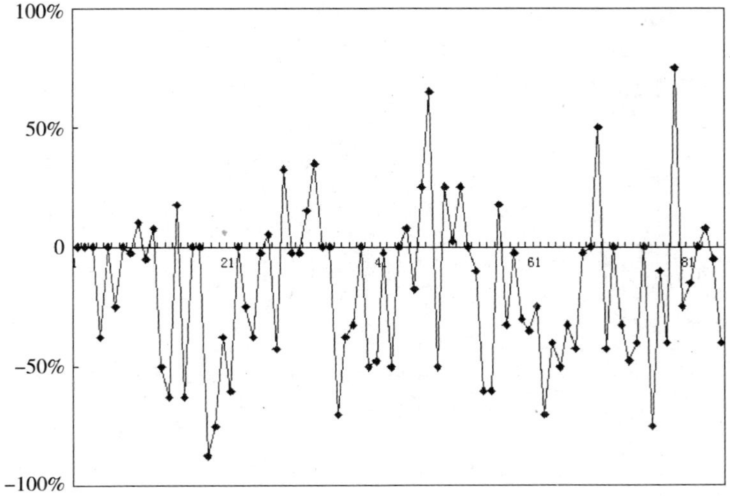

英国/美国 1997年

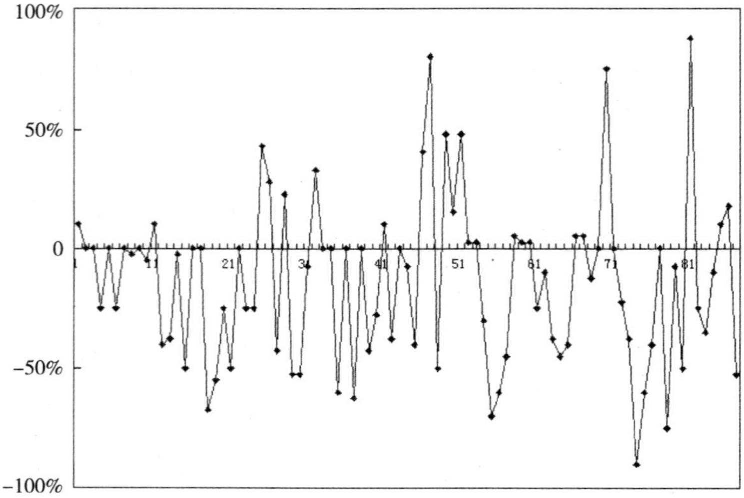

英国/美国 1998年

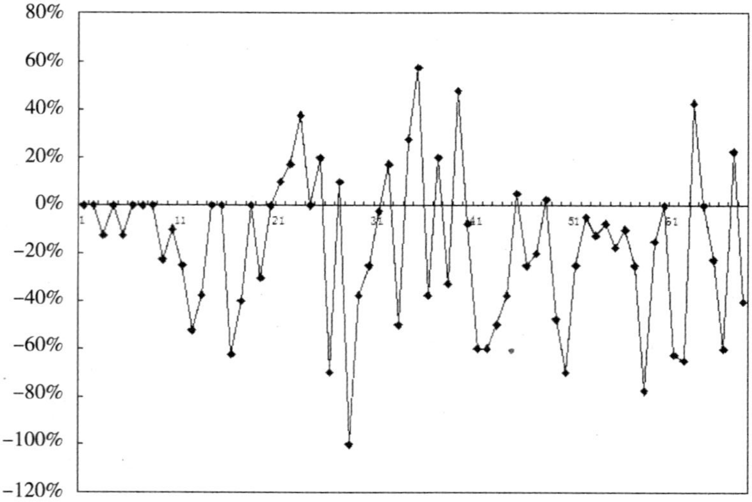

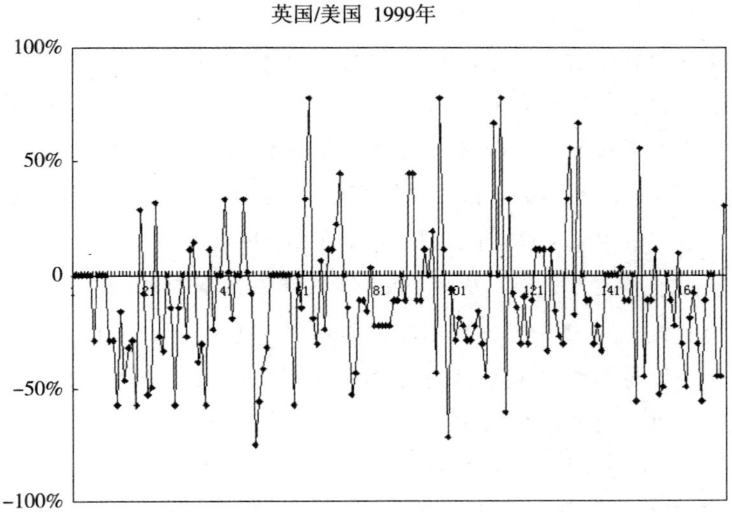

图 2－3　英国银行和美国银行的披露比较

（3）信用风险差距有拉大的趋势。英国银行 1996 年在信用风险披露方面与美国非常接近，6 项信息披露率小于美国，但有 3 项相等、7 项大于。较为薄弱的地方主要有抵押及其他信用增强方式、实际信贷损失和不良合约。1997 年，两国银行相差无几，落后的地方仍然落后，在新增当前敞口和潜在敞口两项不如他人。1998 年，情况与前一年基本相同。到 1999 年，差距拉大。定性信息方面，主要落后在信用风险减缓方法和信用风险管理内部模型两个方面。定量信息方面，则落后在内外评级、不良合约重置成本、实际信贷损失、损失准备、法律强制执行后果等方面。从这些方面来看，正是信用风险管理发展的前沿和敏感领域。这些方面的落后意味着英国银行与美国银行之间的距离将越拉越大。

（4）会计政策与收益信息方面有差距。会计政策披露方面的差距主要体现在套期标准、衍生产品终止、衍生产品资产和负债净额结算以及衍生产品信用损失会计处理方面。1996 年至 1999 年均如此。1999 年调查显示，英国银行在信用衍生产品会计、不良资产会计处理方面有所加强。收益信息的基本情况是，交易业务部分较接近于美国，主要存在披露分类依据不同问题，但在非交易衍生产品收益信息方面，英国银行一直都落后。

4. 法国银行

法国银行的总体情况是，前面几年与美国差距较大，但到 1999 年提高很快。法国银行的披露比率差见图 2 – 4。法国银行提高较快的部分主要有定性总括信息，即关于目的、战略和风险管理描述性的部分。这一部分在 1997 年相比 1996 年提高最快，而且很多项目很快达到 100%。关于市场风险特别是 VAR 信息也提高很快。1996 年，在 11 项 VAR 的信息条目中只有 2 项超过美国，其余皆低于美国，且差距大。1997 年，这一情况有所改善。VAR 数据 11 项中 5 项低于美国。1999 年，在市场风险定性信息部分，总体上已超过美国。法国银行较为薄弱的地方主要是内部模型、回顾测试、压力测试等规程信息。在定量信息方面，两国银行已非常接近。

关于信用风险方面，总体差距不大。1996 年，15 项信息中 7 项不如美国，5 项相等，3 项好于美国。差距主要体现在当前和潜在信用敞口、内外部评级、实际信贷损失、不良合约等方面。1997 年，情况大体如前。1998 年，差距有所扩大。这一趋势延续到 1999 年。特别是在风险管理内部模型、风险降低机制等方面，法国银行跟不上美国的发展，但是，在信用风险内部控制信息方面，法国银行要好于美国。

在头寸信息披露、市值数据、情景分析、信用衍生产品等方面，法国银行都处于相对弱势。会计政策，特别是套期、衍生产品终止及信贷损失等方面较薄弱。此外，关于收益方面的信息，除非交易衍生产品外，与美国差距不大。

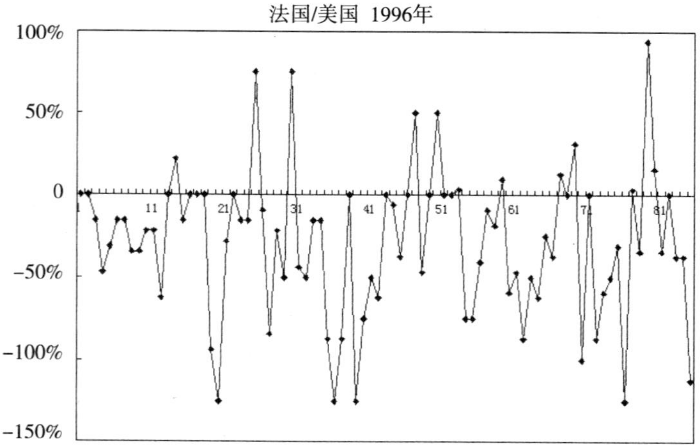

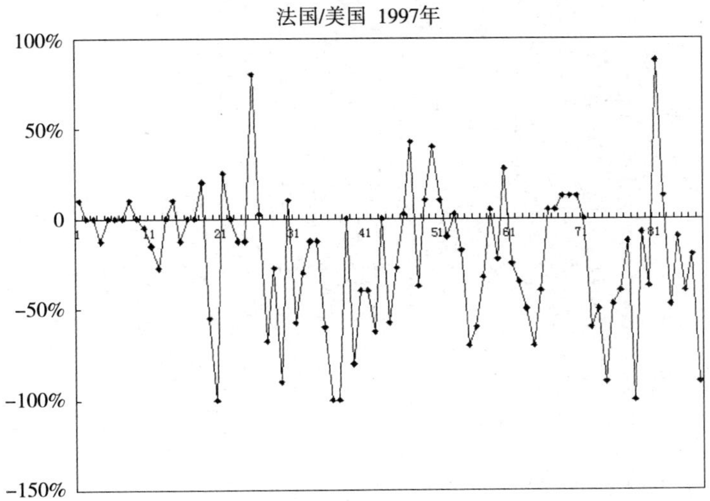
法国/美国 1997年
100%
50%
0
-50%
-100%
-150%
1
11
21
31
41
51
61
71
81

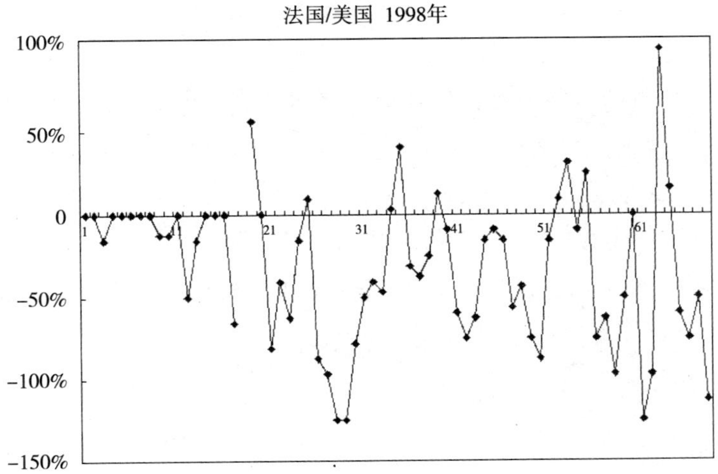
法国/美国 1998年
100%
50%
0
-50%
-100%
-150%
1
11
21
31
41
51
61

法国/美国 1999年

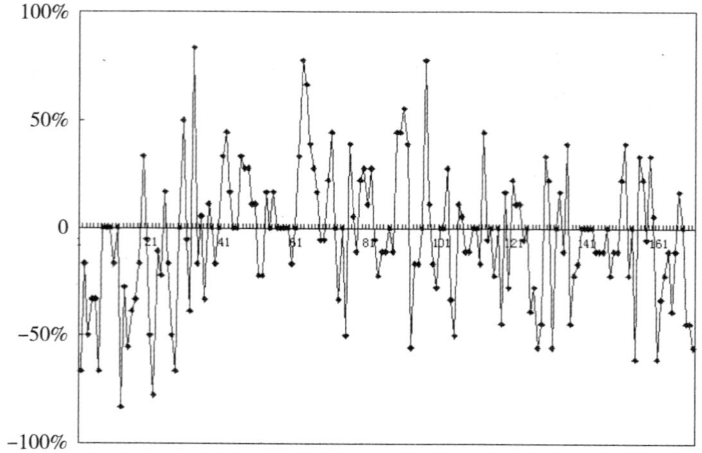

图 2－4　法国银行和美国银行的比较

5. 德国银行

图 2－5 给出的是德国银行信息披露比率差。总体上看，德国银行披露情况不如美国，特别是在概括性定性信息方面，如目的、战略、风险管理策略、会计政策等。头寸方面的信息也大多居后。在信用风险方面，与美国相差不大。市场风险管理稍逊于美国，VAR 信息披露发展后期较快，但这方面的定性信息仍处落后状态。收益信息稍弱于美国，特别是非交易衍生产品收益信息。

德国/美国 1996年

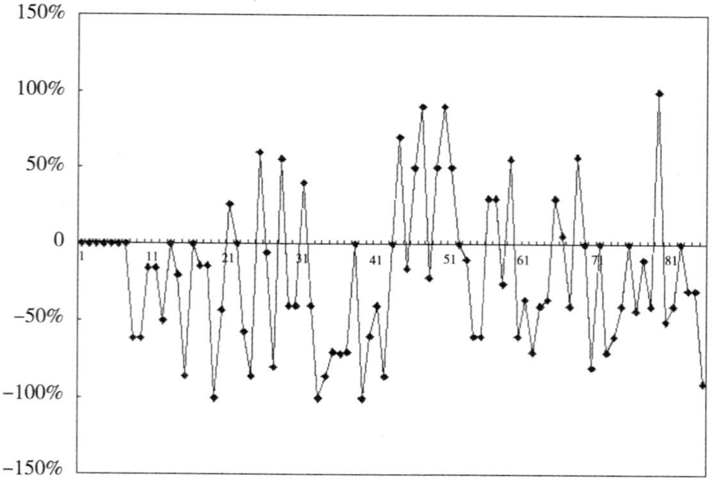

德国/美国 1997年

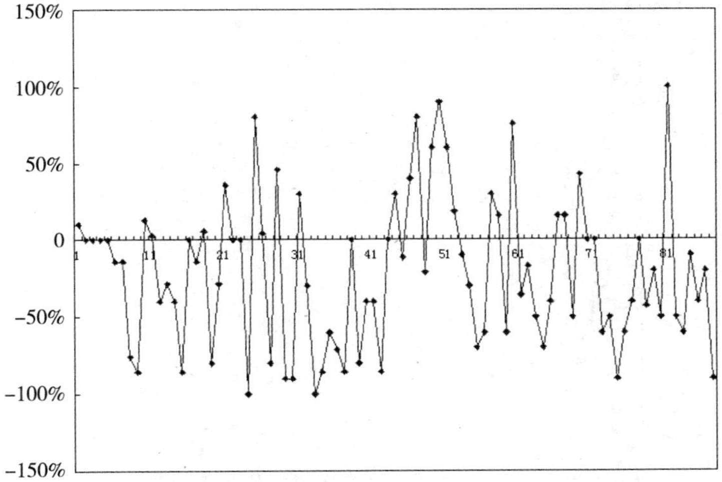

德国/美国 1998年

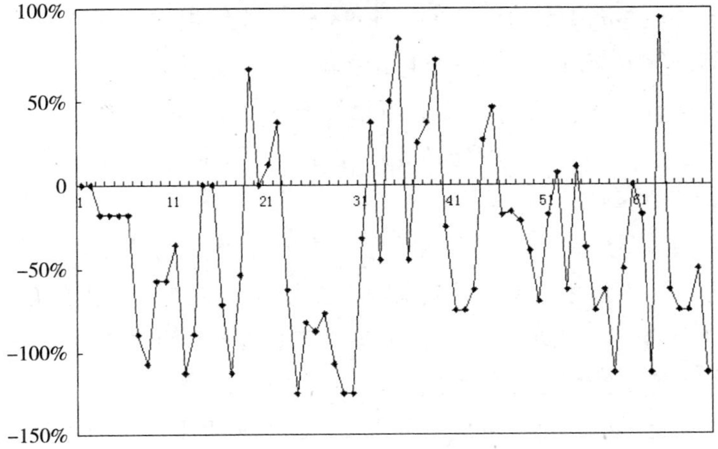

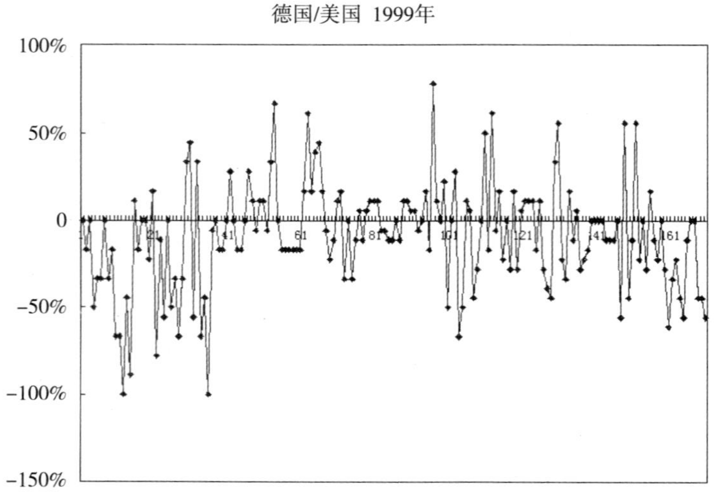

图 2-5　德国银行和美国银行的披露比较

关于会计政策信息方面，1996—1998 年，德国银行在衍生产品终止、资产负债净额结算方面较次。在 1999 年的调查中，会计政策披露不足之处主要在收益确认会计政策、衍生产品适用会计方法、套期会计、公允价值确定方法、信用衍生产品、不良资产会计处理等方面。总体来看，德国银行在衍生产品会计方面较为落后。

关于信用风险，1996 年德国银行要稍好于美国，特别是在交易对手信用和集中度方面。不足之处主要是当前与潜在敞口、抵押及信用增强、实际信贷损失、不良合同等。后两年情况与 1996 年基本相同。到 1999 年，德国银行披露水平稍有下降，特别是在信用风险减缓机制、信用风险管理内部模型、实际信贷损失、不良衍生产品重置成本等方面。但总体上看，信用风险披露德国银行与美国仍较接近。

在市场风险方面，德国银行在情景分析上一直领先，但在 VAR 数据、参数和假设信息披露上不如美国，在非交易衍生产品方面也较落后。1999 年，VAR 模型及假设、高低值、平均值、非交易证券组合等方面信息仍不足，但各种模型测试政策及程序的披露却好于美国。因此总体来看，德国银行的市场风险不如美国。

2.5 结论及启示

根据上面的分析，我们总结出以下几点：

(1) 银行信息披露在市场风险管理，特别是内部模型及测试方面发展很快。但是，信用风险管理技术的发展却很慢，很少有银行披露信用风险模型及测试情况。对信用衍生产品、资产证券化、衍生产品战略和目标以及会计政策披露亦有待提高。

(2) 尽管巴塞尔委员会的敦促和建议对提高银行信息披露有很大作用，但最终决定信息披露水平高低的是银行业务活动、管理技术的发展及需要。

(3) 银行信息披露遵循许多组织的要求，如国际会计准则委员会、证券交易所等。注重其他组织对银行信息披露的要求、进行适当的自愿披露，对提高数据信息、迅速适应披露新要求是很必要的。

(4) 尽管巴塞尔委员会对信息披露要求越来越高，变化频繁，但成员国银行对这种变化适应得很快。

(5) 各成员国银行在信息披露发展方面参差不齐。日本银行在市场风险管理技术方面领先，在信用风险管理正在快步赶上。加拿大银行则在市场风险方面较落后，但在信用风险管理方面有一定优势。英国、法国和德国银行总体上都稍逊于美国银行，但各有千秋。这说明，银行信息披露可以结合自身情况，做好一块，披露一块，而不必一开始就面面俱到。

附表 2-1　　比率差图横轴编号与对应的信息条目

信息内容	编号			信息内容	编号
	1996 年	1997 年	1998 年		1999 年
定性信息	1—21	1—21	1—19	交易和衍生产品披露概况	1—6
目标讨论	1—2	1—2	1	会计与估价方法	7—24
风险讨论	3	3	2	交易与衍生产品	7—14
特定风险讨论	4—12	4—12	3—10	一般会计	15—21
市值是如何估计的	13—15	13—15	11—13	受损/逾期/不良资产	22—23
衍生产品会计政策	16—21	16—21	14—19	信贷损失备抵	24
总头寸指标	22—41	22—41	20—29	定性披露	25—92

续表

信息内容	编号			信息内容	编号
	1996 年	1997 年	1998 年		1999 年
市值数据	31—32	31—32	22—23	一般/交易与衍生产品	25—35
交易账户	33—38	33—38	24—28	风险管理	36—54
非交易衍生产品头寸	39—41	39—41	29	市场风险	55—66
信用风险	42—56	42—57	30—45	信用风险	67—87
市场风险信息	57—74	58—76	46—59	流动性风险	88—91
交易业务：在险价值数据披露	57—67	58—68	46—53	其他风险	92
情景分析	68	69	54	定量披露	93—151
非交易衍生产品	70—74	71—76	56—59	一般/交易与衍生产品	93—99
收益信息	75—85	77—87	60—68	市场风险	100—120
交易业务	75—80	77—82	60—64	信用风险	121—139
非交易业务	81—85	83—87	65—68	信用衍生产品信息	140—146
				流动性风险	147—149
				其他风险	150
				资本披露	151
				收益信息	152—170
				交易业务	152—159
				非交易衍生业务	160—170

第3章 非成员国银行信息披露的调查及分析[①]

——基于2000年年报

第2章分析了巴塞尔各成员国银行年报信息披露情况，了解到商业银行年报信息披露与巴塞尔委员会要求的差距，各成员国银行为适应其要求而进行改进和调整的步伐以及各国银行信息披露之间的动态差异等。从调查结果看，各成员国银行适应巴塞尔要求的步伐是很快的，特别是在内部模型基础上的市场风险管理、信用风险管理等方面。这从一个侧面也反映了世界银行业发展的新动态。然而，调查也发现，并不是所有成员国银行都能很好地达到巴塞尔的要求，不同国家的银行间、同一国家的不同银行间均存在程度不同的披露。对于成员国银行来说存在上述情况，对于非成员国来说情况如何呢？这正是本章所要研究的问题。

在这一部分，我们将着重分析非巴塞尔成员国特别是亚太国家和地区商业银行的信息披露的情况，包括对巴塞尔委员会要求的响应程度，各国间存在的重大差异以及在信息披露中存在的问题等。

3.1 引言

1995—2001年，巴塞尔委员会和证券委国际组织几乎每年都要对12个成员国的银行进行信息披露调查。调查对象以各国活跃银行为对象，特别是有大量衍生产品交易的银行。两委员会常常根据最新精神，修订各年的调查内容和项目，使得每次调查既是对巴塞尔委员会有关规定响应和执行结果的检验，又是将这些规定具体化、形成新的披露指南的过程。历年对于调查结果的分析，主要侧重于会计政策、市场风险、信用风险、衍生产品交易、收益等诸方面。

---

① 2000年，巴塞尔委员会成员国是：美国、英国、法国、德国、意大利、日本、荷兰、加拿大、比利时、瑞典，其他均为非成员国。

分析的重点在于与上一年的情况进行比较，以了解成员国银行在哪些方面有所改进，在哪些方面仍然没有起色。2001 年公布的 1999 年年报调查与前几年有较大差别，一是没有直接披露调查结果，只有分析结果；二是根据 2001 年新资本协议要求增加了许多新的调查内容，如资本结构、资本充足率、信用风险内部模型、内外部信用评级、资产证券化等；三是分析结果中列出了披露最多和最少的几个部分。

对于上述巴塞尔委员会和证券委国际组织的年报调查与分析，我们认为存在以下几点不足：

（1）未考虑对非成员国银行进行类似的调查。巴塞尔委员会最早的目标是为成员国之间进行银行监管国际合作提供条件，以后其影响不断扩大，逐渐成为银行业监管中最重要的国际组织。许多非成员国在对本国银行进行监管时都采纳了该委员会的有关规定和建议。因此，对非成员国、特别是新兴市场国家的银行也进行类似的调查是很有必要的。

（2）未考虑对成员国的一些中小银行进行调查。委员会的调查大多以衍生产品业务最多的前几位银行为对象，2001 年则以代表性银行为对象。但是，银行业的发展是参差不齐的。这种以代表性银行为主的调查以及建立在此基础上的分析可能给政策制定带来一定的片面影响。

（3）未对披露差异进行深入的分析。披露差异包括两个方面：一是各国银行与巴塞尔委员会的要求之间的差异；二是各国银行之间。对于后者，我们已在第 2 章中利用委员会的调查数据进行了进一步的分析和研究。对于前者，我们认为，应当对这些差异本身再作调查，譬如采用问卷调查或交谈、访问等方式。因为只有对这些差异作了进一步的分析，才能真正弄清楚为什么有些项目有很高的披露比率，有些则始终很低。是业务发展的原因，还是不愿意披露等等。这样，对于有些重要项目，就可以有针对性地提出“强制性”披露要求。

在这一部分，我们选择 47 家银行（其中非成员国银行为 37 家）2000 年年报进行类似的调查。调查项目参考巴塞尔委员会和证券委国际组织历年来的调查项目，特别是 2001 年的调查项目，并适当考虑新兴市场国家银行特点。调查项目共 100 项，涉及市场风险、信用风险、会计政策、资本结构和资本充足率等多个方面，特别突出了信用风险管理——2001 年巴塞尔新资本协议的精神。

进行本项调查的目的，是为了了解非成员国，特别是亚洲地区各国银行的信息披露整体情况，了解各国披露现状与巴塞尔要求之间的差距，为我国将来制定有关商业银行信息披露相关政策提供参考。

3.2 样本数据与研究方法

1. 样本数据

研究样本来自13个国家和地区的47家银行，参见表3－1。其中，列入2000年《银行家》世界前1 000名银行的有41家，占总数的87%，另有3家银行所属金融控股集团或母公司也在1 000家排名当中①。

表3－1 样本银行的国别分布

美国	英国	新加坡	香港*	韩国	马来西亚	泰国
8	2	4	11	5	6	1
澳大利亚	南非	墨西哥	印度	阿联酋	沙特阿拉伯	
3	3	3	1	1	1	

* 香港地区的银行中有四家银行其所属的金融集团亦在1 000家之列。

样本银行并不一定是其所在国中最前面的几家银行，其中数据可得性是一个重要原因。由于我们的调查对象是银行年报，要求必须是完整年报。有的银行虽在网上提供了年报资料，但不够完整，有的可能只是缩写版。这些银行均未被选为样本。

在巴塞尔委员会的调查中，成员国银行年报是以合并报表为基础的。在我们的调查中，基本遵循这一原则，但香港地区例外。香港地区的11家银行中有5家为集团下属银行，如香港上海汇丰和恒生是汇丰集团的下属机构，广安银行为新加坡DBS的控股银行、工商一友联为中国工商银行的下属机构。这

① 2009年巴塞尔委员会引入了新成员国，其成员国当前的构成包括：阿根廷、澳大利亚、比利时、巴西、加拿大、中国、中国香港、法国、德国、印度、印度尼西亚、意大利、日本、韩国、卢森堡、墨西哥、荷兰、俄罗斯、沙特阿拉伯、新加坡、南非、西班牙、瑞典、瑞士、英国、美国和土耳其。本次调查样本中的大部分国家和地区都成了其成员国。

主要是考虑到香港地区在地域和金融市场方面的一些特殊性。另一家为大新银行，属于大新金融集团。

2. *研究方法*

本项研究的核心工作之一是年报调查表项目的设计。考虑到与巴塞尔委员会和证券委国际组织已有调查之间的可比性，我们的调查项目以两委员会2001年的调查为基础，再根据2001年巴塞尔新资本协议“对风险更敏感”这一精神，结合新兴市场特点，并考虑到这些国家银行业务发展相对落后、复杂程度较低等因素，选择了100个调查项目。

在样本银行中，我们选择了8家美国银行和2家英国银行，目的在于对调查结果进行“系统偏差”校正。因为我们的调查有80%的项目与委员会2001年调查项目相同或相近，通过将美英银行调查结果与两委员会调查结果相对照，可以保证我们对调查项目的理解与巴塞尔的原意尽可能接近。为保证重大差异项目不超过95%，我们对年报进行了数次轮回校查。经过上述系统纠偏，我们的最终结果中有重大差异项目为3个。去掉这3个项目，我们确定的最终调查项目为97个。

关于97个调查表项目的分布参见表3－2。从表3－2中可知，涉及信用风险的有5类，包括银行账簿信用风险定性信息、内部和外部信用评级、信用风险模型法、信用风险准备金及计提方法、信用风险缓解技术，占总调查项目的32%，比例最高。资本结构和资本充足率的两个项目占总项目比例为17.6%。此外，还有市场风险、操作风险、衍生产品和会计政策等内容。

为了便于对各国银行披露情况进行比较，我们较多地使用了“披露比率”这一分析工具。以“非成员国”这一对象为例，披露比率的计算通常是指针对某一调查项目，披露了该项的银行数占37家非成员国银行总数的百分比。

另一个分析工具为“披露指数”。为对各银行年报披露好坏进行比较，我们采用了“披露指数”进行评价（Cooke，1989）[①] 披露指数（DI）的计算如下：

① Cooke, T. E., 1989, “Disclosure in the corporate annual reports of Swedish companies”, Accounting and Business Research, 19 (74): 113 - 24.

$$DI = \frac{\sum_{i=1}^{m} d_i}{\sum_{j=1}^{n} Rd_j}$$

其中，$m \leqslant n$，$n \leqslant 97$

对于某家银行来说，要求的披露项目总数为$\sum Rd_j$。如果项目 i 已披露，则 $d = 1$，否则 $d = 0$。

与巴塞尔委员会的调查类似，有的调查项目并不适合于所有的样本银行。例如关于市场风险的披露，有的银行采用了内部模型法评价市场风险，有的则采用了标准法。这样，有的调查项目就只适合于前一类银行，而不适合于后一类。为此，有必要对“要求披露的项目”进行调整，而不是以调查项目的加总数来衡量。

但是，对于因没有某项业务或该业务影响很小而造成的“未”披露，我们认为，不应调整“要求披露的项目”，因为我们无法从年报中看出哪些业务已开展、哪些没有，也很难对这些业务的影响作出恰当的判断。

表 3－2　　调查项目分布表

调查项目	项目个数	占比率
资本结构	12	12.4%
资本充足率	5	5.2%
适用于使用标准法银行的市场风险披露	5	5.2%
市场风险内部模型法	16	16.5%
银行账簿信用风险定性信息	5	5.2%
内部和外部信用评级	4	4.1%
信用风险模型法	4	4.1%
信用风险备抵	11	11.3%
信用风险缓解技术（包括信用衍生产品和其他信用增强方式）	7	7.2%
地理区域和业务种类划分	10	10.3%
操作风险	2	2.1%
其他风险（包括流动性风险和法律风险等）	4	4.1%
衍生产品	5	5.2%
会计政策	7	7.2%
总数	97	100.0%

关于年报的评价，除了上述指数法外，还有一些其他的方法，如评分法、走访或问卷调查法等。对于股票上市公司的年报，美国证监会（SEC）曾要求披露“管理层讨论与分析”（Management Discussion & Analysis，简称 MD&A）。此外，SEC 的“公司财务部”（Division of Corporate Finance）还负责对 MD&A 的披露质量进行评分，以检查其是否符合 SEC 的有关规定（Barron，Kile and O'Keefe，1999）①。另外，对于年报总体质量以及某公司整个信息披露情况的评价（包括记者招待会、公告等各种途径）（Lang and Lundholm，1993）②，美国“财务分析师”有关组织均进行评分。在指数法中，为了确定“要求披露的项目”（不一定是来自管理部门的强制要求），有的研究还通过调查不同信息使用者的要求来确定（Clarkson，Kao and Richardson，1999）③。我们在这里考虑使用指数法，即以巴塞尔委员会的要求建议作为“要求披露的项目”，目的还是为了了解各国银行与巴塞尔要求的差距，并以此为标准，比较各国银行的信息披露水平。

3.3 结果与分析

1. 非成员国银行年报信息披露总体情况

关于非成员国银行年报披露总体情况，我们从两个方面进行考察：年报披露指数和项目披露比率。

首先分析年报披露指数。表 3－3 给出的是本次调查银行年报的披露指数情况。从披露指数均值来看，总体上说，各国银行离巴塞尔委员会的要求还有相当差距。美英两国与澳大利亚、新加坡的情况稍好，且比较接近，领先于其他国家和地区。其次是南非、韩国、香港、墨西哥和马来西亚。另外四个国家由于各只有一家银行，不具代表性，不能给出定性结论。这四家银行的披露指数分别为泰国 0.3187、印度 0.4286、阿联酋 0.2625、沙特阿拉伯 0.2637。

---

① Barron，O. E.，C. O. Kile and T. B. O'Keefe，1999，MD&A quality as measured by the SEC and analysts' earnings forecasts，Contemporary Accounting Research，16：75－109.

② Lang，M. and R. Lundholm. 1993，Cross－sectional determinants of analyst ratings of corporate disclosure. Journal of Accounting Research（Autumn）：246－71.

③ Clarkson，P. M.，J. L. Kao and G. D. Richardson，1999，Evidence that management discussion and analysis（MD&A）is a part of a firm's overall disclosure package，Contemporary Accounting Research，16：111－34.

表 3-3　　2000 年银行年报披露指数基本情况

国家和地区	被调查银行家数	最大值	最小值	均值
美国和英国	10	0.6484	0.3500	0.5140
香港	11	0.5165	0.2967	0.3666
新加坡	4	0.5824	0.3750	0.5058
韩国	5	0.4250	0.3375	0.3775
马来西亚	4	0.3846	0.3000	0.3274
澳大利亚	3	0.5385	0.5165	0.5311
南非	3	0.4066	0.3956	0.3993
墨西哥	3	0.4066	0.3297	0.3626
其他*	4	0.4286	0.2625	0.3211

* “其他”国家包括泰国、印度、阿联酋和沙特阿拉伯，各只有一家银行。

在美英两国被调查银行中，披露指数最高为0.6484，是美国花旗集团和JP摩根彻斯，最低的为0.3500，是美国MBNA银行。在《银行家》杂志2000年世界前1 000家银行中，这三家银行排名分别为1、8和90，在美国国内排名分别为1、40和17。在香港被调查银行中，披露指数最高的为0.5165，是香港上海汇丰银行，最低的为0.2967，是上海商业银行。在香港其他银行中，东亚、道亨和工商友联三家银行的披露指数最高，均为0.3956。由此可见，同一国家和地区的银行披露水平还是有较大差距的。

在表3-3中，我们还注意到澳大利亚和新加坡有着与美英不相上下的披露指数，尽管这两个国家只有4家和3家银行被调查，但占该国世界前1 000家排名榜中的比例并不低。澳大利亚有7家银行列入排名榜，新加坡有5家。被调查的银行均在排行榜内。这表明在澳大利亚和新加坡，大银行之间的披露水平比较接近。此外，我们还注意到，香港与新加坡相比，在披露水平上有一定差距，甚至稍逊于南非和韩国。对此，我们在后面还将作进一步分析。

表3-4给出的是各调查项目已披露的比率。对非成员国来说，某调查项目的披露比率即为披露了该项目的银行数占被调查非成员国银行总数的比率。美英两国的调查项目披露比率亦如此，即美英银行披露该项目的银行数占美英被调查银行总数的比率。

表 3－4　　调查项目已披露比率

调查项目	美英两国	非成员国
资本结构	64.17% *	54.51%
资本充足率	44.00%	34.60%
适用于使用标准法银行的市场风险披露	8.00%	3.78%
市场风险内部模型法	42.50%	22.96%
银行账簿信用风险定性信息	60.00%	57.84%
内部和外部信用评级	5.00%	12.15%
信用风险模型法	10.00%	4.73%
信用风险备抵	54.55%	40.78%
信用风险缓解技术（包括信用衍生产品和其他信用增强方式）	15.71%	8.87%
地理区域和业务种类划分	47.00%	40.54%
操作风险	30.00%	27.00%
其他风险（包括流动性风险和法律风险等）	87.50%	54.75%
衍生产品	60.00%	38.92%
会计政策	82.86%	71.43%
总比率	43.66% **	33.78%

* “资本结构”共有 12 个调查项目，“资本结构”披露比率即为 12 项披露比率的平均数。

** 总比率则为各大类项目披露比率的平均数。

从表 3－4 可以看到，总体上看，美英两国披露比率除内部和外部信用评级一项外均高于非成员国。相差约 10% 的项目有“资本结构”、“资本充足率”、“市场风险内部模型法”、“信用风险备抵”、包括利率风险和流动性等风险的“其他风险”、“衍生产品”以及“会计政策”。相差最大的是“其他风险”、“衍生产品”和“市场风险内部模型法”。也恰恰是在这几方面，特别是衍生产品交易和市场风险内部模型的开发和应用方面，非成员国与美英大型银行之间的差距甚大。在非成员国银行中，有许多还尚未开展或只有少量衍生产品交易，在应用统计模型分析和评价市场风险方面也显然落后于美英银行。此外，在会计政策方面的差距，可以说从另一方面也反映非成员国在会计准则制定和会计实务某些方面存在差距。因为在调查项目中，会计政策调查项目涉及会计确认、计量等问题，特别是衍生产品会计处理问题。因此，我们至少可以认为，在衍生产品会计方面，非成员国总体上落后于美英两国。

有趣的是，在新资本协议再三强调的信用风险和操作风险方面，非成员国与美英的差距看上去并不是太大。例如，在“银行账簿信用风险定性信息”方面，两者仅相差2.16%。在反映风险集中度的“地理区域和业务种类划分”项目上，两者相差也不到7%。我们也注意到，在“信用风险模型法”和“信用风险缓解技术”项目上，两者相差不大，甚至在“内部和外部信用评级”项目上，非成员国披露比率还高于美英两国。这表明，美英两国银行与非成员国银行在这些方面均不够重视。关于这一点，我们在第2章就各成员国披露情况进行分析后也得到相同的结论。

2. 披露最多和最少的项目

在第2章对成员国银行披露情况进行分析的时候，我们列出了1998年和1999年年报中披露最多和最少的项目。作为对比，我们在表3－5和表3－6中也列出了非成员国银行信息披露最少和最多的项目。从这两张表中，我们可以发现非成员国银行信息披露最为薄弱的地方，也可看到它们披露较好的地方。

表3－5中所列项目为非成员国银行披露比率在5%以下的项目。从该表中我们发现，非成员国银行在体现业务复杂程度较高、风险控制手段较先进的那些项目中披露非常薄弱，如代表复杂程度的特殊资本工具的应用、信用衍生产品、VAR方法中实际损失超过预期的天数、信用风险模型等。同时，对于较多运用标准法计量市场风险的非成员国银行来说，在不同风险项目对应的资本要求、已适用该方法的投资组合等方面，披露也很差。此外，一些美英银行披露较低的项目，如体现信用风险缓解技术的抵押政策、对担保人的持续监控以及内外部信用评级总括信息等方面，非成员国银行的披露比率基本上为零。

表3－5　　非成员国银行披露最少的项目

披露项目	披露比率
披露通过特殊目的工具（SPVs）的资本发行	0
提供基于内部或外部评级过程的表内外信用风险质量方面的概要信息	0
如果一机构对交易对手信用风险进行压力测试，应披露其过程及其如何被纳入风险管理系统中	0

续表

披露项目	披露比率
披露所用信用风险计量模型的定性与定量信息，包括模型参数（如，持有期，观察期，置信区间等）、整个时期的业绩、模型有效性及压力测试	0
提供衍生产品信用风险损失备抵的数量和性质方面的信息	0
披露信用衍生产品的名义金额和公允价值	0
提供按对手类型划分的逾期资产细目	0
描述抵押物确认的关键内部政策	0
讨论对保护提供者进行持续信用质量监督以及对担保者进行管理的战略和过程	0
披露使用标准法的投资组合	0
披露每个利率风险、股票头寸风险、外汇风险和商品风险的资本要求	0
披露期权头寸的资本要求	0
披露在标准法和内部模型法间变换的投资组合	0
对于非交易投资组合，提供冲击影响的情景分析汇总结果	2.70%
披露备抵的分配和不分配是如何确定的	2.70%
讨论实际投资组合损失超过 VAR 的时间（天数）	2.70%
对非交易投资组合，提供汇总 VAR 对收益的影响	2.70%

在第 2 章关于成员国银行披露领域的分析中，我们注意到，成员国银行披露最少的领域是：信用风险模型及参数、信用衍生产品类型和数量、信用风险分布特别是逾期资产分布信息、资产证券化细节信息、市场风险模型的压力测试和回顾测试规程、信用风险的内外部评级等。我们这次对美英银行的调查也可发现类似的情况。在上述几个方面，成员国美英银行的披露比率基本上也未上 20%，很低。此外，关于抵押物的确认、评价及管理，对贷款保证人信用质量的跟踪等方面也非常薄弱。抵押物和保证人是信用风险管理缓解技术中的十分重要的环节。在年报中关于管理活动的概括性信息来看，许多成员国银行在这一方面的管理甚为严格，但一些重要的细节未予披露。其他项目也有类似的情况。关于其原因的分析，我们将在后面加以分析。但是，即便如此，与非成员国银行相比，成员国银行在上述领域的披露比率仍较高。在上述几个方面，非成国的披露比率几乎均在 10% 以下。可见，非成员国与成员国的差距还是比较大的。

表3－6反映的是非成员国银行披露最多、披露比率在80%以上的项目。该表的数据显示，披露较好的项目集中在以下几个方面：（1）会计政策，包括资产的确认与计量、贷款准备金计提、套期关系处理以及交易与非交易业务收益信息等；（2）资本结构和资本充足率，如一级资本、二级资本的数量及资本比率、总资本基数、普通股数量等；（3）信用风险管理定性信息，包括组织结构、实际运作等。

表3－6　　非成员国银行披露最多的项目

披露项目	披露比率
描述信用风险管理部门的组织结构	83.80%
披露二级资本数量，重要部分单独披露	86.50%
提供总信用风险信息，包括来自贷款、交易、投资、流动/融资管理和表外业务的风险	86.50%
披露按业务种类划分的信用风险信息	86.50%
提供按广义工具类别（如期货、远期、互换和期权）划分的市场业务信息	89.20%
披露银行内按性质或功能划分的收入和费用	89.20%
描述信用风险管理控制的实际运作情况	89.20%
披露非应计和受损资产对银行财务业绩影响的信息，包括冲销和预提准备方面的信息	91.90%
披露普通股数量	94.60%
披露一级资本数量	94.60%
提供统一的建立信用损失备抵的信息	94.60%
描述交易业务（运用现金工具和衍生产品）及非交易业务收入确认会计政策和方法	94.60%
披露按巴塞尔资本协议所述方法计算的基于风险的资本比率	97.30%
披露总资本基数	100.00%
披露资产初始确认和后续期间的计量基础，如公允价值或历史成本	100.00%

但是我们注意到，非成员国银行达到100%披露比率项目的只有两项：总资本基数和资产确认计量基础，而美英银行达到100%披露的则有13项，它们是：总资本基数、一级资本数量、基于风险的资本比率、创新或复杂资本工

具、资本结构变动和关键比率变动对资本头寸的影响、资产的初始确认与后续计量基础、计量资产的套期关系处理、衍生产品如何运用于套期保值、交易业务和非交易业务收入确认会计政策、提供统一的建立信用损失备抵信息、关于冲销、回收和准备金预提方面的信息以及流动性风险定性和定量信息。在上述几项中，非成员国与美英银行的差距约为10%—20%，特别是在复杂资本工具、衍生产品运用、有关冲销、准备金及回收方面的定量信息等方面，差距较大。

3. 有关各调查项目的披露情况分析

（1）关于资本结构和资本充足率的披露。

在2001年1月的《新巴塞尔资本协议》征求意见稿中，作为金融业监管的三大支柱第一支柱的最低资本规定仍然得到强调。在第一支柱中，包括市场、信用和操作风险的资本要求。为了提高银行对风险的敏感性，委员会在风险辨认、风险权数的计算、所用风险计量模型的基础（如假设）及其应用前提等方面进行了调整。因此，在有关披露的要求中，有关上述方面的项目明显较多。如在第三支柱（有关信息披露的规定）中出现了对资本结构分层次披露的要求，即要求披露一级、二级、甚至三级资本的数量及扣减量，要求披露复杂资本工具的一些关键细节，如“触发”条件（即某种期权执行的条件得到满足或特殊条款生效）等。

调查项目基本涵盖了上述要求。从调查结果看（见表3－7），非成员国银行在“普通股数量”、“总资本基数”、“一级资本数量”与“二级资本数量”、“按巴塞尔协议所述方法计算的基于风险的资本比率”等项目上披露比率达到80%以上。披露比率较低的主要有“三级资本（如有的话）”、“通过特殊目的工具（SPVs）的资本发行”、“理解巴塞尔要求用内部模型计算市场风险的所有相关信息”、“理解巴塞尔要求用标准法计算市场风险的所有相关信息”、以及“永久非积累优先股的数量”等。这些项目的披露比率基本在10%以下。总体上看，非成员国银行对于资本结构和资本充足率披露弱于美英银行，关于特殊条件和细节方面的披露也不够，但在主要数据和主要方面基本上能达到巴塞尔的披露要求。

表 3－7　美英银行和非成员国银行资本结构和资本充足率的披露比率

项目	美英银行	非成员国
A. 资本结构		
披露普通股数量	80.00%	94.60%
披露一级资本数量	100.00%	94.60%
披露永久非积累优先股的数量	50.00%	10.80%
披露一级资本和二级资本中的扣除数量	40.00%	59.50%
披露二级资本数量，重要部分单独披露	60.00%	86.50%
若有的话，披露三级资本数量	30.00%	0
披露总资本基数	100.00%	100.00%
披露下属机构的少数股权	40.00%	54.10%
披露创新或复杂资本工具（如在一级资本中的百分比）	100.00%	70.30%
披露期限，包括复杂或混合资本工具的赎回特征	80.00%	43.20%
披露关键“触发”条款	50.00%	40.50%
披露通过特殊目的工具（SPVs）的资本发行	40.00%	0
B. 资本充足率		
披露按巴塞尔资本协议所述方法计算的基于风险的资本比率	100.00%	97.30%
披露理解巴塞尔资本协议要求用内部模型计算市场风险的所有相关信息	10.00%	5.40%
披露理解巴塞尔资本协议要求用标准法计算市场风险的所有相关信息，包括恰当地对各风险要素组成资本要求的披露	0	5.40%
提供银行资本结构变动及对关键比率和总资本头寸的影响	100.00%	59.50%
披露银行是否有评估资本充足率和确定恰当资本水平的内部过程	10.00%	5.40%

在调查过程中我们注意到，与激励补偿有关的、带特殊条款和期权的资本工具很多，无论非成员国银行或美英银行，简单的有如股票期权、各类优先股，复杂的有可转换为权益的各种补偿协议。在调查项目“创新或复杂资本工具”、“关键‘触发’条件”、以及“银行资本结构变动及对关键比率和总资本头寸的影响”等项目中，我们将上述这些工具也考虑在内。因此，在“创新或复杂资本工具”这一项目上，美英银行和非成员国银行的披露比率均较高。但是实际上，排除股票期权这类工具，非成员国银行使用复杂资本工具的

并不多。

从被调查银行情况看，所用的复杂资本工具各不相同。这些工具的主要特点是混合了债权和股权的一些特征，并常常带有期权条款。例如，花旗集团和纽约银行的“强制可赎回附属信托证券”（mandatorily redeemable securities of subsidiary trusts）就是一种这样证券。它属于银行的一级资本，但分派给持有人的收益在合并损益表中则体现为利息费用。这种证券是通过一个信托来发行的，该信托中的资产即为母公司次级利息可递延债券。这是一种特殊的信托，依据美国一些州如特拉华州的法律设立，上述业务就是它仅有的业务。这一类资本工具在成员国银行中使用得较多，在非成员国银行中大多还是较为传统的债权、股权混合工具，如可转换债券、优先股等。当然，也有许多新的变种，如新加坡发展银行（DBS）的“无投票权可转换”和“无投票权可赎回可转换优先股”，马来西亚 AMHB 集团的“不可赎回可转换无保证贷款股票”（irredeemable convertible unsecured loan stocks，ICULS）等。

对于带有创新特点的资本工具，披露其重要条款或关键细节是很有必要的，它将有助于人们了解和判断该工具的性质，特别是什么样的情况下从一种性质（如债权）变为另一种性质（如股权）。由于所有银行，不论成员国银行还是非成员国银行，金融工具创新层出不穷，因此，巴塞尔委员会加强对资本工具，特别是创新工具披露的规范是非常适时的。

（2）关于市场风险计量与管理方面的披露。

表 3-8 给出了对市场风险资本要求的调查结果。按巴塞尔委员会的要求，对市场风险资本要求的计算可以采用内部模型法和标准法两种方法①。表 3-8 的调查结果说明：（1）非成员国银行使用内部模型法的并不少，与美英两国银行相近。这从披露“所用的内部模型法”一项中的披露比率可以看出来，前者是 75.7%，后者美英银行为 70%；（2）尽管有不少非成员国银行运用了内部模型方法，但在模型应用范围、前提假设、参数、分析结果、回顾测试和压力测试等方面，披露比率要明显地低于美英银行，如模型覆盖的投资组合、置信水平、持有期以及观察期、实际损失超过 VAR 的天数、回顾测试政策和

① 关于这两种方法的具体计算，巴塞尔委员会在 1996 年 1 月的《资本协议市场风险补充规定》中作了明确规定。

表 3－8　　市场风险资本要求计量项目披露比率

项目	美英两国	非成员国
1. 市场风险内部模型法		
披露所用的内部模型类型（如历史模拟，VAR）	80.00%	75.70%
披露银行内部模型覆盖的投资组合	70.00%	40.50%
披露所用内部模型的置信水平	80.00%	40.50%
披露内部模型持有期	70.00%	35.10%
披露所用内部模型的观察期	20.00%	16.20%
提供内部模型回顾测试政策和过程概况	20.00%	2.70%
提供内部模型计量的市场风险敞口汇总定量信息	70.00%	35.10%
讨论实际投资组合损失超过 VAR 的时间（天数）	30.00%	2.70%
对于披露的 VAR 数据，提供平均 VAR	70.00%	29.70%
提供交易业务损益日际信息，以及相应的 VAR 数（如给出图示）	20.00%	32.40%
提供周际和月际的汇总 VAR 结果	0	5.40%
对于披露的 VAR 数据，提供高/低 VAR	80.00%	21.60%
对非交易投资组合，提供汇总 VAR 对收益的影响	20.00%	2.70%
提供内部模型压力测试政策和程序概况	50.00%	18.90%
讨论交易投资组合的冲击影响的情景分析结果	0	5.40%
对于非交易投资组合，提供冲击影响的情景分析汇总结果	0	2.70%
2. 适用于使用标准法银行的市场风险披露		
披露使用标准法的投资组合	20.00%	0
披露每个投资组合使用的度量方法。例如，在交易账簿中衡量利率风险是使用到期日方法还是期限法	20.00%	18.90%
披露每个利率风险、股票头寸风险、外汇风险和商品风险的资本要求	0	0
披露期权头寸的资本要求	0	0
披露在标准法和内部模型法间变换的投资组合	0	0

过程概况等；（3）不论美英银行还是非成员国银行，它们在对投资组合冲击影响进行情景分析方面的披露几乎为零；（4）大多数美英银行和非成员国银行都运用了标准法计量市场风险，但根据新资本协议要求披露的标准法覆盖的投资组合、按风险类别要求的资本数量、期权头寸的资本要求以及在内部模型

法和标准法之间转换的投资组合等方面的披露比率较低。

出现上述（1）、（2）两种调查结果，我们认为存在几方面原因。首先，在使用内部模型的非成员国银行中，有的刚开始不久，但只要年报中提到所用的内部模型，我们即在“所用的内部模型类型”中记为“1”。在这种情况下，有关模型参数、假设、分析结果以及各种测试等，有的银行可能就无法提供。但是在美英银行中，特别是我们调查的那些银行中，有许多是世界前几位的银行，它们可以说是 VAR 方法的倡导者。在该方法的改进、完善等方面处于整个行业的前列。体现在披露方面，也较其他银行领先。其次，许多非成员国（和地区）对银行有关披露格式作了规定，如中国香港。由于香港金管局要求披露每日损益分布图，因此所有被调查的香港银行在这一项上都进行了披露，披露比率达到 100%。但是，对内部模型其他方面就没有这样的规定。相应地，披露比率也就参差不齐。新加坡也存在类似的“通用”格式问题，但是美英银行披露格式相同的很少。因此，我们不能否认这也许是其中的一个原因。

由于各银行采用的内部模型存在一定差异，而且银行对模型本身也在不断进行改善，因此对各模型可信度加以检验就非常必要了。这也是为什么巴塞尔委员会在 1996 年 1 月专门制定了“关于使用‘回顾检验’法检验计算市场风险资本要求的内部模型法的监管框架”文件的原因。从调查结果看，美英银行对模型进行回顾检验过程及结果的披露比率并不高，只有美国 JP 摩根彻斯银行和英国渣打银行作了此项披露。而非成员国在这一项上几乎为零，只有新加坡 OCBC 银行作了此项披露。此外，无论美英银行或非成员国银行在冲击影响的情景分析方面的披露也几乎为零。存在上述两方面的披露缺憾，要么是因为内部模型效果、可信度信息非常敏感，要么是因为有一定难度或未受重视。从技术角度讲，许多银行具备进行回顾测试和冲击分析的能力，但它们没有披露，像花旗银行、纽约银行等。因此，我们推测，未披露的原因大多还是与信息较为敏感或重视程度有关。

上述披露结果还揭示了一个现象，就是适用标准法银行的相关信息披露不够理想。标准法与内部模型法一样，是巴塞尔委员会建议采用的两种方法之一。从发展的角度看，委员会倾向于敦促银行发展内部模型法。标准法适用于那些尚未使用内部模型的银行。在 1996 年 1 月发布的“资本协议市场风险补充规定”中，对这两种方法进行详细的阐述。在2001年的新协议中，委员会又对相应的披露信息进行了规范。对于标准法，强调了其在投资组合中的覆盖面、各投资组合的度量方法、各类风险头寸的资本要求等。实际上，我们在调查中发现，大多数的银行都在同时使用两种方法计量市场风险（不是在两种方法中转换），特别是非成员国银行。然而，对于新协议要求的上述信息的披露几乎为零。我们推测其原因可能不是技术上的，因为披露上述信息在技术上并不是很困难，而极有可能是因新协议出台的时间与年报编报时间太近，银行对此调整不及造成的。

此外，我们还注意到有一个稍有点反常的现象，即非成员国银行在“每日损益”和“周际、月际VAR”信息的披露上稍好于美英银行。从调查数据的收集中，我们注意到，每日损益信息好于美英银行，主要是因为香港地区所有银行根据规定都有此项披露的原因。而关于“周际、月际VAR信息”，我们认为那是因为大多数美英银行都披露了较多的VAR数据，如高低VAR、平均VAR等，因此未披露该项信息。在非成员国银行中，披露该项的是恒生银行和南非ABSA银行。这两家银行都有类似的情况，即披露了周际、月际信息，但没有高低、平均VAR数据。

（3）关于信用风险及管理方面的披露。

信用风险一直是银行业关注的问题，是2001年1月的新资本协议的重要内容。巴塞尔委员会的基本思想是，对于信用风险资本要求的计量，首先采用标准法，接下来是“初级”和“高级”的内部评级法。银行可以通过循序渐进的方法，从标准法逐渐过渡到初级内部评级法，进而发展到高级内部评级法。本项调查即是在这一思想指导下开展的。涉及信用风险方面的项目共有七大类：内部和外部评级、信用风险模型法、信用风险备抵、信用衍生产品和其他信用增强、地理区域和业务种类划分、银行账簿信用风险和信用风险缓解技术。调查项目共41项，占全部调查项目的42%（参见表3－2）。

①关于内部和外部评级。有关内部和外部评级的调查项目主要涉及四个方面：对交易对手的信用风险评估过程与方法、对表内外信用风险进行评估的评估结果、内部评级过程概要和评估结果在资本配置过程中的应用情况。从披露比率看，非成员国银行的比率要稍高于美英银行。在上述四项调查中，非成员国银行的披露比率分别为8.1%、0、24.3%和8.1%，美英银行的则分别为0、

0、10%和10%。

对于上述现象，我们认为并不反常，也并不认为从上述调查结果中可以得出美英银行落后于非成员国银行的结论。首先，这方面的调查项目大多是定性信息，而在“表内外信用风险评级结果概要”这一定量项目中两类银行的披露都是零；其次，在调查中我们将并不能就披露的深度和广度作出区分。从调查项目的设计看，只要银行年报中有关于内部信用评级的信息，披露变量的取值即为“1”。因此我们认为，有关内外部信用评级应加强定量方面的披露。

在新协议“第三支柱”文件中，有不少关于内外部信用评级定量信息披露要求，如对于外部评级，要求披露各评级机构评价的信用风险敞口占总敞口的比例以及不同信用等级下的违约率等。对于内部评级，则更要求披露不同信用等级下的实际违约率、甚至等级外的违约率等定量信息。我们认为，只有通过上述信息的比较，才可能对银行之间内部外部信用评级的质量进行分析，才能得出一家银行好于另一家这类的结论。

②关于信用风险模型和信用衍生产品。从披露比率来看，信用风险模型和信用衍生产品都较低，但美英银行的比率要稍高于非成员国银行。在信用风险模型方面，美英银行在“是否采用信用风险模型”、“对交易对手信用风险压力测试过程”、“信用风险计量模型的定性与定量信息”以及“授信时是否进行了信用评分”四个方面的披露比率分别是20%、0、10%和10%，非成员国银行的比率则分别是8.1%、0、0和10.8%。在信用衍生产品的“运用策略和目的”、“名义金额和公允价值”两个项目上，美英银行的披露比率是20%、30%，非成员国银行的披露比率则是8.1%和0。

运用风险模型方法来计量信用风险是目前国际银行业正在发展的一个新领域，对许多银行来说带有一定的超前性。在我们所调查的银行中，披露采用了信用风险模型的银行共有5家，它们是美国JP摩根徊斯银行和第一银行(Bank One)、新加坡的DBS、韩国的KDB和Shinhan银行。但是，我们也注意到，这些银行也仅仅是披露了是否采用这类模型，但模型的参数、应用等信息很少。如第一银行，它从2000年第二季度开始对消费者（非信用卡类）投资组合的信用风险建立经济计量学模型，并进行压力测试。但有关模型的信息都是定性信息，没有提供定量成分。

对于信用衍生产品，从披露的情况看，美英银行要好于非成员国银行。信用衍生产品是一种较新的创新金融产品，如信用互换，可以用于信用风险的管理，类似防范市场风险中用到的利率互换和货币互换。但尽管是很前沿的产品，非成员国也有银行开始使用这种工具。在我们调查的非成员国银行中，使用信用衍生产品的有新加坡 DBS、澳大利亚 Commbank 和墨西哥 Bancomer 等 3 家银行。这表明，信用衍生工具在银行业将被广泛应用。

③关于信用风险备抵。表 3 - 9 给出了本次调查关于信用风险备抵方面的披露情况。调查项目主要涉及信用风险备抵的各项政策、不良贷款对财务业绩的影响及其冲销、回收情况，其中还包括对国家风险、和衍生产品信用风险的备抵政策、以及采用信用缓解技术如抵押、担保、保险对信用风险敞口的影响等。从披露比率看，两类银行有着趋同的表现。美英银行披露较好的，非成员国银行也较好。美英银行不足的，非成员国银行也不足。总体上看，这一方面的披露在中上水平。

表 3 - 9　　关于信用风险备抵方面的披露比率

信用风险备抵	美英两国	非成员国
提供统一的建立信用损失备抵的信息	100.00%	94.60%
披露非应计和受损资产对银行财务业绩影响的信息，包括冲销和预提准备方面的信息	100.00%	91.90%
披露冲销和回收定量信息	100.00%	73.00%
描述与历史净损失情况相比备抵的水平	30.00%	5.40%
提供总信用风险信息，包括来自贷款、交易、投资、流动/融资管理和表外业务的风险	90.00%	86.50%
披露备抵的分配和不分配是如何确定的	50.00%	2.70%
描述对国家风险提取准备的政策和实务	40.00%	5.40%
讨论评价信用损失提取准备和备抵适当性的实务和规程	70.00%	32.40%
讨论用于监控和管理不良资产及信用关系的技术	10.00%	10.80%
如果机构运用了抵押、约定、担保或信用保险来降低信用风险，应披露其对信用敞口的影响	10.00%	45.90%
提供衍生产品信用风险损失备抵的数量和性质方面的信息	0	0

具体来说，披露较好的主要体现在各项备抵政策，如统一的政策、对财务

业绩的影响、不良贷款冲销和回收、总信用风险信息以及对信用损失提取准备金和备抵适当性进行评价的规程等。但在与历史净损失相比备抵的情况、对国家风险提取准备金等方面，非成员国银行的披露与美英银行的差距较大。如关于备抵分配和不分配的确定，美英银行达到50%的披露比率，但非成员国仅为2.7%；对国家风险提取准备的政策方面，美英银行是40%，而非成员国仅有5.4%。两类银行披露均不足的主要有关于不良资产监控和管理、衍生产品信用风险损失备抵等信息，尤其是后者，两类银行的披露比率均为零。

我们注意到，在披露运用了信用风险缓解技术如抵押、担保和保险等方法之后对信用敞口的影响这一项目上，非成员国披露比率为45.9%，而美英则为10%。在调查中我们发现，有许多非成员国银行在披露贷款信息，特别是不良贷款时，会把其中有保证的（包括抵押、担保等）贷款的数量也列出来，使得人们对整个信用风险敞口有一个更全面的认识。但是，美英银行给出这一数据的很少。

④关于信用风险分布。信用风险分布是反映一家银行信用风险整体情况的重要信息。在新协议“第三支柱”中关于信用风险分布的披露规范特别强调了信用风险分布，如在国家地区、行业部门以及交易对手，目的是为了防止信用风险的过分集中。因为对于许多国际大型活跃银行来说，贷款或某类业务过于集中于某个国家或地区，风险是很大的。譬如1997年亚洲金融危机，对业务过于集中在东南亚的银行来说风险就很大。

在“第三支柱”文件中，巴塞尔委员会给出了一些十分具体的分布披露要求，如对逾期资产按交易对手、国家地区和业务类型进行区分。对此，我们进行了调查，调查结果见表3-10。从该表中可以看到，两类银行的披露比率总体上很相近。也就是说，非成员国银行与美英银行之间没有太大的差距。两类银行披露较好的地方主要有：按广义工具类别划分的市场业务信息（如各类别的市场价值）、按广义风险类别划分的市场业务信息、按业务种类划分的信用风险信息以及国际国内信用风险地理分布情况。美英银行这些项目的披露比率均在70%以上，非成员国银行也在60%以上。披露不足的地方主要有：按主要风险或主要产品划分的交易收入、按交易对手类型划分的表内外组成、按交易对手划分和按地理区域划分的逾期资产细目以及国家风险等。美英银行在这类项目上的披露比率最高为30%、最低为10%，而非成员国银行最高为

29.7%、最低为0。

表3-10　　关于信用风险分布方面的披露比率

项目	美英两国	非成员国
提供按广义工具类别（如期货、远期、互换和期权）划分的市场业务信息	90.00%	89.20%
提供按广义风险类别（如利率、汇率、贵金属、其他商品和股票）划分的市场业务信息	80.00%	64.90%
提供按主要风险（如外汇、利率、商品、股票）、或按主要产品（如债券、互换、外汇、股票）划分的交易收入信息	20.00%	21.60%
提供按资产种类划分的过期资产细目	50.00%	21.60%
披露按主要对手类型划分的表内和表外组成的信息	10.00%	5.40%
提供按对手类型划分的逾期资产细目	10.00%	0
披露按业务种类划分的信用风险信息	90.00%	86.50%
披露信用风险地理分布概要信息，包括国内和国际	70.00%	70.30%
披露国家风险	20.00%	16.20%
提供按地区区域划分的受损资产细目	30.00%	29.70%

在这里，我们暂不考虑数据是否敏感。从数据准备和技术上看，披露上述信息并不会太困难。这从非成员国银行和美英银行有较接近的披露比率可以推断。在调查过程中我们发现，有许多银行同时按广义工具类别和风险类别给出市场业务信息，如给出“外汇风险”一大类别，再给出这一类下面的工具类别，如远期外汇、外汇期货、互换等。因此，对于非成员国银行来说，要提高披露比率，在此类项目上比较容易实现。另外，我们注意到，关于逾期资产的披露比率并不高。实际上，我们在调查中发现，对于逾期资产，许多银行不一定给出按资产类型划分的数量，但给出按逾期时间长短、行业部门等划分的数量。因此，不了解披露规定，或未来得及在年报中进行调整，可能会造成这些项目披露低。类似的还有国家风险。在被调查的银行中，有些银行列出了两个以上的国家和地区（国内和国际）上的分布，但也有不少银行仅仅只区分国内和国际。对这一类项目，要提高披露比率应该不难。

⑤关于信用风险定性信息和信用风险缓解技术。对信用风险定性信息进行

调查，主要是为了考察非成员国银行在信用风险管理方面的情况。从调查结果看，大多数非成员国银行都披露了信用风险管理的组织结构、管理控制过程等定性信息。有关信用风险管理方面的定性披露，比率达到80%以上，略高于美英银行。此外，在有关不良资产及违约的定义、特殊和一般准备金计提方面，非成员国银行也有一半左右进行了披露，美英银行的披露比率则稍高一些。与前面分析的几个项目一样，对于此类项目，提高披露比率并不难，关键在于重视。

在巴塞尔新协议中，信用风险缓解技术是委员会特别强调的地方之一。因为在新的思路下，即对信用风险运用标准法或内部评级法时，关于信用风险缓解技术的评价也是十分关键的。为此，我们设计了5个调查项目：抵押管理战略和程序、抵押物确认的关键内部政策、对担保人的持续信用质量监控、抵押物或表内对抵合同相关信息以及担保保护方面的信息。从调查结果看，总体上两类银行的披露均不高，特别是在有关抵押物管理和担保人监督方面，两类银行的披露比率几乎均为零。但在抵押物和担保规避风险的相关信息披露方面，美英银行的披露比率都是30%，非成员国银行披露比率为29.7%、16.2%。

总之，在上面关于信用风险各项目的调查中，在内外部评级、信用风险主要备抵政策、信用风险分布以及信用风险管理组织、运作方面，非成员国银行与美英银行的差距不大，披露比率不低。但是在信用风险模型、信用衍生产品运用以及有关信用风险缓解技术运用效果等的披露方面，两类银行都显披露不足。

（4）关于操作风险及其他风险管理方面的披露。

尽管在新协议中关于如何计算操作风险敞口及其资本要求是一个引人注目的新问题，但就当时实际来看，要很快推出一套类似市场风险计量的、较为成熟的模型方法还为时尚早。关于操作风险的资本计量，委员会提出的方法包括基本指数法、标准法和内部计量法。计量操作风险在技术上的困难也反映到了委员会对操作风险的披露要求中，即表现为定性要求多于定量。为此，我们仅根据“第三支柱”要求，调查了两项信息，见表3-11。显而易见的是，非成员国与美英两国在这两项上的披露比率差距很小。如对操作风险管理体系信息的揭示，美英银行的比率是50%，非成员国为45.9%。对于操作风险管理业绩的评价，则两类银行都不超过10%，显得很不够。

表 3－11　　有关操作风险及其他风险的调查

A. 操作风险	美英两国	非成员国
提供操作风险管理体系的风险政策（包括缓解技术）、组织结构、报告系统和程序文件	50.00%	45.90%
提供操作风险管理体系的管理业绩评价，如每年至少一次的独立回顾	10.00%	8.10%
B. 其他风险		
提供银行账簿利率风险定性信息	90.00%	70.30%
提供银行账簿利率风险定量信息	90.00%	51.40%
披露流动性风险的定量或定性信息及策略	100.00%	75.70%
披露法律或有情况（包括待决法律行动），讨论可能的债务	70.00%	21.60%

应当指出的是，由于我们在调查中未设计衡量披露深度和广度的指标，上述结果是非常表面的。也就是说，是否披露操作风险有关信息，并不能等同于披露质量高和低。

在其他风险方面，如利率风险、流动性风险以及法律风险方面，调查结果显示，非成员国与美英两国的差距较大。特别是在利率风险定量信息和法律或有信息上，两者相差约 40%—50%。对于利率风险，许多银行给出了期限分布表，有的还给出了敏感分析结果，如花旗银行。关于流动性风险，大多数银行都从资产负债管理角度进行了阐述。在我们的调查中，几乎所有银行都就或有事项作了披露。但其中只有部分银行特别说明了法律或有情况，特别是正在涉及的法律诉讼。若本期没有此类事项，有的银行也会明确予以说明。因此，总体上说，两类银行在其他风险的披露上要好于操作风险，披露比率较高。

（5）关于会计政策和衍生产品方面的披露。

在巴塞尔委员会和证券委国际组织进行的头几次调查中，关于会计政策和衍生产品方面的披露，特别是衍生产品，占有很大的份量。因为九十年代中后期，各国都加强了对金融衍生产品的监管，许多与衍生工具相关的会计准则也是在这一阶段推出的。但在新协议“第三支柱”文件中，巴塞尔委员会并未涉及这两方面的问题。然而，在 2001 年的调查中，委员会仍考虑了会计政策和衍生产品两项，目的还是为了与前几次相比，考察各国银行在这两个方面的改进。

在我们的调查中，也包括了上述两个方面，只不过对具体项目作了一些筛选。主要包括交易和非交易、资产（包括衍生工具）确认与计量和不良资产确定三个方面的会计政策。这三个方面会计政策的差异，对银行财务业绩的影响是很大的。调查结果在表3－12中给出。从调查结果看，两类银行关于会计政策的总体披露比率都相对较高，且美英银行稍稍领先于非成员国银行。在多个项目上，美英银行的披露已达100%。说明经过数年的努力，美英银行在会计政策披露方面已大大改善。

表3－12　　关于会计政策和衍生产品的披露调查

A. 会计政策	美英两国	非成员国
披露资产初始确认和后续期间的计量基础，如公允价值或历史成本	100.00%	100.00%
描述交易业务（运用现金工具和衍生产品）及非交易业务收入确认会计政策和方法	100.00%	94.60%
披露银行内按性质或功能划分的收入和费用	90.00%	89.20%
提供基于内部计量和会计系统的交易业务对收入影响的汇总信息	90.00%	78.40%
描述影响资产计量的套期关系处理	100.00%	78.40%
披露会计上确定逾期或受损资产的根据及披露目的	60.00%	43.20%
区分交易资产和交易负债	40.00%	16.20%
B. 衍生产品		
讨论运用非交易衍生产品的目的	90.00%	75.70%
讨论交易业务总业务目的以及达到这些目标的策略	50.00%	21.60%
描述衍生产品如何用来对风险进行套期保值（策略）	100.00%	59.50%
披露衍生产品总的正市值	30.00%	18.90%
披露衍生产品总的负市值	30.00%	18.90%

在衍生产品披露方面，我们将衍生产品的使用目的及战略分交易和非交易进行调查。所谓“交易”业务，即指用于买卖、以赚取差价为目的的业务；而“非交易”业务，则包括投资（如持有至到期日）和套期保值。从调查结果看，关于如何运用衍生产品进行套期保值、衍生产品的非交易业务目的两项

的披露较好，美英银行达到90%以上，非成员国银行也达到60%以上。关于衍生产品定量信息，调查项目只考虑了“总的正、负市值”。实际上，许多银行采用了其他计量标准，如正、负公允价值、总的未实现损失与利得等。基本上每家银行都有关于衍生产品的定量信息。因此，调查结果显示美英银行30%和非成员国银行18.9%的披露比率，并不能说明只有这么一些银行披露了衍生产品定量信息。总之，在会计政策和衍生产品的披露方面，两类银行都有相对较高的披露比率。

4. 美国不同银行之间信息披露的比较

在第2章的研究中，我们注意到不同成员国银行之间披露程度是不同的。在我们调查的10家美英银行中（英国只有2家），这一差别依然存在。为便于比较，我们将这10家银行的披露指数、在《银行家》杂志2000年的世界前1 000家银行中的排名等情况列于表3－13中。我们按披露指数的大小从高到低排列出各银行。从披露指数看，居前两位的分别是花旗集团和JP摩根彻斯。在所调查的银行中，排名最后两位的是国民城市银行和MBNA银行。从披露指数和排名（特别是国际排名）之间的关系来看，总体上排名在前的披露指数较高。但也有很多银行排名较后但披露指数在前。

就位居后两位的银行的国际排名看，其披露指数甚至低于排名相近的非成员国银行。如国际排名第89位的新加坡OCBC银行，其披露指数为0.5055。为深入调查其原因，我们将前两名的和后两名的美国银行分为两组。经过对比分析后发现，这两组银行主要在以下方面存在较大差异：

（1）市场风险内部模型法。国民城市和MBNA银行在这一大类上的披露较少，在总16项中分别披露了3项和零项。而花旗集团和JP摩根彻斯的披露则较为充分，披露项目分别是9项和10项。两类银行在这一项目上的差异与其风险管理技术的高低直接相关。披露项目少的，风险管理一般较弱。例如MBNA银行，从其年报来看，该银行对市场风险的管理主要侧重于利率风险和外汇风险。对于利率风险和外汇风险，该银行采用的风险管理技术主要是“静态缺口”方法、模拟法。但花旗集团和JP摩根彻斯的市场风险管理技术主要是EaR（earnings-at-risk）和VAR。在这一技术上，花旗集团和JP摩根彻斯较为成熟，处于行业领先地位。

（2）银行账簿信用风险。尽管这一大类只有五个调查项目，但国民城市

表 3 - 13　　美英两国被调查银行的披露指数与排名

银行名称	披露指数	国际排名	国内排名
花旗集团	0.6484	1	1
JP 摩根彻斯	0.6484	40 *	8 *
纽约银行	0.5495	80	14
英国巴克莱银行	0.5385	28	3 **
英国渣打银行	0.5385	81	9 **
第一银行集团	0.4945	13	13
First Union	0.4725	27	5
Suntrust	0.4500	66	9
国民城市	0.4500	83	15
MBNA	0.3500	90	17

* JP 摩根与彻斯曼哈顿银行于 2000 年合并，此处所列名次，仅为合并前 JP 摩根的排名。2000 年世界 1 000 家银行排名中，彻斯曼哈顿银行国际排名为第 5，国内排名为第 3。

** 此处所列为英国两家银行在其本国的国内排名。

只披露了 1 项，MBNA 披露了 2 项，花期集团披露了 4 项，JP 摩根彻斯则全部披露。这一类项目主要反映银行信用风险管理基础，特别是相应的组织结构、战略目的及管理实施等情况。上述调查结果表明，至少从披露角度讲，国民城市银行和 MBNA 银行在信用风险管理方面与花旗集团和 JP 摩根彻斯有一定差距。我们对年报具体内容的分析进一步支持了上述推论。国民城市银行关于信用风险管理没有用独立的章节来阐述，仅在“财务回顾”部分关于“资产质量”一节，提到贷款信用风险问题。MBNA 银行也没有用独立的章节来说明，仅在年报“管理讨论与分析”部分，给出了贷款质量有关信息，包括清算、净信贷损失、风险损失准备金等情况，有关信用风险管理体系和组织则未提及。因此，从调查结果看，国际排名较前的银行，其信用风险管理（从披露的情况看）似乎好于排名较后的银行。

（3）信用风险缓解技术（包括信用衍生产品）。几乎所有银行在这一方面的披露都很低。但是，在“抵押物或表内对抵合同的相关信息”、“担保规避风险的相关信息”两个项目上，花旗集团和JP摩根彻斯都进行了披露，而国民城市和MBNA则没有，因而后一组的披露指数在这一类上又落后于前一组。此外，在关于信用衍生产品的运用、名义定价和公允价值的披露上也是这样。对信用风险缓解技术进行披露，是新巴塞尔资本协议强调的内容。关于这一方面内容，委员会过去对1993—1998年年报的调查中仅有一项，要求很低。由于信用风险可以通过很多方法如抵押、担保、保险及其运用信用衍生产品等技术得以降低，不了解这些方面的信息，就难以全面衡量信用风险的大小。因此，抵押过程、对抵押物价值、担保人信用质量的跟踪以及由此而减少的信用风险敞口等信息，就变得十分重要。从调查结果看，排名在前的银行在新要求项目上的披露好于较后的银行，说明前者自愿披露的质量较高。

（4）信用风险的地理区域和业务种类分布。这一大类关于分布有多个角度，如按地理区域、金融工具、风险类型和交易对手等进行划分。有关于总信用风险敞口的分布，也有关于逾期资产的分布。从调查结果看，花旗集团和JP摩根彻斯要好于国民城市和MBNA。也就是说，前一组就分布进行了多方面披露，而后一组较少。国民城市和MBNA仅就金融工具、风险类型、业务类型和地理区域等一般分布信息进行了披露，对国家风险、逾期资产的分布等披露较少。两组银行的差别也就在于此。

（5）资本结构。这一方面也是两组银行相差较大的地方。关于资本结构共有12个调查项目，花旗集团、JP摩根彻斯、国民城市和MBNA四家的披露数目分别为10、10、6和7。差异较大的项目集中在“永久非积累优先股”、“一级资本和二级资本的扣除量”、“二级资本数量”以及“下属机构少数股权”几个项目上。在有关复杂资本结构信息的披露上，倒未出现多大差异。从这一大类的差异上看，比较明显的是因为披露详细程度不同造成的。排名前的一组披露详细，排名后的一组则较粗略。

将上述几个方面进行归纳，我们认为，造成美国银行披露差异既有技术层面的原因，如市场风险管理和信用风险管理水平高低，也有详略程度等披露政策本身的原因，如关于信用风险分布、缓解技术和资本结构等。另外，从调查结果中我们也可看到，不同实力的美国银行在披露方面差别很大。一般来说，国际排名较前的银行披露要好于排名较后的银行。

5. 各国银行信息披露分析

在前面有关披露指数的讨论中（见表3－3），我们已经看到，在所调查的非成员国当中，披露情况最好的是澳大利亚和新加坡的银行，接近美英，其次是南非、韩国、香港、墨西哥和马来西亚等国的银行。为对这些国家和地区的银行有进一步的了解，我们特别考察了以下五个国家和地区：新加坡、香港、韩国、南非和墨西哥。

从总的披露比率来看，新加坡银行甚至好于美英两国银行，其次是南非，接下来是韩国、香港和墨西哥。从披露各项目来看，各国的情况差异较大。在资本结构和资本充足率方面，新加坡和墨西哥银行的情况接近美英银行。在银行账簿信用风险定性信息方面，新加坡银行达到85%，超过美英银行的60%。在内外部信用评级方面，韩国银行最好，达到45%，远高于美英银行。在运用信用风险模型方面，也是韩国走在前面。该项的披露比率为15%，超过美英银行的10%。对于信用风险缓解技术、地理区域和业务种类信用风险分布方面，新加坡银行的披露最好，分别为21.43%和57.5%，比美英银行要高。美英银行在这两项上的披露比率分别是15.71%和47%。在其他风险方面，新加坡、南非的银行披露最好，达到75%，远高于美英银行的30%。可见，非成员国银行在有些方面已赶上甚至超过了美英银行。

从表3－14中不难发现，不同国家和地区银行的披露差异较大。为了解这种差异及其原因，我们分别就新加坡、香港、韩国、南非和墨西哥五个国家和地区进行考察。

（1）新加坡。

如前所述，在我们所调查的非成员国中，新加坡银行的总体情况是比较好的。最值得一提的是，新加坡银行在信用风险及管理的信息披露方面总体上甚至好于美英银行。在市场风险和其他风险的披露方面，也有较高的披露比率。在所调查的4家银行中，运用内部模型计量市场风险资本要求的就有3家。此外，在资本结构、资本充足率、衍生产品和会计政策方面，新加坡银行的披露比率也不低。除了标准法计算市场风险一项外，新加坡银行的披露在非成员国银行中都位居前列。

表 3 – 14　　　　　　　　各国和地区银行信息披露比较

调查项目	美英两国	新加坡	香港	韩国	南非	墨西哥
资本结构	64.17% *	62.50%	48.48%	48.33%	44.44%	63.89%
资本充足率	44.00%	45.00%	25.45%	32.00%	33.33%	40.00%
适用于使用标准法银行的市场风险披露	8.00%	0	1.82%	0	0	0
市场风险内部模型法	42.50%	31.25%	27.27%	3.75%	35.42%	29.17%
银行账簿信用风险定性信息	60.00%	85.00%	52.73%	64.00%	60.00%	53.33%
内部和外部信用评级	5.00%	18.75%	2.27%	45.00%	16.67%	8.33%
信用风险模型法	10.00%	12.50%	0	15.00%	8.33%	0
信用风险备抵	54.55%	50.00%	44.63%	36.36%	42.42%	33.33%
信用风险缓解技术（包括信用衍生产品和其他信用增强方式）	15.71%	21.43%	12.99%	5.71%	4.76%	4.76%
地理区域和业务种类划分	47.00%	57.50%	42.73%	42.00%	40.00%	33.33%
操作风险	30.00%	50.00%	27.27%	0	50.00%	0
其他风险（包括流动性风险和法律风险等）	87.50%	75.00%	54.55%	40.00%	75.00%	33.33%
衍生产品	60.00%	60.00%	23.64%	40.00%	40.00%	40.00%
会计政策	82.86%	71.43%	72.73%	74.29%	66.67%	71.43%
总比率	43.66% **	45.74%	31.18%	31.89%	36.93%	29.35%

* “资本结构”共有12个调查项目，“资本结构”披露比率即为12项披露比率的平均数。

** 总比率则为各大类项目披露比率的平均数。

另外，从披露指数的分析我们也发现，新加坡银行总体上稍好于美英银行（关于美英银行的披露指数参见表3 – 13）。我们调查的四家新加坡银行分别是DBS、OCBC（Oversea – Chinese Banking Corporation）、UOB（United Overseas Bank）和OUB（Overseas Union Bank），它们在2000年《银行家》杂志中的国际排名分别为68位、89位、103位和128位。其披露指标分别为0.5604、0.5055、0.5824和0.3750。从其排名前后来看，新加坡这四家银行已和美英两国银行非常接近了。与同等排名的美英银行相比较，新加坡银行的披露指数和各项披露比率甚至还稍强于美英银行。

然而，与巴塞尔委员会的要求相比，新加坡银行还有一定的距离。在所有调查项目中，低于20%披露比率的有三大类："适用标准法银行的市场风险披露"、"内部和外部信用评级"、"信用风险模型法"等。此外，在"市场风险内部模型法"和"信用风险缓解技术"两方面，其披露比率也不到35%。当然，我们也注意到，在上述几个方面，包括美英银行在内的大多数银行都表现得十分薄弱。

为了搞清楚新加坡银行披露水平较高的原因，我们对上述四家银行作了进一步的分析。我们注意到，这四家银行均为在新加坡交易所上市的上市银行，要遵守交易所上市规则及要求。它们在计算资本充足率时是依照巴塞尔委员会银行监管指南计算的。根据新加坡金管局的规定，资本充足率最低不能低于12%。这一标准高于巴塞尔委员会确定的8%的标准。此外，新加坡金管局还依据《银行法》和《公司法》，制定了银行信息披露最低要求指南。该指南在损益表及有关损益信息、资产负债表及有关信息、现金流量表及有关信息、表外项目、会计政策、分部信息、资本充足率等方面提出了最低要求或信息框架，但没有给出具体的披露格式。我们将这上述四家银行的实际披露情况与最低要求相比发现，这四家银行的披露在深度和广度上均超过了最低要求，且在年报格式也没有两家是完全相同的。

在会计准则方面，新加坡会计准则（SAS）近年来也在不断地向国际会计准则靠拢。例如，对于金融工具风险管理，SAS32就要求金融工具按合同本质而不是法律形式进行揭示；SAS33则要求所有金融工具均按公允价值反映，不论其是否长期持有或短期持有。新加坡银行在年报披露中主要依据的是新加坡《公司法》和新加坡会计准则（SAS）。由此可以推断，一方面，新加坡管理当局对银行信息披露的规范做得较好，与国际标准看齐，要求高，而且是"实质重于形式"；另一方面，新加坡银行自愿披露程度较高。我们认为，上述两方面是导致新加坡银行信息披露水平较高的主要原因。

新加坡银行本身业务发展水平高也可能是其中的一个原因。关于业务发展水平，我们考察了三个方面：资本工具是否复杂、风险管理技术是否先进以及衍生产品是否得到广泛运用。从调查结果看，DBS集团拥有的资本工具最为复杂，它运用了"无投票权可转换优先股"和"无投票权可赎回可转换优先股"，此外还有雇员股票期权计划。另三家银行也有雇员股票期权计划。OCBC

和 OUB 银行还发行了无保证带认股权证的债券；在市场风险管理方面，除了 OUB 一家外，其他均运用了 VAR 方法。在信用风险管理方面，DBS 还采用了统计模型，用于分析借款人的财务状况和健康情况，并将分析结果用于消费者信贷组合。OCBC 从 1999 年开始开发信用打分模型和信用评级模型，并建立了相应的信用风险数据库，正待启用。UOB 也建立了其内部评级系统，OUB 则刚开始对客户进行评级；从衍生产品运用情况来看，四家银行都使用了衍生产品。DBS 还应用了信用风险衍生产品以及权益凭证衍生产品等较新的产品。从所使用的衍生产品来看，四家银行的涉及面很广，几乎包括各类金融工具。从品种上看，与美英银行使用的金融工具已大致相同。综合上述三个方面，我们的结论是，在这四家银行中，较为突出的是 DBS，较差的是 OUB，其他两家居中。这一顺序与披露指数恰好对应，说明银行披露好坏的确与其本身业务发展水平高低有直接关系。

经过上述分析，我们的结论是，新加坡银行披露水平已达到国际一流水平，这与新加坡管理当局对银行信息披露有效规范、与新加坡会计准则的不断完善以及新加坡银行自身较高的业务水平是分不开的。

（2）香港。

香港的银行在我们调查的非成员国银行中披露情况总体偏后。从表 3－14 看，香港银行的披露总体上不如新加坡银行，甚至低于南非和韩国的银行。再从各项目看，香港银行较好的地方是“资本结构”、“信用风险备抵”、“信用风险缓解技术”、“地理区域和业务种类划分”、“其他风险”和“会计政策”等。在这些项目上，香港银行的披露比率大约在中等或中上水平。但是，在表 3－14 所比较的银行中，香港银行披露比率最低的项目有 5 项，占全部 14 个项目的 36％。这些项目是：“资本充足率”、“银行账簿信用风险定性信息”、“内部和外部信用评级”、“信用风险模型法”以及“衍生产品”。上述项目既有反映基础性的项目，如“资本充足率”、“银行账簿信用风险定性信息”，也有反映业务技术水平的项目，如“信用风险模型法”。可见，香港银行在基础项目和尖端项目的披露上存在不足。

我们调查的香港银行共有 11 家。尽管其中有 4 家银行属于其他国家和地区金融集团的控股银行，但 11 家银行在披露时都遵循香港金融管理局颁布的《本地注册认可机构披露财务资料》指引、香港会计师公会颁布的《会计实务准则》及其香港公认会计准则。在11家银行中，根据披露指数计量，披露最好的银行是香港上海汇丰，其披露指数为0.5165，其次是东亚银行、工商友联和道亨银行，三家的指数均为0.3956，最低的是上海商业银行，披露指数为0.2967。

同样，为了解香港银行信息披露影响因素，我们考察了两个方面：管理当局的要求和银行自身业务发展水平。

香港金融管理局几乎每年都会颁布新的指导银行年报披露的指引，如有1997年版和1998年版的《认可机构披露财务资料的最佳执行指引》，1999年该指引更名为《本地注册认可机构披露财务资料》，2000年又有一个更新版。这些指引对银行披露提出了最低要求，且每年都有一些变化。香港银行在年报中披露的信息均以其为指引。可以说，这些指引对香港银行的信息披露起了决定性作用。

从一些具体项目的披露要求中很容易看到这一点。例如，根据2000年版指引的规定，在银行提供的"补充财务资料"中要求对风险管理描述性资料给出一些比较具体的内容，这些内容包括"董事局和高层管理人员的监察风险管理工作"、"识别和评估不同类别的风险"、"批核交易"、"监察和管控风险的程序"、"以限额管控风险"、"操作管控措施"以及"内部审计的角色"等。其中未明确要求提供信用风险管理组织结构和管理战略方面的内容，因此，香港银行关于"银行账簿信用风险定性信息"一项上的披露情况就不理想，披露比率相对较低。类似的还有关于市场风险量化信息要求。指引中对VAR具体披露项目未作规定，只要求提供每日平均收入、或每日收入总额频率分布图（即矩形图）。因此，许多香港银行只提供了每日收入分布图，而忽略了VAR其他相关信息，如高低VAR、平均VAR、实际损失超过VAR的天数等，造成"市场风险内部模型法"披露比率较低。香港银行在"衍生产品"方面的披露也很低，与指引亦有很大关系。因为指引对银行披露衍生产品的要求仅仅是名义总额分析，而没有正负总市值要求。尽管香港金管局在指引中强调本指引只是最低要求，并鼓励银行自愿披露有关信息，但香港大多数银行并没有更多的自愿披露。在我们所调查的11家银行中，有9家银行披露指数介于0.3—0.4之间，就说明了这一问题。

当然，我们也注意到，在11家银行中，披露指数毕竟有0.5165的最大值和0.2967的最小值之分。将香港上海汇丰和上海商业银行进行对比（见表3－15），我们发现，两者的差距主要表现在：①市场风险内部模型法，在这一大项上的两银行的披露分别为11项和2项。香港上海汇丰就VAR方法的多种参数、假设前提等都进行了披露，但上海商业银行没有；②衍生产品，披露项数分别为3和0，上海商业银行运用了衍生产品，但就所调查的项目没有披露；③地理区域和业务种类分布，披露项目分别为7和4。上海商业银行的差别主要在披露格式上少了一种分类，并无实质性差别；④会计政策，披露分别为7项和5项，上海商业银行少的地方主要是未披露关于逾期和受损资产会计确认以及未区分交易资产和交易负债方面的内容；⑤银行账簿信用风险定性信息，分别为4项和2项。上海商业银行不足的地方是在逾期和违约定义、一般准备金和特殊准备金定义方面没有披露。因此，从上述比较结果来看，造成披露差异的原因主要并不在业务技术方面，而是没有按规定内容进行披露。

综合上述分析，我们认为，香港银行披露水平与香港金管局的披露指引有直接关系，业务技术不是主要原因。

表3－15　　香港两银行已披露项目数与披露指数比较

项目	调查项目	香港上海汇丰	上海商业银行
市场风险内部模型法	16	11	2
衍生产品	5	3	0
地理区域和业务种类划分	10	7	4
会计政策	7	7	5
银行账簿信用风险定性信息	5	4	2
披露指数	—	0.5165	0.2967

（3）韩国。

我们调查了5家韩国银行：Hanvit、Kookmin Bank、Korea First Bank、Shinhan和Korea Development Bank（KDB）。前4家是在韩国股票交易所上市的银行，KDB是国有独资银行。这些银行的总披露情况在表3－14中给出。

与其他国家和地区银行相比，韩国银行信息披露居中等偏下水平。从表3－14中我们发现，韩国银行披露较好的项目是“内部和外部信用评级”和

“信用风险模型法”，这两项目的披露比率在我们调查的银行中为最高，在“银行账簿信用风险定性信息”、“会计政策”方面也较好。披露不足的项目是“资本充足率”、“信用风险缓解技术”、“市场风险内部模型法”和“操作风险”。其中，在“市场风险内部模型法”和“操作风险”两项目上，韩国银行的披露比率最低。

进一步的分析可以看到，总体上说，韩国银行在信用风险方面的披露比较好。特别是在信用评级和信用风险模型开发方面，韩国银行走在其他国家前面。这可能与1997年亚洲金融危机之后，当局以及银行本身加强了对金融风险的管理有关。韩国金融监管当局要求韩国银行采用“五级分类”，且贷款损失准备金也依据这种分类进行提取。管理当局对此还给出了具体的指引，但许多银行从审慎角度出发，计提比率都超过了指引要求，如Hanvit银行提取比率超出达15%。对于信用风险，一些韩国银行还开始尝试使用统计模型法进行管理，如Shinhan银行对个人贷款申请就由信用评分系统工作小组通过统计模型来评价，KDB也采用了每月一次的对信用风险敞口变动进行分析的内部模型。

但是，韩国银行对信用风险模型披露的信息很有限，因此我们无法判断这些模型的质量及应用效果。另外，我们还注意到，在市场风险模型的使用方面，韩国银行是比较落后的。5家银行中只有Shinhan银行在年报中报道了正在尝试VAR的情况。在市场风险管理方面，韩国银行的管理工具主要还是限额法、缺口法和基点法等。因此可以说，从风险管理技术角度看，韩国银行并不成熟。

这也就是说，韩国银行是在风险管理技术基础不是很好的情况下发展信用风险前沿技术的。这与新加坡的情况完全不同。在韩国银行中有如此高的信用风险披露比率，足见管理当局和银行自身的重视程度，这对银行的披露水平也产生了巨大的影响。

再从披露规范方面来看。韩国银行信息披露要遵守《银行法》、《信托业务法》以及股票交易所的有关规定，还要遵守韩国的公认会计准则。韩国《银行法》和《信托业务法》主要是对银行经营授权、合并、终止和关闭、经营活动管理及监查等进行了规定，但其中还有不少会计方面的条例。这也是为什么在韩国银行年报中出现三套报表的原因，这三套报表分别是银行报表、信托报表和合并报表。另外，韩国的会计准则与国际会计准则（IAS）之间也存在较大的差异。可见，披露规定是否具有本国特色，是否国际化，不是决定披露高低的根本因素。

从韩国银行我们得到的结论是，管理当局和银行的重视会对披露水平产生巨大的影响，而且披露水平的高低与当局的披露要求或规范是否国际化没有很大关系。

（4）南非。

我们调查的南非银行是：ABSA、Investec Group 和 Nedcor，它们都在约翰内斯堡股票交易所上市，均为 2000 年《银行家》世界前 1 000 家银行。从表 3－14结果看，南非银行的披露情况是中等偏上，低于新加坡，但高于香港、韩国和墨西哥。从具体项目上看，南非银行披露较好的地方是“市场风险内部模型法”、“银行账簿信用风险定性信息”、“内部和外部评级”、“操作风险”和“其他风险”；不足的地方主要是“资本结构”（披露比率最低）、“信用风险模型法”、“信用风险缓解技术”（披露比率亦最低）、“地理区域和业务种类划分”以及“会计政策”。

对于上述结果，进一步分析发现：①南非银行资本结构披露较低，是因为其中一家银行在一级资本、二级资本以及复杂资本工具方面披露过少造成的。但从该银行披露的资本工具看，种类不少，如有“次级可转换信用贷款”、“无保证次级可赎回契约”以及“次级可赎回票据”等。与其他国家相比，南非银行的复杂资本工具并不少，如 Investec Group 发行的强制可转换契约有 A 类和 B 类之分，其中 B 类又分为 I 级和 II 级。资本工具复杂，表明银行所在金融市场以及银行自身已发展到一个较为成熟的阶段。而披露低，则主要是因为要求的信息没有揭示，披露不对路；②信用风险方面的披露总体较差，这与信用风险管理技术水平和银行当局的重视有一定关系。从业务层面上看，三家银行中没有一家银行提到开发信用风险数量模型，但它们在市场风险管理上却都表现出成熟的技术。而且，尽管衍生产品运用得极为广泛和娴熟，但信用衍生产品却没有一家使用。这至少说明，对信用风险管理先进技术的采用，银行当局不是很积极。此外，银行对信用风险集中度的揭示也不够，体现在分类不够细，或未按要求进行分类。对于逾期、减值等不良贷款的披露太低。从不良、逾期和减值贷款的会计确认到定义描述，披露比率几乎均为零。在信用风险缓解技术上的披露亦如此，像抵押物确认与管理、担保人评价与跟踪等，均为零。这些问题说明，南非银行对信用风险管理基础要么披露不够，要么管理上不重视。

但是，在市场风险内部模型法技术上，南非银行是领先的，披露情况也较好。三家银行均报道使用了 VAR 方法，其中 Investec Group 和 ABSA 较为突出。在有关在险价值方法的披露上，Investec Group 不仅披露了模型置信度、模型持有期等参数，还提供了分不同国别、不同金融市场中投资组合的 VAR 值。ABSA 则在披露基本模型参数的基础上增加了不同金融市场中投资组合的 VAR 高低值、平均值和某一特定日期的 VAR 值。

综合上述分析我们认为，南非银行在业务技术方面不亚于新加坡银行、甚至一些成员国银行，但在披露方面却不如它们，其主要原因可能就在于没有按要求的格式对要求的信息加以揭示，或者在某些方面银行当局不够重视。

（5）墨西哥。

墨西哥银行我们共调查了 3 家。从表 3－14 来看，墨西哥银行的披露在五个非成员国家和地区中位于末位。在调查的披露项目中，墨西哥银行披露较好的是“资本结构”、“资本充足率”和“会计政策”；披露较差的有“内部和外部信用评级”、“信用风险模型法”、“信用风险备抵”、“信用风险缓解技术”、“地理区域和业务种类划分”、“其他风险”和“操作风险”等若干方面。综合上述几个方面，显而易见的是，墨西哥银行披露不足主要集中在信用风险相关信息上。

对这些项目仔细加以分析可以发现：①在风险管理前沿领域，如信用风险模型开发、操作风险管理、内外部评级等方面，墨西哥银行的披露几乎为零。这从一个方面反映出对于信用风险管理技术的发展，墨西哥银行可能没有给予关注；②在信用风险常规管理方面，如贷款损失准备金的提取、准备金的分配、国家风险的揭示、对信用风险集中度的分析（体现为按地理区域和业务种类划分项目上）等方面，墨西哥银行也居倒数。可见，墨西哥银行在信用风险相关信息的整体披露方面是比较薄弱的。这些项目的披露与否，与业务技术水平高低并无多大关系。披露与否，更多的是反映了管理当局以及银行自身对待这一问题的态度。

从墨西哥银行遵循的法规来看，主要法规是“国民银行和证券委员会”

（下称“银行委员会”）颁布的会计准则，还有其他委员会或管理当局出台的法律法规。“银行委员会”颁布的会计准则基本上与墨西哥公认会计准则相同，但在某些方面也存在差异。我们注意到，被调查的3家墨西哥银行均披露了上述两套会计标准存在的差异。同时，银行还披露了遵循这些标准的顺序。这一顺序是，首先是“银行委员会”会计标准，若出现这一标准没有规定，则依据墨西哥公认会计准则，接下来是国际会计准则，最后是美国公认会计准则。墨西哥银行在会计政策方面披露较好，大概原因就在于此。

但是，从年报反映的情况来看，墨西哥银行在代表现代银行业务和技术发展的三个方面并未明显落后于其他国家的银行。首先，在复杂资本工具的使用上，我们发现，这三家银行均发行了“次级信用债券”。这类债券常带有多种期权成份，属于复杂资本工具。例如，Banamex银行发行的这类债券有的可以强制转换为Seguros Banamex的普通股，有的则可转换为Banacci系列中的“L”类股。这两种股票都是Banamex集团下属公司的股票；其次，在衍生产品的运用上，三家银行均有不小的衍生产品交易量。衍生产品包括外汇、利率和权益类的远期合约、期货、期权和互换等。有的还包括消费价格指数衍生产品和信用衍生产品等。但是在衍生产品的披露上，它们没有披露正负总市值一类的定量数据；再次，从风险管理技术看，对于市场风险，三家银行都报告使用了VAR方法。然而，从“市场风险内部模型法”这一调查项目看，披露比率并不高。因为三家银行对VAR的模型参数、高低值、周际和月际值、VAR方法的回顾测试和压力测试过程及结果等都未予披露。

可见，墨西哥银行在业务技术方面不是排在最后。但是在这些方面，墨西哥银行的披露仅是中等偏上，未达到最好。结合前面的分析，我们不难断定，造成墨西哥银行披露较低的原因关键还在于信用风险披露不足。而信用风险披露不足，与墨西哥银行对信用风险管理重视程度有很大关系。

3.4　结论与启示

1. 2000年年报调查的主要结论

（1）从我们调查的银行看，各国银行离巴塞尔委员会的要求还有相当差距。总体上看，非成员国银行不如美英银行，但也有的非成员国银行情况较好，如澳大利亚和新加坡。它们的披露水平接近美英银行。接下来是南非、韩国、香港、墨西哥和马来西亚。香港和新加坡相比有一定差距，甚至稍逊于南非和韩国。但是同一国家和地区不同银行间的披露水平有较大差距。在美国银行间存在这一现象，在其他国家和地区亦如此。

（2）在所调查的美英银行中，披露最少的领域主要是：信用风险模型及参数、信用衍生产品类型和数量、信用风险分布特别是逾期资产分布信息、市场风险模型的压力测试和回顾测试规程、信用风险的内外部评级等。这与巴塞尔银行对1999年年报调查的结论基本相同。另外，我们还发现关于抵押物的确认、评价及管理，对贷款保证人信用质量的跟踪等方面也非常薄弱。在上述几个方面，非成员国银行与美英银行相比更显不足。

在所调查的非成员国银行中，披露最多的方面主要是：会计政策，包括资产的确认与计量、贷款准备金计提、套期关系处理以及交易与非交易业务收益信息等；资本结构和资本充足率，如一级资本、二级资本的数量及资本比率、总资本基数、普通股数量等；信用风险管理定性信息，包括组织结构、实际运作等。

（3）非成员国银行在资本结构和资本充足率方面的披露弱于美英银行，特别是有关特殊条件和细节方面的披露不够，尽管它们中有不少也运用了复杂资本工具。但是，在主要数据和主要方面基本上能达到巴塞尔的披露要求。

（4）关于市场风险资本要求计算，非成员国银行使用内部模型法的有不少，与美英两国银行相近。但是，在内部模型的应用范围、前提假设、参数、分析结果、回顾测试和压力测试等方面，披露情况要明显地低于美英银行。我们认为，其原因主要有两个：一是一些非成员国银行使用内部模型时间不长，有的刚开始，故无法提供模型的有关参数、假设、分析结果等；二是有的非成员国（和地区）对银行有关披露格式作了规定，如香港，而规定的披露格式与巴塞尔的要求不尽相同。

（5）在对信用风险有关的几个方面的调查中发现：①非成员国银行在内部和外部评级方面的披露要好于美英银行，但因信息大多是定性的，且无法就深度和广度加以比较，因此不能断定美英银行在这一方面就落后于非成员国银行；②在信用风险模型和信用衍生产品方面，总体上披露得都较少。少数采用了信用风险模型的银行关于模型定量方面的信息也都没有提供；③在涉及信用风险备抵的一般性政策方面，被调查银行都有较好的披露，但在关于国家风险和衍生产品信用风险损失备抵等方面披露不足。值得注意的是，许多非成员国银行在披露贷款信息、特别是不良贷款时，会把其中有保证的（包括抵押、担保等）贷款的数量也列出来，使得人们对整个信用风险敞口有一个更全面的认识。但美英银行给出这一数据的较少；④在信用风险分布的披露上，两类银行的披露情况比较接近。它们在业务种类分布、地理区域分布等方面披露较好，但在按交易对手划分风险、逾期资产分布情况以及国家风险等方面披露较弱；⑤在信用风险定性信息和信用风险缓解技术方面，大多数非成员国银行都披露了信用风险管理的组织结构、控制过程等定性信息。但是，在有关抵押物管理、担保人监督以及运用抵押和担保等方式规避风险的效果方面，非成员国银行和美英银行的披露都显不足。

（6）对美国披露较好和披露一般的两组银行加以对比，发现它们在市场风险模型法的运用、信用风险一般管理和先进技术的运用等方面差别较大。我们认为，造成这一差异的原因既有技术层面的，也有披露策略本身的。一般来说，国际排名较前的银行披露要好于排名较后的银行。

（7）从被调查的非成员国银行来看，不同国家或地区情况大不相同。

新加坡银行已达到国际一流水平，特别是在信用风险方面。在市场风险和其他风险的披露方面，也有较高的披露比率。这与新加坡管理当局对银行信息披露的有效规范、与新加坡会计准则的不断完善以及新加坡银行自身较高的业务水平是分不开的。

香港的银行在我们调查的非成员国银行中披露情况总体偏后。我们认为，这与香港金管局颁布的披露指引有很大关系。因为金管局指引中的许多项目或披露格式与巴塞尔委员会的要求有出入，而香港银行在业务技术上与其他披露较好的非成员国银行并无多大差别。

韩国银行的情况与新加坡和香港不同，它们在信用风险方面披露比较好，特别是在信用评级和信用风险模型开发方面。但是，从风险管理技术角度看，韩国银行并不成熟。而且从披露规范来看，韩国也不够国际化。但韩国银行给我们的启示是，管理当局和银行的重视会对披露水平产生巨大的影响，而且披露水平的高低与当局的披露要求或规范是否国际化没有很大关系。

在所调查的银行中，南非银行的披露情况是中等偏上，低于新加坡，但高于香港、韩国和墨西哥。南非银行在业务技术方面，特别是市场风险管理及技术方面较好，相应披露也较好。但在信用风险、资本结构等方面披露较差。其主要原因可能是没有按巴塞尔的要求加以揭示，在某些方面银行管理当局似乎也不够重视。

墨西哥银行的披露在五个被调查的非成员国家和地区中位于末位。披露不足主要集中在信用风险相关信息上，这与银行当局对信用风险管理重视程度有很大关系。从披露规范来看，墨西哥银行遵循的要求和规范较为复杂，体系交叉，因而在会计政策方面披露较好。但在业务技术方面，墨西哥银行的披露水平与其实际发展水平不相称。

2. 启示

（1）银行披露水平常常与银行自身的业务技术发展、银行当局的关注程度以及金融管理当局的规范有很大关系。因此，要从根本上提高披露水平，需要抓好“两头”，一是推动银行不断发展业务、提高管理技术水平，同时敦促银行当局重视信息披露，选择恰当的披露政策；二是加强对银行披露的规范，如给出类似新加坡和香港金融管理当局指导银行披露的最低要求，鼓励自愿披露等。这对提高一国银行业的总体披露水平很有好处。

（2）同一国家和地区的银行在披露水平上也常有很大差异。金融管理当局应当看到这种差异，并了解成因。在制定有关披露规范时，不能采用“一刀切”的方式。因为有的差异是因为某类业务未开展或对经营效益影响小，或是因为技术水平有高低造成的。美国的银行如此，新加坡、香港等其他国家和地区的情况亦如此。因此，可以考虑采用类似巴塞尔委员会新资本协议第三支柱分“核心”披露和“补充”披露的方式，或者采用最低信息披露框架方式。

（3）金融管理当局在制定有关披露规范，或银行当局在选择披露形式时，应注意与巴塞尔委员会的要求相一致。在我们调查的银行中，有许多是因为格式不对或不是要求的信息，从而造成披露比率较低。但从其披露的内容看，已很接近巴塞尔的要求。注意与巴塞尔要求相一致，有利于国际间进行比较以及容易取得国际认同。

但是，注意一致，并不意味照搬。因为国际化与否，与披露水平高低不一定成正比。在巴塞尔委员会的要求中，有许多是关于某一项信息是否披露，而不是要求这项信息的计量原理要统一。例如，巴塞尔委员会要求披露市场风险模型参数，但这并不意味着就非要VAR模型不行。银行可以开发许多模型，它们不一定要一样，但这些模型的假设、参数以及使用效果等则是要披露的。所以，国际化程度的高低，并不等于披露水平的高低。

（4）在对信息披露进行规范的同时，实际上也是在引导银行业务和技术向哪个方向发展。金融管理当局若根据本国经济金融发展形势和银行实际状况，在披露指引中有目的地加以引导，将对银行业经营管理活动的某些方面带来突破，甚至影响到其整个经营管理活动。由于各国情况不同，发展轨迹也不同。有些先进国家银行正在做的事，我们现在不一定不能做。譬如，韩国银行在信用风险管理技术的发展上就与先进国家银行保持同步。尽管它们在市场风险管理技术上落后，但这并不意味着在信用风险管理上也将落后于他人。

（5）应重视定性信息的披露。从被调查的银行来看，许多银行定量信息不一定落后于他人，但在一些定性信息方面却明显不足，如南非银行和墨西哥银行。对于银行风险管理，由于各种计量模型都有其局限性，一些管理手段、管理战略等不是单纯用定量信息能够完全传达的。因此，重视定性信息的披露，是提高披露水平的一个重要方面。

3. 研究的局限性

本项研究主要是进行指数分析和比率分析，有的国家和地区的银行样本过少，这可能会影响到本项研究结论的一般化。受数据可得性限制，我们还无法就各国银行在同一水平上进行比较，如将前1 000家排名相近的银行进行比较等，以排除诸如银行大小、银行声誉等对披露水平的影响。此外，在披露指数和比率分析中，我们无法将那些因为银行没有该项业务而没有披露的情况加以区分，这样就不能将披露指数或披露比率高低与披露“质量”联系起来，使披露问题的研究仅限于是对“有”或“没有”的分析，比较表面化。此外，在调查项目中我们剔除了关于资产证券化一类的项目，因为这一类项目对大多数非成员国银行来说都是空白，但这因此有可能导致非成员国银行披露指数或披露比率比美英银行偏高。

第 4 章 中国商业银行的信息披露
——基于 2000 年年报

20 世纪 90 年代后期，我国商业银行的信息披露存在很多问题，如披露什么、对谁披露、什么时间披露、通过什么渠道披露等，都不是很清楚。监管机构连一套公开披露规范都没有，各家商业银行对于什么该披露，什么不该披露，似乎也没有什么把握。2000 年之后，中国人民银行提出要提高商业银行的透明度、规范信息披露，并陆续采取了一些措施。一些商业银行开始加大披露力度，如中国银行和中国建设银行。这表明这一问题在当时已受到重视，预示着商业银行信息披露的改革即将开始。

然而，尽管当时我国商业银行的披露情况不太好，但究竟不好到什么程度，与巴塞尔委员会的要求有多远，和国外银行之间的差距究竟有多大，特别是和亚太地区银行比较，人们都不甚清楚。为解决这一问题，了解我国商业银行信息披露状况、了解其他国家，特别是亚太国家和地区银行的信息披露情况，发现与巴塞尔委员会要求之间以及和其他国家银行之间的差距，我们在本章中针对 2000 年年报，对中国商业银行进行了信息披露比较分析。

4.1 披露状况分析及国际比较

我们当时调查的 18 家国内商业银行分别是：（1）四家国有独资商业银行：中国工商银行（简称“工商银行”）、中国农业银行（简称“农业银行”）、中国银行和中国建设银行（简称“建设银行”）[①]；（2）3 家在沪深两地上市的股份制商业银行：浦东发展银行、民生银行和深圳发展银行；（3）7 家当时尚未上市的股份制商业银行：交通银行、招商银行、中信实业、光大银

① 这四家银行在 2001 年还是国有独资银行，之后逐个上市。中国银行于 2006 年 7 月上市，之后是工商银行，于 2006 年 10 月上市，再之后是建设银行于 2007 年 9 月上市，最后是农业银行于 2010 年 7 月上市。

行、华夏银行、广东发展银行、福建兴业银行；（4）4家国内居前的城市商业银行：上海银行、北京城市商业银行、深圳城市商业银行和天津城市商业银行。

从国内商业银行业当时的构架来看，上述18家银行具有很强的代表性。以“四大”国有银行为例，按当时十年来的平均数计算，在吸收存款方面，“四大”银行占金融机构吸收存款总量的70%以上；在贷款方面，占金融机构放贷总量的75%以上。可见，“四大”银行在国内占有相当大的市场份额，是国内商业银行业的“龙头”。排列在“四大”银行之后的是10家股份制商业银行。我国自1987年开始发展股份制商业银行以来，到2000年的时候发展了10家①，其中包括3家上市银行。此后是城市商业银行。当时我国共有城市商业银行100多家，其中规模最大的是沪、京、津、鹏、羊五个城市的城市商业银行。

下面，首先对国内银行和国外银行的年报披露指数进行比较，再就各个具体调查项目作详细分析。

1. 国内商业银行与国外银行年报披露指数的比较

对于商业银行年报的披露水平，我们用披露指数和披露比率来衡量。表4－1给出的是我国商业银行2000年年报和美英、香港、新加坡、韩国等国家和地区银行的披露指数。我们将国内18家银行分为四类：上市银行、国有独资银行、非上市股份制商业银行和城市商业银行。

表4－1　　国内商业银行与国外银行年报披露指数的比较

国内与国外银行	银行家数	最大值	最小值	均值
中国商业银行：				
上市银行	3	0.3375	0.3125	0.3250
国有独资银行	4	0.2500	0.0750	0.1500
非上市股份制银行	7	0.1500	0.0500	0.0929
城市商业银行	4	0.0625	0.0125	0.0344

① 我国股份制商业银行原为12家，其中海南发展银行已关闭，中国投资银行已并入国家开发银行，2000年时只有10家。

首先，比较国内各类银行之间的差别。调查结果的“均值”显示，四类银行中披露最好的是上市银行，其次是国有独资银行，以后是非上市银行，城市商业银行最差。从最大值和最小值的差距可见，每一类银行当中，披露是参差不齐的。其中，国有独资银行间的差距最大，其最大值和最小值相差达0.1750。非上市银行间最大和最小值相差0.0625，城市商业银行相差0.0400，上市银行相差0.0250。可见，上市银行之间披露差距是各类中最小的。另外，从表4-1中还发现，非上市股份制银行中披露最好的超过国有独资中最差的，说明有的非上市股份制银行披露不一定比国有独资银行差。

其次，与国外银行相比（参见第3章表3-3）。我们发现，国内四类银行的披露比率除上市银行外，其他均很低。但上市银行的披露指标为0.3250，已接近香港和韩国，其披露指标分别是0.3666和0.3775。从最大值和最小值看，最大值与韩国银行最小值相等，为0.3375，最小值比香港银行的最小值大，两者分别是0.3125和0.2967。可见，上市银行的披露已基本达到巴塞尔非成员国银行中等水平。

但是，“四大”国有独资银行及其他两类银行与国外银行相比差距都较大。在2000年《银行家》杂志“世界前1 000名银行”排名中，“四大”银行和四家非上市股份制银行（交通银行、招商银行、光大银行和华夏银行）均“榜上有名”。但是，与同在榜上的其他国家和地区银行相比，我国商业银行的披露比率只有它们的1/2或1/3不到。可见，差距是巨大的。

2. 披露比率的国内与国际比较

对于具体披露项目上的差异，首先对国内银行本身加以比较，其次将国内银行和国外银行进行比较。

表4-2给出的是国内商业银行和国外银行的2000年年报的披露比率。从国内这一部分看，这一比率给出的结果与披露指数基本相同。我国四类银行的披露好坏依然是如下顺序：上市银行、国有独资银行、非上市股份制银行和城市商业银行。从披露比率看，四类银行之间的差距很大，从1.66%到34.38%不等。

我们注意到，在具体项目上，城市商业银行的空缺项目最多。在14个调查栏目中有10个空缺。其次是非上市银行，有8个空缺项目。而国有独资银行只有两个空缺项目。上市银行有4个空缺项目，但是由于其他项目比率较

表 4－2　　国内商业银行年报披露比率比较

调查项目	中国所有被调查银行	上市银行	国有独资银行	非上市股份制银行	城市商业银行
资本结构	13.90% *	19.40%	12.50%	14.30%	10.40%
资本充足率	6.70%	20.00%	5.00%	5.70%	0
适用于使用标准法银行的市场风险披露	0	0	0	0	0
市场风险内部模型法	0.70%	0	3.10%	0	0
银行账簿信用风险定性信息	34.40%	73.30%	45.00%	25.70%	10.00%
内部和外部信用评级	5.60%	8.30%	18.80%	0	0
信用风险模型法	0	0	0	0	0
信用风险备抵	18.70%	39.40%	18.20%	18.20%	4.50%
信用风险缓解技术（包括信用衍生产品和其他信用增强方式）	0.80%	0	3.60%	0	0
地理区域和业务种类划分	7.80%	40.00%	2.50%	1.40%	0
操作风险	22.20%	100.00%	25.00%	0	0
其他风险（包括流动性风险和法律风险等）	27.80%	91.70%	56.30%	0	0
衍生产品	6.70%	26.70%	10.00%	0	0
会计政策	25.40%	47.60%	21.40%	28.60%	7.10%
总比率	12.19% **	33.31%	15.81%	6.71%	2.29%

* “资本结构”共有12个调查项目，“资本结构”披露比率即为12项披露比率的平均数。

** 总比率则为各大类项目披露比率的平均数。

高，因此平均值并不低。空缺项目的分散和集中说明，在披露项目上，国有独资银行之间差距大。也就是说，这四家银行各行各的事，没有较为统一的披露格式。实际情况亦是如此。例如，中国银行在“五级”分类（包括各级不良贷款数量和比率）、风险管理方面就披露得多一些，而在会计政策等方面却很差，报表附注只有2项。而通常国际上银行年报的许多重要内容都是在报表附注中披露的，40项的报表附注是很常见的。建设银行与此不同，有关“五级”分类的情况不如中国银行披露得详细，但对不良贷款比率也作了揭示。最重要的是，建设银行的报表附注“尾巴”长了许多，也详细了许多。这是除上市银行外各家银行都没有的。与国有独资银行相反的是上市银行，它们的披露比率较高，但空缺项目反比较多。这说明，上市银行没有披露的那些项目比较集中，可能与没有这方面的规范要求有关。关于这一点，我们将在后面继续讨论。

在具体项目上，我们还发现，四类银行差别最大的地方是：资本充足率、银行账簿信用风险定性信息、信用风险备抵、地域和行业种类划分、操作风险及其他风险和会计政策方面。在上述几个方面，上市银行都领先于其他银行。国有独资银行领先的地方主要是内部和外部信用评级、市场风险内部模型法和信用风险缓解技术方面。在非上市银行中，除了会计政策、信用风险定性信息和资本结构几项外，其余都很薄弱。在上述几个方面，城市商业银行的披露更少。

第3章中表3－4是国外银行各项目披露比率的情况。其中，非成员国指的是巴塞尔委员会12个成员国以外的国家。在我们的调查中，主要包括新加坡、香港、韩国、马来西亚、泰国、印度、阿联酋、沙特阿拉伯、澳大利亚、南非和墨西哥等国家和地区。第3章中表3－4中“非成员国”一栏包括上述国家的37家银行。这37家银行有87%排在2000年“世界前1 000家银行”名单中。

美英10家银行，作为巴塞尔委员会成员国的代表，平均披露比率达到43.66%。37家非成员国银行的平均披露比率为33.78%，其中新加坡、香港和韩国的银行平均比率分别为45.74%、31.18%和31.89%。这些数据说明，我国银行与国外银行的差距是非常大的。新加坡银行已超过了美英银行的平均披露水平，香港银行还没有达到非成员国银行的平均水平。但是，我们也注意到，我国上市银行的平均披露比率是33.31%。这一数据已非常接近非成员国银行的平均披露比率33.78%。这说明当时我国上市银行的披露在非成员国中的确居中等。

从具体项目比较看到，我国银行稍好一点的地方是“银行账簿信用风险定性信息”、“内部和外部信用评级”、“信用风险备抵”、“地理区域和业务种类划分”、“操作风险”以及“其他风险”等方面，其他方面均非常落后。而这些稍好方面有几项主要来自上市银行的“贡献”。

3. 上市银行披露状况分析

上市银行披露情况已达到非成员国银行平均水平，这与它们在以下几个方面较为突出有关：

（1）银行账簿信用风险定性信息。这一栏目主要包括对信用风险管理部门组织结构、实际运作情况，对逾期资产的加以管理的定性信息，以及有关不良、逾期和减值贷款定义、违约定义、特殊和一般准备金定义。这其中有许多方面是在中国证监会的披露规则中明确要求的，因而上市银行上述项目上的阐述达到近80%。这一比率甚至高于美英银行，接近最好的新加坡银行。

（2）地理区域和业务种类划分。在这一项目中，除了按地域、业务种类划分外，还有按行业和交易对手的划分等，且这一划分不仅应用在贷款方面，还应用在不良资产方面。我国上市银行在这一项上的披露比率达到40%，与非成员国平均数几乎相等。其中在按地理和业务种类分布给出信用风险和逾期资产分布、按广义金融工具给出业务分布等方面较好，但在按交易对手给出分布、国家风险、按广义金融风险给出业务分布及交易收入信息等方面较差，基本均为零。

（3）操作风险。在这一项目上市银行的披露比率达到100%，比任何一家国外银行的都要高。这与中国证监会的规定是分不开的。按其规定，上市银行必须提交“内部控制说明书”，并由负责年度审计的会计师事务所对此出具评价报告。这样一来，关于操作风险管理体系的风险政策、组织结构、报告系统和程序文件，以及操作风险管理控制业绩作每年一次的回顾，这些要求都达到了。这也是该项目上市银行披露高的原因。

（4）其他风险。这一项目的主要内容是有关利率风险定性和定量信息、流动性风险定性及定量信息以及法律风险等。由于我国银行大多实行了资产负债管理，且中国证监会明确要求披露流动性信息、重大诉讼事项等，故这一项的披露较好。

上市银行比较落后的地方主要是：资本结构、资本充足率、标准法下的市场风险计算，以及市场风险内部模型法、信用风险模型法和信用风险缓解技术等。对于这些部分披露较差的原因，我们在后面将作更详细的分析。应当说，这些方面应是我国所有商业银行应该改进的地方，而不单单是上市银行。

但是，在分析上市银行的披露水平时，必须注意到以下三点：

（1）我们所调查的上市银行披露是来自它的整份年报。也就是说，当时上市银行有“两套”报表，我们的调查结果是建立在其两套报表的基础上。按中国证监会的规定，上市银行除了必须按国内披露规则进行披露外，还必须有国际会计师事务所按国际通行的披露准则编报的一套“补充财务报告”。如果剔除这一因素，按我国当时的披露规则，上市银行是达不到这个水平的。

（2）我国有些披露要求尚不规范。例如对于操作风险，尽管我们的调查显示上市银行达到100%，但这并不是完全按巴塞尔委员会的要求来做的。因为按当时规定，上市银行要就其内部控制状况进行说明，并由审计师提供评价。这对内部控制是很好的披露，但是与直接揭示操作风险还是有一定区别的。譬如按现在巴塞尔的定义，操作风险是指由于内部过程、人员或系统的不当或失误以及外部事件所导致的直接或间接损失，其中还包括法律风险。但是，在内部控制说明中，上述方面不一定都包括在其中。

（3）披露水平与实际运作水平有相当距离。也就是说，披露好的，不一定其技术水平就高，两者间不能划等号。以“其他风险”中的利率风险定量信息为例，国内上市银行都披露了资产和负债期限方面的数据。但是，许多国外银行在这一部分披露的是应用了久期（duration）、重新定价（repricing）、VAR、以及情景分析、敏感分析等方法之后的定量信息。从技术上讲，这之间的差距还是很大的。

现在将国内商业银行2000年年报披露状况简单归纳如下：总体上我国商业银行披露水平很低，远不及巴塞尔成员国、甚至一些非成员国银行的披露水平；但上市银行情况较好，已达到非成员国银行平均水平，接近香港和韩国。国内四类银行相比较，披露好坏依次是上市银行、国有独资银行、非上市股份制商业银行、城市商业银行。

4.2 信息披露规范

在前面的分析中我们看到，当时中国商业银行的信息披露水平离巴塞尔委员会的要求相去甚远，与新加坡、香港等非成员国银行相比亦存在较大差距。

为探寻上述情况的成因，我们分析了三个方面的情况：规范信息披露的法律法规、银行业务技术的发展状况以及银行当时的信息披露数据基础。

在这一节中，我们首先分析当时中国商业银行信息披露规范状况，并与巴塞尔委员会要求、其他国家和地区的披露规范相比较，看看相关法律法规中存在哪些不足。

1. 当时的规范要求

为了了解商业银行信息披露的规范要求，我们首先调取了 18 家银行 2000 年年报，并从中将其遵循的法律法规进行了统计，结果见表 4－3。

表 4－3　　商业银行信息披露所遵循的法律法规

法规	银行数	发布时间	适用范围	披露要求
会计法	4	1999. 10. 31	国家机关、社会团体、公司、企业、事业单位和其他组织	向不同的会计资料使用者提供的财务会计报告，其编制依据应当一致。
商业银行法	2	1995. 5. 10	商业银行	真实、全面反映业务活动和财务状况，及时向中国人民银行和财政部门报送会计报表。
企业财务通则*	6	1992. 11. 30	各类企业	企业应当定期向投资者、债权人、有关的政府部门以及其他报表使用者提供财务报告。
企业会计准则	17	1992. 11. 30	所有企业	及时报送。
企业会计制度	1	2000. 12. 29	暂在股份有限公司范围内执行，金融保险企业除外	企业对外提供的财务报告的内容、会计报表种类和格式、会计报表附注的主要内容等，由本制度规定；规定了对外报告的时间；附注有些有格式要求。

续表

法规	银行数	发布时间	适用范围	披露要求
金融企业会计制度	17	1993. 3. 17	商业银行、信用社、信托投资公司、租赁公司、财务公司、证券公司等	金融企业对外报送的会计报表的具体格式和编制说明，由本制度规定；及时上报。
金融保险企业财务制度	8	1993. 2. 1	银行、保险企业、其他各类非银行金融企业	定期向主管财政机关等政府部门以及其他与企业有关的报表使用者提供财务报告。财务报告包括财务报表和财务情况说明书。
股份有限公司会计制度有关会计问题补充规定	2	1999. 10. 26	股份有限公司	无。
城市合作银行会计制度	1	1997. 1. 2	城市合作银行	无。
城市商业银行财务管理实施管理办法	1	1998. 12. 15	城市商业银行	按月、季、年向主管国家税务机关及企业主要投资者等提供财务报告。
股份有限公司会计制度	2	1998. 1. 27	股份有限公司	公司对外提供的财务报告内容、会计报表种类和格式等，由本制度规定；公司的年度财务报告应当在召开股东大会年会的 20 日前置备于本公司，供股东查阅。
公开发行证券公司披露编报规则第 2 号	1		上市公司	**

续表

法规	银行数	发布时间	适用范围	披露要求
公开发行证券的商业银行有关业务会计处理补充规定	2		上市公司	除按《股份有限公司会计制度》、《金融企业会计制度》、本规定和相关具体准则的要求披露有关信息外，还应当在会计报表附注中披露有关内容。

* 《企业会计准则》近年来不断推出新准则。

** 公开发行证券公司披露编报规则第 2 号商业银行财务报表附注特别规定，对财务报表附注的披露内容及格式都作出了明确的规定。

从表 4 –3 可以看到，商业银行所遵循的披露规范很多，但一家银行和另一家同性质银行所述的遵循规范可能不同。从统计结果看，商业银行所遵循的规范最多的是“企业会计制度”和“金融企业会计制度”，其次是“金融保险企业财务制度”和“企业财务通则”。显然，对于“会计法”和“商业银行法”，尽管陈述少，但并不意味着这些银行不遵守。10 家股份制商业银行披露陈述《股份有限公司会计制度》的只有 2 家。3 家上市公司中陈述遵循中国证监会《公开发行证券公司披露编报规则第 2 号》的也只有 2 家。

统计结果给我们的突出印象是，对商业银行会计信息披露的规范似乎有很多，银行似乎不知道该如何就其所遵循的法律法规进行陈述。这一点与香港银行不同。香港银行在年报的“董事会报告”和“会计报表注释”部分中，通常就会将其银行所遵循的规范加以陈述，且只有两、三项，如《本地注册认可机构披露财务资料》和香港公认会计准则等。

对于上述法律法规，暂且不管商业银行的混乱陈述，我们发现，除了中国证监会编报规则第 2 号外，其他法律法规对商业银行信息披露的要求几乎都是原则性的，没有具体要求。对于披露问题，这些法规多在披露时间、报送对象、编制过程等方面有所要求。像《企业会计准则》和《金融企业会计制度》等，是作为一种会计标准，而不是披露标准。会计标准主要是对会计信息处理本身，即会计确认、计量和报告加以规范。尽管我们在新的《企业会计制度》中看到，在会计报表附注中关于应收账款、存货、投资和固定资产计价和折旧等方面有一些具体的披露格式要求，但是它仍不能取代披露标准。这是两个概念。因为披露标准除了会计信息外，还应包括其他许多信息，如对商业银行来说，还包括风险管理策略和技术等。在披露标准中，有些信息需要统一格式加以规范，有的则不必。一句话，我国商业银行信息披露是很不规范的。

2. 对上市商业银行信息披露的要求

在2000年，我国对商业银行信息披露进行规范的文件主要是：（1）中国证监会颁布的《公开发行证券公司披露编报规则第2号——商业银行财务报表附注特别规定》（简称“规则第2号”）和《公开发行证券公司信息披露编报规则第7号——商业银行年度报告内容与格式特别规定》（简称“规则第7号”）；（2）财政部颁布的《公开发行证券的商业银行有关业务会计处理补充规定》（简称“补充规定”）。它们适用于上市银行，不适用于其他商业银行。但是应该说，这是我国当时对商业银行年报信息披露最具体、也是最严格的一份规定。

针对银行经营活动特点，“规则第2号”作了一些特别规定。这些规定包括会计政策、报表注释、资产负债按币种列示、贷款分布以及资产流动性等几个方面。例如在会计政策中，就要求上市银行提供计提呆账准备金的范围和方法，对衍生金融工具交易要求说明所采用的计价方法等等。在注释项目中，要求上市银行披露应收利息及坏账准备、证券回售、逾期、呆滞和呆账、中长期贷款以及各类表外业务等方面的信息。对于贷款分布，则要求披露按行业和地区分类的贷款情况。此外，还要求按不同期限段披露资产的流动性等。

尽管在上市银行年报中没有提到“规则第7号”，但实际上都按其要求做了。“规则第7号”就商业银行年报内容与格式进行了特别规定。其特别之处主要在于：有关银行的财务数据比一般上市公司多了资本充足率、贷款质量比例、存贷款比例、短期资产流动性比例、拆借资金比例、中长期贷款比例、国际商业借款比例以及利息回收率等八项指标。同时，在董事会报告中还要求就以下13项进行披露，它们包括：分行基本情况、贷款“五级”分类及各级贷款呆账准备金计提比例、前十名客户贷款占贷款总额的比例、占贷款总额超过20%的贴息贷款金额情况、重组贷款及逾期金额、按类别的存款和贷款年均余额及年均利率、持有的政府债券、应收利息和其他应收款坏账提取情况、不良资产余额及处置、逾期未偿付债务、重大表外项目以及重大风险因素及对策等。

财政部的“补充规定”对披露的要求是，在会计报表附注中披露银行资产质量，不良资产的处置和承担方式，银行内部控制机制建立健全情况，与主要业务风险有关的指标及其变化情况，抵押资产和担保资产的公允价值以及承诺事项，存款和贷款明细情况，呆、坏账准备的计提方法、计提比例以及增减变化等明细情况等等。

从上述规则可以看到，证监会和财政部都对上市银行的信息披露有较高要求，使得上市银行披露水平整体上比其他商业银行好得多。但是，这一规则是不是达到了巴塞尔委员会的要求呢？与其他国家和地区的相比是严了、还是松了呢？为此，我们专门将中国证监会的有关规则与巴塞尔委员会的新资本协议要求以及新加坡、香港金融管理当局有关信息披露的规定进行了比较。

3. 与巴塞尔委员会要求的比较

与巴塞尔委员会新资本协议“第三支柱”相比，我们发现，中国证监会的要求还存在一定的距离，主要表现在：

（1）资本结构和资本充足率。这大概是中国证监会规则要求中最薄弱的部分。除了在董事会报告的“前三年财务数据”列报中有一个“资本充足率”指标外，其他地方如报表注释中就再没有关于资本结构和资本充足率方面的披露要求。而“第三支柱”则要求给出各级资本的计算列式和复杂资本工具的关键条款。我国商业银行没有复杂资本工具，但是就各级资本以及其扣减量的计算进行披露还是必要的。

（2）市场风险。中国证监会对这一部分几乎没有要求，无论是内部模型法还是标准法。当然，我国商业银行当时运用统计模型控制市场风险的很少。据调查，VAR 仅在一、二家银行试点，尚未得到普遍运用。因此，我国商业银行应按标准法计算市场风险及资本要求。而按巴塞尔委员会的要求，采用标准法也应当披露有关适用的投资组合、衡量工具以及按风险类别计算的资本要求等信息。但在中国证监会的规则中，还没有这方面的要求。

（3）利率风险。这是巴塞尔新资本协议特别强调的一部分。国际上对利率风险的管理采用的方法主要有期限法、缺口法、风险收益法（EaR）、统计模型、敏感分析、情景分析等，因此，到期日、期限、重新定价（repricing）、基点价值、利率冲击结果等均成为利率风险披露的对象。而中国证监会规则中仅要求披露到期日方面的信息，仅够巴塞尔要求的“底线”。

（4）信用风险。中国证监会规则在这一部分上的要求较高，特别是在信贷资产质量、信贷风险（包括信贷集中）和呆账准备金计提等方面。但是与巴塞尔要求相比，仍有一定差距。在新资本协议中，关于信用风险评级（特别是内部信用评级方面）、信用风险敞口计量、各种信用风险缓解技术（如抵押、担保、保险等）等方面，巴塞尔委员会均提出了较高的披露要求。但在上述几个方面，当时中国证监会的规定中没有这方面的要求。

（5）操作风险。这是国际银行业越来越重视的问题，在巴塞尔新协议中也有所体现。中国证监会在“规则第7号”中提出商业银行应对内部控制制度的完整性、合理性和有效性作出说明，且要求会计师事务所出具评价报告。但是就操作风险本身，中国证监会规则中并未有具体要求。

4. 与新加坡、香港金融管理当局披露规范的比较

新加坡金融管理局（以下简称MAS）和香港金融管理局（以下简称HKMA）对银行信息披露都有最低要求指引。现在，我们将新加坡金管局的指引MAS608与香港金管局2000年版的“本地注册认可机构披露财务资料”与中国证监会当时的有关披露规则加以比较，将其主要差别归纳如下：

（1）从披露规则和大的项目要求上看，中国证监会的要求最具体也最繁杂。MAS608的要求只有8个部分：资产负债表（及附注项）、损益表（及附注项）、现金流量表、表外项目、会计政策、分部报告、资本充足率和财务回顾。HKMA的要求也主要有8个部分：损益表（及附注）、资产负债表（及附注）、现金流量表、表外项目、与集团公司进行的交易、作为抵押品的资产、主要会计政策和补充财务资料等。但是，中国证监会的要求很特别，上市银行几乎同时遵循两套披露要求：其一是在适用于所有上市公司的“年度报告的内容与格式”基础上，根据“规则第2号”和“规则第7号”进行的调整，其二是按国际通行的会计和信息披露准则要求编制的补充财务报告。

（2）从规定的详略程度看，MAS的规定比较原则，HKMA相对比较具体，甚至对一些项目给出了具体格式要求。例如对衍生工具的披露，HKMA的要求是给出合约金额、信贷风险加权总额及重置成本，并给出了列示的格式。而中国证监会的要求应该说是最具体的，在会计报表附注中几乎是对会计报表各个项目都附有注释说明，特别是在格式上，要求甚严。我们注意到，在上市银行的年报中，按国内规则的报表附注说明项都远远超过按国际惯例编制报表给出

的附注说明项，如民生银行国内 45 项、国际 21 项，浦发银行国内 54 项、国际 36 项。单纯从数量上看，不比国外银行差。但是，在每一说明项或每张表格中所提供的信息量却很少，表格本身过于简单。

（3）从要求披露的项目看，国内上市银行有许多空白，如资本结构和资本充足率、风险披露项目等。对于资本结构和资本充足率，MAS 和 HKMA 都有基本相同的要求。它们都要求披露股本、储备金、少数股权以及一级、二级资本、资本充足率和风险权重资产数量等信息。HKMA 还要求银行在其“补充财务资料”中给出各项扣除额。而这一方面中国证监会规则表现出明显缺憾。

有关风险信息披露项目，MAS 的要求几乎只有一句话，只在“财务回顾”中要求披露银行的风险管理战略。在 MAS608 中，关于市场风险和信用风险的披露没有提出具体要求，这一点与 HKMA 不同。HKMA 在披露指引中将风险管理从内部模型到一般定性信息都作出了较为具体的规定。中国证监会对风险信息披露的要求也不够具体，只在董事会报告中要求披露对商业银行可能造成重大影响的风险因素和相应对策。我们认为，这应当是中国证监会在今后的规则中应当强调的地方。

其他差别较大的地方还有：表外项目、分布报告和关联交易等。这些差异有的是与所在国家或地区的特定情况相适应的，如 HKMA 要求披露在香港使用的贷款、贸易融资和在香港以外使用的贷款。HKMA 要求分布报告按某个国家或地区占有关披露项目 10% 或以上来确定哪些分行财务资料要披露，而 MAS 则要求提供按地理位置和行业划分的分部报告，如按地理位置的，则要求按“本国”、“其他东亚国家”、“其他亚洲国家”、“世界其他国家”的划分方式披露；对于行业的，MAS 则给出了具体的各行业名称。在中国证监会的规范中，带有特殊情况的披露要求主要是“五级”分类、同时提供按国际通行规则编制补充财务报告以及要求商业银行对内部控制制度加以说明等。

5. 对披露规则执行情况的调查

没有规矩不成方圆，有了规则不执行同样无意义。为此，我们对三家上市银行执行证监会有关规则的情况进行了调查。调查结果表明，从“浦发”、“深发”和“民生”2000 年年报内容和格式看，除个别项目外，基本上都符合证监会信息披露方面的要求。我们将差异项目列于表 4－4 中。“0”表示上市银行披露没有这一项业务，“1”表示有，“×”表示未披露。

表4－4中所列项目在总的披露项目中的比重不到5%，由此可以断定，上市银行对所要求项目的披露达到95%以上。未加以披露的主要是“风险因素定量说明”、“衍生金融工具计价基础”以及“短期债券的发行情况”。若具体分析的话，我们认为，大多是银行没有这方面事项，如债券发行。对风险因素定量说明以及衍生工具计价，在我国当时的商业银行中是比较前沿的课题。

表4－4　　　　上市银行未披露的项目

项目	深发	浦发	民生
年报内容和格式			
年末占贷款总额比例超过20%的贴息贷款金额及其重要构成	0	0	×
年末存在逾期未偿付债务	1	0	×
重大表外项目年末金额及重要情况	1	1	×
风险因素定量说明	×	×	×
报表附注			
会计政策：			
衍生金融工具计价基础	×	1	×
区分交易和套期目的的衍生金融工具损益确认方法及套期标准	×	×	×
注释项目：			
按性质列出呆账贷款	1	1	×
披露短期保证金期初期末数（如承兑汇票保证金、信用证开证保证金等）	1	×	1
披露短期债券的发行情况	×	×	×
其他：			
按期限长短分类列示的资产和负债及表外流动性情况	1	×	1

上述调查结果说明，我国上市银行对证监会规则的符合情况是很好的。也就是说，披露规范是有效力的。我国商业银行当时披露水平低，与管理当局缺

乏适当的规范有很大关系。如果有所规范，相信我国商业银行在技术面允许的情况下都会尽可能符合规范要求。因此在那个时候，给出适当的规范是管理当局首先要抓的一件事。

综合上述分析我们认为，总体上，我国当时缺少对商业银行信息披露进行规范的法律法规，这是导致商业银行信息披露水平低下的主要原因。在当时的规定中，中国证监会对上市银行的披露规范抓得较好，有十分具体的披露指南。但与巴塞尔委员会要求相比，还有很大差距，特别是在资本结构和资本充足率、市场风险、利率风险、信用风险和操作风险的管理方面。与新加坡、香港等国相比，我国的披露规范除了在项目上存在空白外，还存在项目多但信息量少等问题。从对中国证监会披露规范的遵循情况看，当时几家上市银行都做得较好。也就是说，强制披露在国内是有效的。

4.3　业务技术发展与信息披露

无论年报调查结果还是披露规范分析都表明，中国商业银行的信息披露无论与巴塞尔委员会的要求，还是与新加坡、香港等非成员国银行的披露水平都有较大差距。我们认为，这与中国商业银行当时的业务技术水平有很大关系。有些业务尚未开展，有些管理方法和技术尚未采用，如资产证券化业务、VAR风险管理技术等。因此，需要先了解中国商业银行当时的业务技术发展状况。

1. 当时商业银行的业务与披露水平

首先，我们对商业银行法定业务范围进行考察。根据《商业银行法》，我国商业银行的业务经营范围主要限于存贷、结算、贴现、发行金融债券、代理发行兑付、同业拆借、提供担保等方面。此外，《商业银行法》第43条还规定，商业银行在中国境内不得从事信托投资和股票业务，不得投资于非自用不动产。20世纪90年代后期，随着国内金融市场的发展，各类收费业务、表外业务大量出现。为规范这类业务活动，2001年6月21日中国人民银行颁布了《商业银行中间业务暂行规定》（下称“中间业务暂行规定”）。该规定将中间业务的审批分为两大类，一类是形成或有资产、或有负债的，适用审批制；另一类是不形成或有资产和或有负债的，适用备案制。有关具体业务参见表4－5。

表 4－5　　商业银行规定的业务范围

《商业银行法》	《商业银行中间业务暂行规定》	
	审批制	备案制
吸收公众存款	票据承兑	各类汇兑业务
发放短期、中期和长期贷款	开出信用证	出口托收及进口代收
办理国内外结算	担保类业务，包括备用信用证业务	代理发行、承销、兑付政府债券
办理票据贴现	贷款承诺	代收代付业务
发行金融债券	金融衍生业务	委托贷款业务
代理发行、代理兑付、承销政府债券	各类投资基金托管	代理政策性银行、外国政府和国际金融机构贷款业务
买卖政府债券	各类基金的注册登记、认购、申购和赎回业务	代理资金清算
从事同业拆借	代理证券业务	代理其他银行银行卡的收单业务，包括代理外卡业务
买卖、代理买卖外汇	代理保险业务	各类代理销售业务，包括代售旅行支票业务
提供信用证服务及担保		各类见证业务，包括存款证明业务
代理收付款项及代理保险业务		信息咨询业务
提供保管箱服务		企业、个人财务顾问业务
		企业投融资顾问业务
		保管箱业务

上述业务经营范围给出了当时我国商业银行业务范围的总的框架。实际运作中，有些商业银行上述业务都已开展，有的则尚在发展当中。例如，中国工商银行，其业务领域已扩大到银行业务的各个方面，基本上可分为三大部分：表内负债业务、表内资产业务和表外业务。其表内负债业务主要包括：存款业务、境外外汇借款业务、同业拆入、发行金融债券等。其表内资产业务主要包括：各类贷款、债券买卖及投资业务、同业拆出业务等。表外业务则主要是：人民币结算业务、代理业务、银行卡业务、信息咨询业务、外汇中间业务、自

营外汇买卖业务、担保业务、商人银行业务和投资基金托管业务。详细情况参见表4-6。在国内商业银行中，中国工商银行的业务品种是最多、最全的。

在本章第1小节，我们按巴塞尔委员会的要求调查了我国商业银行年报披露情况。从披露指数和披露比率看，我国商业银行的披露都不太理想。由于披露指数和披露比率在设计时并不能剔除各国银行没有开展的业务或占比重很小的业务，因此就有可能造成这类银行披露指数偏低，使得单从披露指数和披露比率大小无法判断披露的真实水平。

表4-6　　　　中国工商银行表外业务品种一览表

业务名称	具体品种
1. 人民币结算业务	现金结算和转账结算（包括托收承付、托收无承付、委托收付款、汇兑、国内信用证、支票等）
2. 代理业务	代收代付业务、代理有价证券业务、代理保险业务、代理保管、代理政策性金融业务
3. 银行卡业务	牡丹信用卡、专用设备卡、牡丹国际卡等
4. 信息咨询业务	资信调查和开立人民币存款证明
5. 外汇中间业务	进出口信用证、汇出汇入汇款、议付、旅行支票、跟单托收等
6. 自营外汇买卖业务	即期、远期、互换、期权
7. 担保业务	融资类担保（如借款保函等）、履约类担保（如投标保函）
8. 商人银行业务	融资顾问、银团贷款安排、企业财务顾问和承办企业海外上市
9. 投资基金托管业务	保管基金资产、负责清算与交割等

从上面给出的我国商业银行的业务范围看，当时的确有许多业务还未开展，许多在国外已相当成熟的业务在国内才刚刚开始。最典型的有：资产证券化业务、金融衍生产品业务、对各种证券的投资组合、保险业务、证券承销等投资银行业务以及发行各种复杂资本工具等。上述业务在国外银行的年报中常常成为披露的重点。例如证券投资，国外银行不仅要披露各种组合头寸的名义金额、公允价值、期限，还要披露信用风险敞口或风险加权金额等。此外，还要区分用于赚取差价或投机的所谓“交易性”投资和为了长期持有或套期保值的所谓“非交易”性投资。对于有信托和保险业务的金融集团，通常要求其给出“分部”报告。甚至就信托和保险等业务，要求单独编制一整套会计

报表，以准确反映各部分业务的财务信息。对于发行了复杂资本工具的银行，还要求就资本工具的关键条款（如期权“触发”条款）、对资本结构以及资本充足率的影响等情况加以披露。随着国际上资产证券化业务的普及，许多国家的银行都开展了这项业务，因而巴塞尔委员会2001年的新资本协议中，还就资产证券化作为一个相对独立的部分单独提出要求。而上述几种业务在我国当时几乎都没有，或即使有也不多。显然，这是造成我国商业银行披露指数或披露比率不高的一个原因。

2. 中国证监会披露规范与上市银行业务发展间的适应性

从前面的分析可以看到，没有披露，与没有相关业务有关；有业务，没有披露，与缺乏政策规范有关。而中国上市银行有业务，有规范，也有披露，那么其业务和披露之间的适合性如何呢？换句话说，中国证监会对上市银行的披露规范是否适合其当时业务的发展状况呢？

首先，从商业银行当时业务看，我们认为，中国证监会的披露规范与当时业务发展基本上是相适的，但在以下几个方面表现滞后：

（1）关于贷款业务。中国证监会当时对贷款方面的披露要求主要集中在“五级”分类、贷款呆账准备金、贷款客户集中度、“一逾两呆”的金额和期限、准备金计提与核销、中长期贷款性质和年限、贷款的行业和地区分布、应收利息与坏账准备等方面。但是没有要求提供关于逾期资产按资产种类、业务种类、地域等划分的信息，也没有关于抵押、担保所保护的贷款数量信息以及抵押资产、担保资产的公允价值[①]等。

（2）关于资本工具。上市银行融资手段有限，按当时规定，只能发行股票和债券，因而在披露规则中没有关于可转换债券、优先股、股票期权等一类复杂资本工具方面的披露要求。但是，2001年7月17日民生银行董事会已公告，准备就发行24亿、期限5年的可转换债券向有关方面提出申请。而中国证监会规则中对此既没有原则性规范，也没有具体要求。

（3）关于“交易”和“非交易”业务。所谓“交易”业务就是以赚取买卖价差为目的的经营业务，其他如套期保值则属于“非交易”业务。当时我

① 财政部《公开发行证券的商业银行有关业务会计处理补充规定》（财会「2000」20号）中，对抵押资产和担保资产公允价值要求在报表附注中披露。

国商业银行尚无此类按目的划分。在当时上市银行年报中，“交易”性业务主要指短期证券投资。一般来说，自营外汇买卖也应包括在内。按国际通行规则，对此类业务，年报中应给予详细披露，如披露用于交易目的而持有的证券的种类、价值甚至期限等，同时在营业收入构成中披露“交易盈利”数据。尽管这一部分占总业务比重不大，但从年报使用者了解银行风险角度看，我们认为应当披露。

（4）关于银行卡和代理一类的表外业务。按中国人民银行《商业银行中间业务暂行规定》的定义，这类业务属于不形成商业银行或有资产和或有负债的中间业务。按国际通行规则，此类业务可以在损益表中反映，在报表附注中也可对“非利息收入”、“手续费和佣金收入”等科目按业务种类细分，或者，在“管理层讨论与分析”或“财务回顾”中披露。但在我国上市银行，只有在损益表中有少量披露，而且还是没有按业务种类细分的数据。由于这一类业务在银行业务中的份量越来越重，而且因无序竞争，许多银行在这类业务上是亏损的，因此强调在年报中反映这类信息有助于人们对银行真实财务状况的了解。

（5）关于承兑汇票、保函、贷款承诺、开出信用证、融资担保等一类的会形成或有负债的中间业务。一般来说，这一类中间业务有很大风险，因此披露合同金额、信用风险敞口等常常很有用。例如融资担保，国外银行在年报中常按其业务性质给出期限、上年和本年年末余额等。中国证监会“规则第2号”的要求仅仅是披露“年末余额及其他具体情况”。可见，中国证监会在这方面的规定比较含糊。

（6）关于衍生产品。从我国商业银行当时的业务来看，已有相当数量的衍生产品交易。从远期、期货、期权到互换，有代客叙做的，也有用于套期保值和交易目的的。从3家已上市银行的年报看，3家银行都就衍生金融工具都进行了披露。有的给出了按工具类别的年末余额，有的则给出了名义金额和公允价值的年初数和年末数。但是，这种披露还是很不够的。对于衍生工具，国外银行披露较多的是按工具类别和风险类别的“重置价格”、或“正负总市值”、或“未实现总损益”等。但证监会规则中没有类似的对衍生产品的披露要求。

其次，从商业银行业务未来发展看。随着WTO加入后国内国际银行业竞争的加剧，可以预见，各种中间业务将会得到很大发展，金融创新工具的出现将使银行业务和保险、证券业务之间的界限越来越模糊，银行在证券上的投资所受的限制会越来越小，在资本工具的运用上也将会越来越灵活。这样，规则就有很多需要进一步改进和完善的地方。

3. 风险管理技术与披露水平

巴塞尔委员会新资本协议中强调的风险主要有市场风险、信用风险、利率风险和操作风险（包括法律风险）。一些披露指数或披露比例较高的银行，往往有较为成熟的风险管理技术。但是，年报调查结果显示，中国商业银行披露情况不理想，这是否与其当时的风险管理水平不相称呢？我们从三个方面对此进行了考察：年报调查结果、抽样调查结果和个别银行调查结果。

（1）年报调查结果。前面年报统计结果显示，在被调查的18家国内商业银行中，关于市场风险，使用或正在开发内部模型的只有建行1家，但使用衍生工具防范市场风险的有5家。在年报中披露了利率风险管理（包括定性和定量信息）的有7家，披露了流动性风险管理信息的有7家，披露了操作风险管理定性信息的有5家。显然，从这一结果看，国内商业银行在市场风险内部模型法运用上特别薄弱。

关于市场风险内部模型方法，根据建行的披露，对利率风险采用的是“动态模型分析模型”，并进行“压力测试”，即按到期日分别测算利率敏感度参数，模型利率异动对资产负债价值和净收益变动的影响。建行还依据模型结果调整其资产负债结构。对汇率风险则采用了PSS、FSS和VAR等多种计量分析工具。

对于信用风险，披露采用了内部或外部信用评级的有5家，但没有一家银行采用了信用风险模型。对于贷款地理区域分布的披露主要是3家上市银行，建设银行和兴业银行也披露了少量信息。对信用风险备抵方面的情况，3家上市银行、中国银行、建设银行、交通银行和中信实业的披露情况较好。但是在信用风险缓解技术方面，除中行1家披露了有关抵押管理总体策略外，其他银行均未披露。对于信用风险管理基础的披露，如组织结构、管理战略、不良资产及准备金的定义等方面，3家上市银行、工商银行、中国银行、交通银行和中信实业的披露较好。

这一结果说明，年报中关于信用风险相关信息的披露是很不充分的。

（2）抽样调查结果。我们对18家银行中的11家银行进行了抽样调查，由这些银行计财、审计、或资产负债管理等部门的人员填写调查问卷。一家银行一份问卷。表4－7和表4－8即为此次抽样调查的汇总结果。

关于信用风险管理，我们重点调查了信用评级和管理技术两个方面。表4－7给出的是11家银行信用评级管理情况。表4－7结果反映，11家银行基本上建立了客户信用评级或评分系统。当然，我们也注意到，在关于客户信用评级的调整中，有5家银行反映不定期调整，5家表示每年调整一次。从跟踪客户信用状况来看，一年一次的调整并不多，监控效果可能不理想。此外，从外部评级机构评级结果的运用来看，外国权威机构的评级占多数。对各行客户评价指标的调查显示，各行运用最多的指标是财务状况、信用历史、当前债务清偿能力、市场占有率、创新产品开发能力、所处行业竞争情况，其次是未来投资效益、人员素质、借款人规模、组织结构和借款人主要客户情况等。

表4－7　　信用评级管理调查

信用评级管理	是	否	不详
建立了客户评级系统	10	0	1
对于客户评级是否采用了信用打分	11	0	0
若采用了信用打分，调整情况是：			
不定期	5	0	6
月	0	0	11
季	0	0	11
年	6	0	5
是否采用了外部评级机构的评级结果	9	1	1
外部评级机构是：			
国内权威	4	0	7
国外权威	6	0	5
非权威			
如采用了外部评级，是否与内部评级系统建立了联系	3	0	8
被调查银行家数	11		

表4－8是对11家银行信用风险缓解技术和信用风险内部模型运用情况的调查。从表中可见，11家银行大多数都采用了抵押、质押、保证等担保方式，

其中还有5家银行运用了信用保险方式。同时，在对抵押物和担保人的管理上，有6家银行反映建立了抵押物价值“实时监控”，有9家对担保者建立了持续信用质量监督。但是，只有1家反映正在开发信用风险计量统计模型。

从上述两项调查可见，总体上，我国商业银行在信用风险管理方面采取了许多措施，并不像它们在年报调查中看到的那么糟糕。也就是说，我国商业银行在信用风险管理方面的实际情况要好于在年报中披露的情况。

表4－8　对信用风险缓解技术和模型运用情况的调查

信用风险缓解技术与模型运用调查	是	否	不详
所采用的信用风险缓解技术有（被调查银行共11家）：			
抵押	11	0	0
质押	11	0	0
保证	10	0	1
约定	2	0	9
信用保险	5	0	6
其他	6	0	5
对抵押物和担保人的管理：			
对抵押物价值建立了实时监控	6	1	4
对担保者建立了持续信用质量监督	9	0	2
建立了信用风险缓解技术管理的总体战略和程序	5	0	6
开发了信用风险计量模型	1	5	5
被调查银行家数	11		

对市场风险管理我们也进行了同样的调查，结果不太理想。其中，VAR、在险收益（EaR）、和每日损益天数分布一类的方法，只有1—2家银行反映已采用；对于风险标准计量法、止损点一类的权限法、缺口分析法和敏感分析法，只有2—4家银行反映采用了。对于市场风险管理，用得最多的方法是衍生工具套期保值。运用回顾测试和压力测试的为零。将这一结果与年报结果比较可知，两项调查的结论基本相同。也就是说，当时我国商业银行市场风险管理技术的确比较落后。

对于操作风险的调查结果是：有11家银行已建立了内部控制制度、内部审计制度，有8家利用了外部审计、明确了风险管理职责，有5家建立了风险报告系统，有4家反映编制了风险控制文档、对风险管理系统进行了至少每年一次的检查。上述调查项目大多是巴塞尔委员会在新资本协议对操作风险要求进行“核心”披露的内容。由此可见，在操作风险方面，我国商业银行实际情况亦好于当时年报反映。

（3）对个别银行的调查。我们对两家国有独资商业银行进行了走访调查，调查了银行的信贷业务规范及实际操作。其中一家银行为规范其信贷业务，历时4年，编制完成了《信贷业务手册》。该信贷手册不仅对各类信贷产品及操作流程作了非常详细的规定，还就信贷流程的各主要操作环节作了详尽的说明。以客户评价为例，该手册阐述了客户评价报告内容、需要收集的资料（包括财务的、非财务的）、如何收集、以及信用等级认定、授信量分析等各方面内容，对实务工作具有直接指导作用。对于信贷资产，该行制度还规定，不仅要有首次检查，每季还要有至少一次的实地检查。对于有些客户，是每月检查一次。在一些特殊情况下，还可进行重点检查。每次检查都要形成记录并保存下来。上述情况与我们收到的该行的问卷调查结论基本上是一致的。

对另一家银行的调查发现，该行有着较为详细的内部控制制度。从组织结构、计划财务、资金营运、存款业务和贷款业务、会计结算、中间业务，到电子化系统和内部控制制度本身的监督等，都由内部控制制度进行了详细的规定。特别是职责明确，从部门责任分离、岗位责任分离，到人事管理（包括调配任用、考核机制）和领导职权控制都作了较为明确的规定。从上述制度至少可以看出，该行对操作风险的管理，远不像其年报中披露的那么苍白。

通过上述三个方面的分析，我们不难看出，当时我国商业银行在风险管理技术方面的信息披露没有反映出它们的实际水平，真实情况要好于披露的情况。

综合本节的分析，在年报调查中，我国商业银行披露指数和披露比例较低，除了前面所说的规范方面的原因外，一些业务在当时我国银行没有开展，是造成上述现象的一个原因。从上市银行来看，当时的披露规范基本适合商业银行业务发展情况，但也有滞后的地方。从风险管理技术层面看，总体上披露的情况不如实际运作好，特别是信用风险管理和操作风险管理方面。

4.4 数据基础调查与分析

在本章第2、3小节中我们分析了政策规范和业务技术方面的情况，混乱的规范和实际业务技术水平与披露的脱节，是造成我国商业银行信息披露水平低下的主要原因。这里，我们还将分析另一个因素，即巴塞尔委员会要求披露的那些数据（即定量信息）是否可得。如果有业务、有技术，但数据不可得，没有数据基础，要在规定的时间内达到巴塞尔的要求也是勉为其难的。为此，我们在2001年仍对11家商业银行进行了数据基础调查。此外，还对金融监管部门要求上报的一些监管报告中的数据进行了分析，以分析某些数据是否可得。

1. 数据基础问卷调查结果及分析

数据基础问卷调查中，我们着重考察了巴塞尔委员会2001年新资本协议“第三支柱”中的披露要求，并根据其所列表格，设计了调查项目。这些项目主要包括几个方面：资本结构与资本充足率、信用风险及其管理、市场风险与操作风险。从巴塞尔成员国银行来看，当时在这些方面也有许多没有做到。该项调查比前面年报调查项目要求还要高一些。因此，从这一调查结果可以看到当时我国商业银行在披露方面的潜力如何。

（1）资本结构与资本充足率。我们通过调查主要想了解两点，一是各商业银行能否获得一级、二级资本数量、各级资本扣除量和少数股权方面的数据。从调查结果看，除少数股权外，其他几项回答“是”的银行较多；二是表内、表外信用风险资本要求、市场风险资本要求以及操作风险资本要求等数据。从反馈情况看，除个别行能得到表内和表外信用风险资本要求数据外，其他数据都不可得。

（2）信用风险及其管理。我们将调查结果汇总在表4－9中。根据巴塞尔委员会的要求，银行不仅要披露按地域、行业、交易对手等分布的贷款信用风险敞口数量或比率，还要求对不良资产、非衍生工具表外业务以及证券投资组合等也作上述披露。表4－9的数据表明，对于贷款、不良资产、表外业务以及投资证券，按地理区域和行业分布的数据比较容易获得，约有80%以上的银行反映数据可得（但证券投资除外）。但按交易对手、到期日等披露，反映要稍差一点，说数据可得的银行仅占近五成。另外，采用信用风险缓解技术，特别是抵押和保证前后信用风险敞口的变动数量，只有近一半的银行反映数据可得。对于近两年坏账回收率，有近7成的银行反映数据可得。

表4－9 信用风险及其管理数据可获得性调查（11家中可获得数据的银行家数）

调查项目	贷款	当前和前期的不良资产	承诺、承兑汇票、信用证等表外金融合约	证券投资
按地理区域分布的敞口数量或比率	8	10	8	4
按行业分布的敞口数量或比率	8	9	6	4
按交易对手分布的敞口数量或比率	5	5	5	6
按到期日分布的敞口数量或比率	6	—	7	3
采用信用风险缓解技术（如抵押、保证等）前后的数量	5	—	6	2
最近两年坏账回收比率	—	7	—	—

在“第三支柱”中，巴塞尔委员会还要求披露信用风险损失准备及冲销、不同信用级别和风险级别下的违约率、信用风险敞口等数据。关于损失准备及冲销的数据可得性调查结果汇总在表4－10中，不同信用级别和风险级别下的违约率及敞口数据可得性调查结果则汇总在表4－11中。从表4－10中被调查的11家银行情况来看，有一半以上的银行反映没有按行业或交易对手分类。有四成左右的银行可以获得按行业分类的数据，二至三成获得按交易对手分类的数据。在所调查的银行中，区分了特殊准备金和一般准备金并可获得该项数据的有四成。

表4－10 信贷损失准备及冲销数据可获得性调查（11家中可获得数据的银行家数）

调查项目	信贷损失最近两年的数据	信贷损失准备金冲销最近两年的数据
未分类	6	7
按行业部门分类	4	5
按交易对手分类	2	4
区分特殊准备金和一般准备金	5	—

表4－11的结果显示，可以获得不同信级上“估计”违约率数据的有近一半的银行，但“实际”违约率数据却低于这一水平。尽管几乎所有银行都能获得如“五级”分类下各类资产的数量，但要对不同信级的客户或贷款像穆迪和标准普尔那样统计出各信级下的实际违约率，当时大概有一定困难，但并不是不可以。因为这里的问题出在“五级”分类本身，一旦违约，就已从正常资产划到不良类了。而且，违约的定义可能也是仁者见仁，智者见智，无法统一。此外，对于不同风险级别下信用敞口数据以及抵押担保前后的敞口变化数据，能提供的银行也寥寥无几。

表4－11　不同信级和风险级下有关数据可得性的调查

调查项目	反映“可获得”的银行家数
使用内部评级后，对于如正常资产和不良资产等，能否获得以下数据：	
各个不同信级上的“估计”的违约率	5
各个不同信级上的“实际”的违约率	3
各个不同信级上的加权平均期限	4
采用信用风险缓解技术（如抵押、担保）前后的违约率和加权平均期限	2
各信级违约方面的统计分布数据，如平均违约额、标准差等	2
对每一个风险级（根据风险大小划分）下能否提供：	
净信用敞口数量	4
抵押前后的信用敞口数量	3
保证前后的信用敞口数量	3
其他信用风险缓解技术运用前后的信用敞口数量	1

（3）市场风险与操作风险。关于市场风险，巴塞尔的要求是，要提供与利率风险、外汇风险、股票风险、期权头寸、商品风险等风险头寸相应的资本要求数量。这一数量不一定就要用内部模型，可以使用标准法计量。但是，从回答结果看，几乎所有银行都回答“否”或“不详”。关于这项数据能否获得，我们在后面还将讨论。另外，只有一家银行就采用了VAR方法提供的数据作了部分“是”的回答。

对于操作风险，巴塞尔的要求是除了定性信息外，还要能够提供按业务类别划分的风险敞口数量以及每年的实际操作风险损失数量。从调查结果看，也只有2—3家银行对后一个问题回答了可以。

上述调查结果的结论是，要达到巴塞尔委员会在新协议中提出的披露要求在当时是不可能的，且短期内仍有一定困难。当然，在不同领域情况也会有所不同，如在资本结构和资本充足率、信用风险及管理（特别是各类分布）、操作风险中每年实际损失数量会好一些。应当强调的是，上述调查项目有许多是当时巴塞尔成员国银行也没有做的。且比起上面的年报调查来，要求要高许多。考虑到我国当时商业银行对巴塞尔要求的了解还普遍不够，有些可能连名词和定义都没有完全搞清楚，上述调查结论是否可靠，还必须通过其他方式来检验。为此，我们通过商业银行上报给监管部门的监管报告数据来作进一步的分析论证。

2. 从中国人民银行监管报告分析商业银行数据可得性

监管当局①要求银行提交的各类监管报表及报告中有许多是公开披露中所没有的，这些数据更全面，也更敏感。为了从另一个角度了解我国商业银行的数据可得性，我们进行了两项比较。

首先，将某地区中国人民银行对于其辖区内股份制商业银行非现场监管报告与上市银行年报加以比较。通过比较发现，监管报告中有而年报中没有的项目主要包括：（1）区分本币、外币各项数据，如存款准备金、流动资产与负债、中长期贷款、一年期以上存款、长期性资产、拆入资金净额，还有一逾两呆本期、年初金额等；（2）一些基本财务数据，如自有外汇资金（包括外汇负债加外汇担保）、境外资金运用比例、备付金比例、中长期贷款比例（逾期一年以上的贷款额）；（3）一些具体业务数据，如信用证开证额、信用证银行垫款额、代客外汇买卖（包括即期、远期、调期、其他和个人外汇买卖）、自营外汇买卖等。

其次，将中国人民银行对国有独资商业银行的监管框架所需基本信息与"四大"国有独资银行的年报进行比较。该监管框架所需信息主要有6个方面：流动性、资产质量、安全性、盈利性和资本充足性、管理及内部控制。通

① 中国商业银行的监管机构当时为中国人民银行，之后为中国银行业监督管理委员会（简称：中国银监会或银监会），银监会成立于2003年4月25日。

过比较发现，(1) 监管框架中的“资产质量”和“资本充足性”两大类数据是年报中没有的。在2000年年报中，中行和建行在资产质量方面的披露有所改进，如中行披露了贷款“五级”分类金额与比例，建行也披露了各类不良资产比例。但是，像“资本充足率”指标是年报中完全没有的。而在监管框架中，从核心资本、附属资本及其扣除项，到表内资产、表外资产和加权风险资产总额，都有详细的数据要求。(2) 监管框架在“流动性”、“安全性”和“盈利性”指标的计算中也用到了许多当时年报中没有的具体数据，如“盈利性”中的“利息回收率”指标，用到了“本期利息收入”、“本期表内应收利息新增额”、“本期表外应收利息新增额”等数据。

从上面的比较可见，监管报告中有许多年报中没有的内容。也就是说，银行能提供比它们在年报中提供的多得多的数据。

至于从监管报告中能否获得巴塞尔委员会要求披露的数据，我们的分析如下：

(1) 有些数据是“现成的”。在前面的问卷调查中我们发现，有些数据可获得性较差，如资本结构和资本充足率方面的数据。只有个别银行回答可获得一级和二级资本数量，对于各级资本的扣除数量，则回答为“不详”。实际上，从监管报告来看，不管是股份制银行还是国有独资商业银行，这一数据几乎都是明摆着的。另外，还有不良资产的分布。在国有独资商业银行监管框架中的“资产质量”一项中明确要求提供“不良贷款的地区分布”和“不良贷款的行业分布”。因此有些信息的披露，数据本身不是问题。管理当局应当考虑的是要不要披露、披露会有什么后果、什么时候披露等问题。

(2) 有些数据只要稍作“加工”就可获得。有两类数据可资为例。第一类数据是，巴塞尔新协议要求披露贷款、不良资产、承诺等非衍生工具表外合同、证券投资等项目中的按“地域”、“行业”、“交易对手”分类的敞口数量或比例。问卷调查的结果是，贷款、不良资产和非衍生工具表外合同按“地域”、“行业”分类的数据可得，但其他如按“交易对手”的数据就稍差一些。实际上，监管报告都要求填报“单一客户贷款比例”和“最大十家客户贷款比例”之类的数据。从统计上讲，能够形成这类数据，就必须能够将多笔贷款按“客户”进行归集。因此，形成按“交易对手”类别分类的相关数据应该不难。第二类数据是，巴塞尔要求的信贷损失及准备金冲销按行业和交易对手分类的数据。从前面的分析不难看到，按“交易对手”分类是可以做到的。另外，在监管框架的“资产质量”一项中明确要求给出“不良贷款的地区分布”和“不良贷款的行业分布”。这样，给出损失的行业和交易对手分类数据也是不难的。由此可见，从我国商业银行当时监管报告数据中，稍作处理就可以提供不少巴塞尔委员会新协议要求的定量信息。

（3）有些数据当时获得有难度。对中国人民银行银发［1997］549号文件给出的商业银行非现场监管指标及报告数据，以及前述国有独资商业银行监管框架所需信息加以分析后，我们发现，巴塞尔新协议要求的数据有些不能从其中直接“照搬”，也不是稍作加工就能获得的。这些数据需要商业银行从数据源上进行处理或深加工后才能获得。它们包括：

①表内、表外信用风险资本要求、市场风险资本要求、操作风险资本要求、以及按业务类别分配的经济资本数量；

②贷款、承诺等非衍生工具表外合约以及证券组合投资采用了信用风险缓解技术（如抵押、保证等）前后的信用风险敞口数量；

③内部信用评级基础上，对不同信级下的“估计”违约率和“实际”违约率、各不同信级的加权平均期限，采用信用风险缓解技术前后的上述数据，各信级违约方面的统计分布数据，如平均违约率和标准差等；

④按利率风险、外汇风险、股票风险、商品风险以及期权头寸等风险头寸相应的资本要求数量；

⑤按业务分类的操作风险敞口数量以及每年实际发生的操作风险损失数量等等。

综合本节的分析，结论是：我国当时的商业银行信息披露情况较差，与数据基础有一定关系。有些是因为银行有但未准许披露，有些则是因为要获得有一定困难。巴塞尔委员会新协议要求的那些数据，有些是“现成”的，即在我国商业银行向监管当局提交的监管报告中已经存在，有些则要经过一些加工才能获得。还有些数据则在近期内不可获得，它们在监管报告中也没有。对于这部分数据，应当引起我国监管当局和商业银行的重视，做好基础数据库的建设工作，及早填空补缺。

4.5 对策与建议[①]

要解决中国商业银行信息披露中存在的问题，首先应当明确要提高商业银行披露水平。因为提高披露水平、增强透明度是一种必然趋势，是当今国际金融领域的主导思想。建立了这一指导思想，至于如何披露、什么时候披露则是具体的战术问题。在这一小节，我们向当时的监管当局提议，应充分认识商业银行信息披露必要性，同时还给出了一些具体的披露策略方面的建议。

1. 要认识到商业银行信息披露的必要性

从比较各国的情况来看，我国商业银行信息披露水平还很低，很不规范。认识到这一问题的紧迫性和重要性，并确立一个基本的战略方针，是解决商业银行信息披露的首要问题。

根据巴塞尔委员会2001年1月颁布的新巴塞尔协议征求意见稿，要求到2005年，各国银行都应达到其提出的披露水平[②]。在该份新协议中，委员会还将信息披露水平和资本要求挂上钩。委员会强调，对于一些有条件的银行，将允许其使用“内部评级法”计算信用及操作风险的资本要求，并可适当降低其资本要求，以鼓励银行不断提高其自身的业务技术管理水平。而银行被允许使用“内部评级法”的前提之一，就是要能够提供良好的信息披露。也就是说，信息披露水平高，将可以降低银行的资本成本。这是提高透明度对银行的最直接好处。更为重要的是，从金融体系全局出发，提高透明度，是发挥市场约束作用，提高金融市场效率，保证金融体系稳定的重要前提。

从这些年巴塞尔委员会对银行信息披露要求的变化来看，新协议中反映了一种思路，即采用“核心”披露和“补充”披露相结合的办法，而不是“统一”披露，以解决大、小银行之间以及各国银行之间发展水平参差不齐的问题。但是，这并不意味着其要求的降低。相反，我们看到，新协议中出现了许多原先没有的要求。随着要求的提高，不同银行间的披露差距会越来越大。而

① 这一部分的对策建议主要是针对2001年前后的商业银行信息披露改革而提出的。2002年5月21日，中国人民银行颁布了《商业银行信息披露暂行办法》，试行4年之后，于2006年12月8日又颁布了《商业银行信息披露办法》，这可以说是当时国内第一个关于商业银行信息披露的正式法律文件。

② 2001年6月25日巴塞尔委员会发表声明，决定将新巴塞尔协议延迟至2005年开始执行，比原定计划推迟了1年。这是巴塞尔委员会根据2001年1月发布的征求意见反馈情况进行的调整。

另一方面，国外银行，特别是成员国银行在适应这些变化的过程中反应很快、步伐非常大。许多非成员国的披露情况也不差。这从我们本章第3节的分析中不难看到。这样就形成了一个“人人不甘落后”的局面。

国外一些学者的研究表明，在金融市场较为发达的国家，行业间的披露行为具有仿效性（Szewczyk，1992）。也就是说，一家银行披露了某些信息，另一家也会紧跟着披露该项信息。特别是对于一些“坏”消息，为了声明本银行与此无关，大家都会争相声明。这样，不披露的、或迟披露的银行就有可能被认为是问题银行，从而招致来自市场的报复。因此，披露是市场效率化的前提。市场通过信息披露，甄别好的银行和差的银行。通过资源的重新配置，对银行起到“优胜劣汰”的作用。这样，金融体系的风险能够得到及时释放，从而有效地保证了整个金融体系的安全和稳定。

当然，市场约束要起作用，还要经过中间许多环节的传递。这些环节包括公开披露信息的可靠性、金融市场的有效性、银行内部治理结构和激励机制、对股东或对存款人的保护机制等等。因为如果披露的信息不可靠，市场就不可能接受这些信息并加以运用，也就没有对这类信息的反应。但如果信息可靠，但市场是弱型市场，市场本身不成熟，对披露的信息就有可能出现滞后反应或过度反应。这些不正确的反应对市场约束机制将是一种破坏。如果前两者都做到了，但银行内部治理结构不善，没有适当的激励机制，市场压力不能准确传递到银行管理层，那么，市场约束机制也不能起作用。在市场压力中，最重要的两种力量是来自存款人和股东。存款人和股东对银行经营情况的关注，则是体现市场约束的重要环节。对经营不好的银行，存款人不放心将钱款存入，股东出于对自己投资的保护也会采取相应措施。因此，信息披露要有意义、市场约束要起作用，是存在许多前提条件的。

从我国当时情况看，市场约束要真正能起作用，似乎还有很长一段路要走。上面说的各个环节似乎在我国都存在一些问题。从银行内部治理结构、激励机制，到市场成熟程度；从国家对存款人的保护，到信息披露，几乎每一个环节都要下大力气去推进。因此，有人认为提高信息披露、增强透明度在我国当时没有必要，或毫无意义。然而这种看法是错误的。

对于我国银行来说，当时市场压力已经存在。随着我国WTO的加入，我国金融市场逐步开放，银行业的竞争越来越激烈。对市场的角逐成为银行竞争的焦点，而争取市场的第一步，就是要让市场了解你。银行将通过各种途径、各种媒介，包括运用现代网络技术，来向市场展示自己。我们这次对银行年报的调查，有80%的年报下载自各家银行。许多银行提供了完整年报，没有完整年报的，也大多在主页上挂上了自己的财务信息，这已成了一种趋势。另外，对我国银行而言，这一压力还可能来自国际资本市场。我国银行要在国际资本市场上筹资，就要求提供准确的财务信息，要求对银行的经营状况进行充分的披露。所有这些，都和资金成本挂在一起。表现好，成本低；表现差，成本就高。此外，我国股份制银行的上市，也接受到来自国内证券市场的巨大压力。至于存款人因为有保护而会减少他们对银行的关注，实际上也是很靠不住的。国内近几年发生的几次大的挤兑事件，都与存款人信心动摇有关，甚至有些挤兑事件起因仅仅是因为听信误传。至于银行内部治理结构、激励机制，我国银行也正在不断进行改革。由此可见，当时在我国提出加大信息披露力度、增强透明度，不是没有意义的。恰恰相反，它非常必要，非常紧迫。

但是，要求我国所有商业银行马上进行充分披露，也是不现实的。我们也应看到，信息披露也会带来一些负面作用。例如，在形势不太好的情况下，信息披露有时会加剧市场的动荡，令有问题的银行加速陷入困境。当然，在信息持续披露的情况下，银行的问题会被市场及早发现，从而起到防微杜渐的作用。而我国商业银行当时的披露不是这种情况，它是从没有到有的一种跳跃。因此，在信息披露推进过程中讲求策略，也是至关重要的一点。

2. 关于信息披露策略

国外银行在考虑披露策略时，常常要进行多方面的权衡。一方面要顾及市场投资者了解银行状况从而进行投资决策的需要，另一方面又要考虑竞争对手会有什么反应。有时考虑到可能承担的法律责任，管理层还倾向于将坏消息尽可能及时告诉市场，而好消息则选择一个合适的时候放出去。什么时候释放，通过什么渠道（如证券分析师、或新闻发布会、或简单的公告）、发布什么信息等等，都是管理层在选择披露策略时经过反复考虑的。也就是说，信息披露是有技巧、有窍门的。如何使得信息披露效果于己最为有利，乃是管理层考虑问题的出发点。这种最有利策略，也即所谓的最佳披露策略。

对于我国商业银行披露来说，当时首要任务是由管理当局拿出一套政策规定，商业银行的自愿披露是下一步的问题。对于我国管理当局来说，当时对商业银行披露提出要求，是从无到有。对于披露什么，什么时间披露，对谁披露等，都握有主动权。与国外银行考虑自主披露时的情况差不多。

我们认为，管理当局在制定有关披露策略时，在众多因素中应选择“市场反应如何”为考虑问题的出发点，特别是不利反应。譬如，国际评级机构可能降低我国银行的信用等级、国际资本市场融资成本会变高、在国际金融中心与国外银行并存情况下会影响到我国银行的声誉和形象、动摇存款人的信心等等。制定有关策略时，应尽可能降低市场的不良反应，防止披露后受市场冲击太大。在这一思想指导下，再来考虑披露时机、披露内容和披露面等一类的具体问题。

当然，我们还应当认识到，“市场反应”只是一种短期策略，而信息披露则是一项长期战略。制定有关政策规定时，不可以短代长。管理当局对此应有一个长期计划，以引导我国商业银行逐步提高其信息披露水平为目的。在前面的分析中我们看到，新加坡和香港金融管理当局关于银行信息披露都制定了一份明确的披露指引，作为最低披露要求。而我国当时还未有这方面的规定。因此我们在当时建议，管理当局应首先就商业银行信息披露制定一份指引，同时，结合“市场反应”策略，制定一个工作计划表，对我国商业银行什么时候、披露什么，给出一个时间进度表。这样，一方面可推进信息披露管理工作，另一方面也给了商业银行一个行动指南。

下面是当时提出的关于“市场反应”策略和披露指引的一些具体建议。

（1）披露时机。关于时机的选择，应当考虑三个因素：巴塞尔委员会的时间表、我国“入世”后开放金融市场的时间表以及当时的国内外政治经济形势。从当时来看，前两个时间表基本上是排定了，也就是说，之后3—5年，国内银行就要达到和国外银行一样的水平。当然，这并非做不到。从我国当时上市银行的情况看，披露水平已经达到非成员国平均水准了。因此，在管理当局的时间进度表上，许多工作都应要求在3—5年内完成。对于目前一些不太好的项目的披露，如资本充足率、资本结构、贷款质量和盈利能力等，我国已有银行开了头，如中国银行和建设银行在2000年年报中都披露了有关“五级”分类贷款质量方面的信息。从2001年世界经济形势看，在世界经济增长普遍不景气的情况下，中国的经济增长是令人鼓舞的。在这种形势下披露一点坏消息，市场冲击会减弱许多。如果国外一片形势大好，而唯独我们不行，可以想象，在这种形势下放出坏消息，可能凶多吉少。

（2）披露内容。对于我国商业银行来说，像资本充足率、资本结构、贷款质量、盈利能力和市场风险管理技术一类的信息在当时可能非常敏感，因为这些正是弱项。但是有些信息却不是这些。在前面的调查中我们发现，我国银行在有关信用风险管理、操作风险管理方面，实际做的已比披露的要好。因此，对一些不敏感信息特别是定性信息，可以马上要求银行提高披露水平。例如，对于信用风险管理，可以将有关信贷风险控制组织机构、审贷过程的实际运作、信用风险评级过程等信息披露出来。对于流动风险和利率风险，可以披露资产负债管理方法。尽管这些管理技术不是那么先进，但只要有效就行。披露水平不等于技术水平，这也是我们前面分析得出的结论。

（3）分步披露。所谓分步披露，就是考虑各银行间的差别，有些银行走在前面，有些走在后面。就我国当时各类商业银行情况来看，上市银行的披露最好，“四大”国有独资银行居其次，再次是非上市股份制银行，最后是城市商业银行。当然，有些非上市股份银行实际披露也不比“四大”银行差，特别是打算申请上市的银行，有的已开始按上市银行披露要求来要求自己。因此，管理当局在制定有关披露要求时，可视不同银行设立几个不同的档次，要求某类银行必须达到某一档次的披露水平。例如，可以把上市银行的要求定为一个档次，要求国有银行和其他股份制银行达到这一水平，但可以先不向社会公开，先由监管部门内部掌握。对于上市银行，还可以要求它们再上一个台阶。把一些垃圾信息去掉，往巴塞尔委员会要求方向再前进一点。

（4）披露途径与扩散面。说是公开披露，但亦有范围大小。一般来说，通过新闻媒介如报纸，其扩散面较大，可以说是真正意义上的“公开”披露。在网络时代，通过网上公布，也有这样的效果。但是，有的披露途径范围却很有限。如现在许多银行的年报，使用者主要是股东、监事会、银行内部各部门、央行监管部门、税务部门、审计师等。银行很少将自己的年报提供给债权人、一般储户、大学和科研机构、公共图书馆等。因此，其扩散面非常窄。这样的“公开”与其说有，不如说没有。管理当局在制定披露策略和规范时，应当考虑各类银行的披露途径，并就此提出基本要求。当然，对于一些中小银行或不好信息的披露，也可通过选择宽窄不同的披露渠道，控制市场反应。

（5）监管信息与公开信息。通常来说，监管当局可以要求银行提供比公开披露多得多且细得多的信息。我国监管部门的确如此，商业银行要向监管部门呈报许多数据，其中有些就是按国际通则银行都要披露但我国尚未公开的信息，如资本充足率、贷款质量、流动性等。实际上，在考虑“市场反应”披露策略时，我们就可以让监管部门承扮一个“中转站”的角色。即把那些将来要公开的信息，先报到监管部门。再由监管部门进行分析、统计，参照某一国际标准，如非成员国银行平均水平或美英银行平均水平，来判断哪些信息可以先放出去，哪些暂时还不行。无关紧要的可以先放出去，敏感的可以等到稍好一些或调整到位后再放出去。

（6）披露指引。首先，披露指引应当兼顾我国的长期战略目标和短期策略目标，因为指引的作用就是为银行未来指明方向。前面的分析也看到，即使是成员国银行，也不一定都能达到巴塞尔委员会的要求，但每家银行都清楚，这是未来的发展方向，现在就要努力去做。在指引中明确这一点是非常重要的。其次，指引应提倡“强制”披露和“自愿”披露相结合，即像新加坡金管局那样，给出最低信息框架，并鼓励在此基础上的自愿披露。如果我国管理当局考虑区分不同档次，则可采用类似巴塞尔委员会提出的“核心”披露和“补充”披露相结合的方式。再次，披露指引要从我国商业银行状况出发，既指出方向，又不至于要求过高，脱离实际；照顾到业务技术水平，又具有一定的超前性。例如对于市场风险内部模型法，指引不一定非要盯着 VAR，还有其他许多模型和方法都应考虑包容在内。最后，考虑到当时金融市场和金融业务与技术日新月异的变化，指引可以像香港金管局的最佳财务资料指引那样，一年微调一次，以不断适应新形势的发展。

第5章　巴塞尔成员国银行信息披露比较
——基于2012年年报

商业银行在年报中披露的信息涉及内容非常广泛，包括财务信息和非财务信息两大类。非财务信息中，包括经营范围、发展战略、风险管理、公司治理，甚至社会责任等。巴塞尔委员会信息披露要求主要针对的是商业银行的风险及其管理。为此，我们在本章首先简单介绍商业银行的相关风险，再对不同银行按巴塞尔委员会的披露要求进行横向比较。

5.1　商业银行风险管理简介

1. 风险概念

风险可以认为是事件发生的可能性和结果的综合（ISO/IEC 指南 73，2009）。风险也可以被简单定义为在未来发生的、可以被规避或减缓的事件。对风险更为普遍的理解是，危险事件、灾难或者是其他不良结果发生的可能性以及伴随的潜在损失（Knight，1921[①]；Hubbard，2007[②]，因此人们常常会从负面的角度去看待风险，认为风险是与不利的后果相联系的。但是，在一些领域，风险更多地意味着未来的不确定性，具有损失和收益两个方向上的可能。

在金融领域，常见的风险类型有信用风险、市场风险、流动性风险等，这些都属于运营和财务风险，可以被量化。但是，也存在一些无法被量化、难以观测的风险，如声誉风险（Luhmanm，1996）[③]。

风险量化的一个常见公式为：

① Knight, Frank H., 1921, "Risk, uncertainty and profit", Chicago: Houghton Miffin Company.

② Hubbard, Douglas W., 2007, "How to measure anything, finding the value of intangibles in business", Huboken N. J.: John Wiley & Son.

③ Luhmanm, Niklas, 1996, "Modern society shocked by its risk", University of Hong Kong, Department of Sociology Occasional Papers 17.

风险 = 事件发生的概率 × 事件发生的结果

上述公式也可以转换为综合风险指数，计算公式如下：

综合风险指数 = 风险事件的结果 × 发生的可能性

实务当中，金融机构特别是银行最常用的衡量风险的指标和方法包括：

a. 风险加权资产：根据资产的类别分别计算风险值，然后加权平均；

b. 资本充足率：银行监管资本与风险加权资产的比值；

c. 风险价值（Value at Risk，VaR）：衡量市场风险的指标，计算资产组合市场价值的潜在最大损失；

d. 压力测试：适用于利率、汇率以及股价等会影响市场流动性的变量；

e. 信用评分：根据设定的信用标准，对不同客户给以不同等级的信用评级。

在商业环境当中，银行最重要的风险主要是信用风险、市场风险、流动性风险以及操作风险。

- 信用风险是指如果借款人或其他交易对手方违约的情况下，银行的潜在损失。信用风险通常伴随着贷款、交易以及证券服务等活动而产生。
- 市场风险是由于市场价格的波动导致的损益变动。市场价格的波动通常来源于利率、汇率、商品和股票。
- 流动性风险是指银行可能面临着没有足够的资本去满足资产的增长，或者不能偿还到期债务。
- 操作风险是指由于不完善的内部流程、人和系统的因素或外部事件影响而导致的风险损失。
- 除上述风险以外，银行还面临如合规风险、声誉风险等其他风险（COSO，2009）。

此外，还存在由某些随机事件引发的潜在风险，这些事件往往难以预测，被称为“黑天鹅”事件。这种隐藏的风险可能是由于交易员粗心大意，或者对风险头寸的计算出现错误，甚至可能源于记账错误。任何无心的错误都可能引起市场连锁反应，最终引发大范围的系统性风险。对于这种隐藏的风险，银行也需要有准备并尽量避免（Taleb，2010）[1]。总之，风险是看不见摸不着的，不同的人对风险的认识和定义也会不同，尤其是在估计风险发生的概率以及风险带来的潜在损益时，观点往往会出现差异。

2. 商业银行的风险管理

对于银行来说，其商业本质就是经营风险，因此银行所面对的风险要比普通企业更大。风险管理包括三个主要程序：风险识别、风险度量和风险监控。银行会有针对性地采取措施减缓或者避免风险，建立制度化的流程去监控风险。此外，银行还需要披露充足的风险信息以确保市场参与者（监管机构和投资者）能够清楚地了解其风险状况。

Santomero（2007）[2] 的研究表明，建立风险管理体系的核心步骤之一就是重视风险报告。风险报告一般会是银行年度财务报告的一部分，在年度终了时一并向公众披露（针对上市银行）或者向监管机构和股东披露（针对未上市银行）。一般来说，董事会对风险管理信息披露负有责任，董事们需要对信息的真实性和可靠性负责。

为了使风险管理能被更有效的实施，银行需要制定有效的政策法规，并且建有一个科学适当的风险管理构架。

早期的银行风险管理主要依靠内部控制体系，其核心在于识别并管理运营当中的不确定性，而现在，风险管理已升级为一种企业整体层面的、全员参与的、具有战略规划的管理行为。为了搭建有效的风险管理战略，企业强调一种风险管控意识，这种理念会贯穿整个企业和每位员工。

国际大型银行普遍采用“三道防线”的风险管理体系。在这种构架下，银行内部被分为三个层面，每个层面的人对风险管理承担不同的角色和责任，如表 5-1 所示。

第一道防线是银行的前台业务部门。业务部门在开展业务时经过谨慎审核和评估，确定业务风险在可承受的范围之后才开展业务。若发现潜在风险太大，则上报上级及风险部门进行审核。由于前台业务部门最了解银行产品、客

---

① Taleb, N., 2010, “Antifragility, robustness, and fragility inside the ‘Black Swan’”, The Black Swan, Random House, U. K.

② Santomero, 2010, “Commercial bank risk management: an analysis of the process”, Working paper, University of Pennsylvania.

户需求和市场环境的变化，因而也最能以直接、快捷的行动来管理风险。

第二道防线是“三大”监控风险的职能部门——风险管理部、合规部以及财务部。如果说业务部门是对风险的分散管理，那么第二道防线则是集中管理。集中管理能够有利于风险的综合管理、规划，从整体上提高银行的风险管理能力。风险管理部会对市场风险、信用风险、流动性风险等进行评估、监测和管理；合规部则从法律层面保证银行的业务流程和产品在不违背法律的前提下展开；财务部则是通过对产品的损益核算、资产负债表编制以及现金流动的监测，来辅助风险管理部门一并监控银行的风险状况。

最后一道防线是内部审计，即对银行的每个流程进行严密的审计和核查，不错过任何一个漏洞。内部审计还要对银行的内部控制体系进行审计，以保证其完整、有效。内审部门与业务部门保持相互独立，受董事会直接领导。

表5－1　　风险管理的“三道防线”

第一道防线	业务部门
日常风险识别与控制	• 管理并识别日常运营中的风险 • 确保运营活动在管理层风险偏好的范围之内，符合风险管理政策 • 设计、实施以及维护有效的内控制度 • 实施风险基础上的新产品审批流程 • 监控并报告风险信息
第二道防线	职能部门（风控、合规、财务）
设定标准及政策	• 发布公司治理、风险管控的战略和实务规范 • 通过回顾、检查等手段，为第一道防线提供专业的管理视角和建议 • 风险管理政策的维护者和沟通者 • 监控并报告风险偏好和政策方面的合规信息
第三道防线	内部审计
内审部门	• 核实风险管理体系的有效运行 • 确认第一道防线和第二道防线是否能有效地进行风险授权和管理

一般来说，风险管理是一个持续的、不断发展的过程，由银行高层、中级管理层和运营人员共同参与。COSO委员会提出了如下风险管理流程，如图5－1所示。

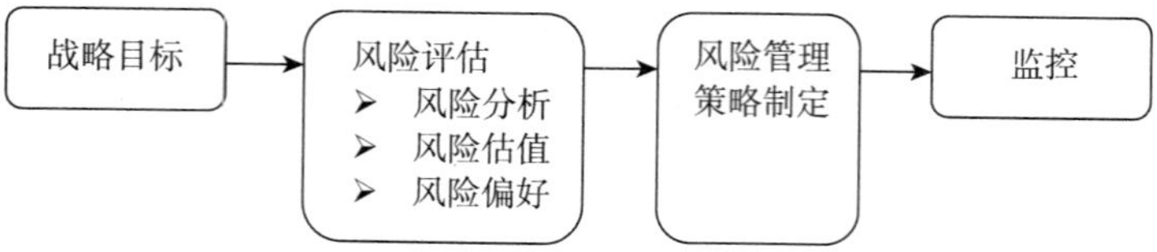

图 5－1　风险管理流程

在制定风险管理政策之前，首先要了解银行的战略目标。健全有效的风险管理流程应当能帮助银行实现其战略目标，增加成功的可能性。

风险评估指在一定的风险偏好下进行风险分析和风险估值，风险偏好和风险容忍度会受到管理层个人素质和观念的影响。经济学家弗兰克·奈特（Frank Knight）曾指出，风险管理的矛盾在于未来的风险情况与过去的风险情况是不同的，然而传统的风险管理依赖于假设未来与过去的情况保持一致①，因此风险评估应当保证全面和深入。银行应当采取积极的措施去探测所有可能的风险，其整体风险偏好应是综合考虑了银行资本情况、盈利能力以及业务多样化之后确立的。

在经过风险评估之后，风险管理部门会出具风险报告，这些报告会帮助银行制定出风险决策和策略。一般来说，银行会把它们的风险管理策略与运营目标和手段相结合，将风险责任下派到各个部门，鼓励全体员工共同形成风险管理意识。

有效的风险管理流程还需要一个严格的监控系统，以保证风险能够被及时识别和评估，进而采取恰当的控制措施。一般银行会设立风险管理委员会，专门负责监控风险管理策略。

此外，管理层也需要能够及时发现和意识到外部变化的环境对银行形成的威胁，任何业务和环境方面的变化都应及时汇报给董事会。

3. 流动性风险管理

这里之所以将流动性风险管理拿出来单独进行分析，是因为在金融危机爆发之后，各国监管机构意识到，即使银行的资本充足率达标，如果银行过于依

① "The paradox of risk is that risk results from the future being different from the past, while traditional risk management relies upon the future being similar to the past." ——Frank Knight

赖高杠杆的融资工具，也会存在由于流动性短缺而造成的严重危机。雷曼兄弟破产之前，其一级资本充足率就高达 11%，但是由于其资本结构中高杠杆的融资工具占比例较高，最终导致其无法抵御危机的巨大压力。

随后，巴塞尔委员会在 2010 年发布了新的流动性监管标准，虽然流动性风险不纳入风险资本的计算范围之内，但是其重要性已经逐步上升到与信用风险、市场风险等同的地位。可以说，在危机当中，银行最重要的不是利润和成本，而是现金。

2013 年 6 月份在我国银行间市场出现的“钱荒”事件，再一次印证了商业银行在风险管理方面的疏漏。虽然国内的储蓄率一直处于相对高位，但并不意味着银行不存在流动性风险；相反，由于我国商业银行过于依赖中央银行最后贷款人的职能，持有的风险资产反而会较多，安全资产的配置则较小，而一旦央行有收紧流动性的倾向，甚至只是在公开市场不作为，不“救火”，则银行面临的资金缺口就很难弥补。

所谓流动性风险，是指商业银行无法以合理成本及时获得充足资金，用于偿付到期债务、履行其他支付义务和满足正常业务开展的其他资金需求的风险。流动性风险管理的首要目标是不管在正常经济周期还是市场压力环境下，都能保证银行的核心业务能够满足客户的需求以及合同义务；维持银行的信用评级，从而有利于银行在成本最小化的同时还可以优化融资结构和来源。

为确保业务间的连续性、方法的稳定性和风险的透明度，银行一般会建立一套流动性风险管理框架。国际大型银行通常会设立一个资产管理负债委员会，作为管理资产负债表的首要组织。委员会由首席风险官和首席财务主管共同主持。资产管理负债委员会会制定风险投资组合的策略，并监控其业绩。任何资产组合配置的重大变动，都需要经过资产管理负债委员会的审批通过。

流动性风险管理的一般方法和关键工具包括：市场行情报告（MAR），压力测试，流动比率，市场触发等。

（1）市场行情报告是指在正常运营环境的假设下，每日计算不同期限下累计的流动性缺口。负的流动性缺口代表到期负债超过到期资产，银行会有净现金流出；正流动性缺口则表明到期资产超过负债，表明银行有多余的资金可以放到市场上。针对市场行情报告的计算，银行可设立限额，即每个期限内可允许的最大资金缺口。银行会对流动性头寸进行每日监控，一旦实际缺口超过限额，银行资金部应当立即采取措施纠正超限情况。

（2）压力测试，或者又叫压力情景分析，用于量化某一事件对资产负债表以及流动性头寸可能产生的影响，明确在流动性事件中切实可行的选择方案。压力测试的假设情境包括关键融资来源的重要变动，市场重要触发指标的变化（如信用评级下降）、政治和经济事件等。

（3）流动比率用于量化和监控在正常业务条件下资产负债表的流动性结构。最基本的指标见表 5－2。巴塞尔协议Ⅲ中引入了两个新的流动性比率——流动性覆盖率（LCR）和净稳定融资比例（NSFR）。前者是为了衡量在严重的压力情境下，银行是否有充足的优质流动性资产。后者是为了衡量 1 年之内可用的稳定资金相对于所需的稳定资金的比例。两个指标都要求不低于 100%。这两个指标可以说是巴塞尔委员会为了加强全球资本和流动性风险监管体系的核心改革内容。

（4）市场触发是指可能导致市场上流动性变化，或影响市场准入变化的内部或外部市场或经济因素。银行会按期监控市场触发条件，一旦市场触发被突破触发限额，银行会记录并采取行动。常见的市场触发条件包括：股票指数（上证综述、纳斯达克指数等）、国债收益率、货币汇率、进出口增速以及重大灾难性事件（例如禽流感）等。

表 5－2　流动性指标

指标	描述
存款/贷款比率	衡量通过客户存款提供客户贷款的能力
核心存款/贷款比率	衡量通过核心客户存款提供客户贷款的能力
净市场来源资金/总第三方负债比	衡量对无担保批发型融资的依赖程度。“净市场来源资金”不包括有担保的批发型融资
前 5 大大额资金来源/第三方负债比	衡量流行性集中风险
大额敏感资金来源/第三方负债比	衡量流动性集中风险
流动性覆盖率	优质流动性资产/未来 30 天内现金净流出
净稳定融资比率	可用稳定资金/所需的稳定资金

4. 各国相关制度背景

巴塞尔协议Ⅲ推出以来，各个国家对新标准的态度有所不同，侧面反映了各个国家推行巴塞尔协议积极性和主动性的差异，也就是说，国际上实行新标准并不同步。

美国是最先公开宣布不会按计划执行巴塞尔协议Ⅲ的国家。在美国国内，不管是大型银行还是中小型银行，均对新协议的要求有诸多抱怨，这也促使美国的监管机构推迟巴塞尔协议Ⅲ的执行。目前看来，美国正在实行“并行计划”（Parallel run）。一部分大型金融机构被强制要求执行巴塞尔协议Ⅱ的标准，并且要求采用高级方法衡量信用风险和操作风险。该类型银行需要每个季度向监管机构同时汇报巴塞尔协议Ⅰ和Ⅱ下的风险资本比率。然而，其他银行这一时期仍实行巴塞尔协议Ⅰ下的资本要求。在美国，巴塞尔协议Ⅲ中对于风险资本要求的有关规定在2013年7月得以通过，并要求于2014年1月起正式开始推行。新增杠杆率指标也已经于2013年7月通过相关法规，并计划于2015年1月开始推行。然而，对系统重要性银行的额外资本要求以及新增流动性指标的相关规定目前还未出台。

欧洲地区的银行已经全面推行巴塞尔协议Ⅱ的有关规定，并且在巴塞尔协议Ⅲ的推行进度上要明显快于美国。欧盟于2011年7月宣布了有关新资本规定的提案，有关规定已基本与巴塞尔协议Ⅲ的要求一致，且原计划将于2013年开始实施。但是，由于金融危机之后经营状况严重受损，银行很难在短时间内满足新的更为严格的资本要求。因此，新规定推迟到2014年1月开始执行。与美国不同的是，欧盟已经出台的规定不仅包含了新的风险资本要求，而且也涉及对系统重要性银行的额外资本要求以及新增流动性指标的相关规定，新增杠杆率指标同样计划在2015年1月开始推行。

加拿大银行业已经完全执行了巴塞尔协议Ⅱ的监管要求，并且要求银行提前满足巴塞尔协议Ⅲ下的资本水平，这与巴塞尔委员会定的2019年相比提前了将近6年的时间。对系统重要性银行的相关规定也已经出台并开始实施，其中资本要求需在2016年生效。此外，对于流动性指标和杠杆率的规定还处在制定过程中。从新标准的实施进度可以看出，加拿大的银行对于资本充足率方面的新增要求实施进度要快于其他成员国银行，主要原因是由于加拿大的银行本身运营风格比较保守、谨慎，其风险资本要求比其他国家银行要高，银行体系的安全性好于其他国家和地区。当资本充足率的要求上升时，加拿大的银行能够较轻松地满足新要求。

日本的银行于2007年开始全面实施巴塞尔协议Ⅱ。针对海外有业务的大型金融机构，日本监管机构还通过了巴塞尔协议Ⅲ的部分条款，并要求在2013年逐步开始推行。虽然日本监管机构决定执行巴塞尔协议Ⅲ下的资本要求，但对其中资本留存缓冲和逆周期资本则还未有明确规定。巴塞尔委员会调查预计，这部分要求将会在2014年或者是2015年才能颁布。巴塞尔协议Ⅲ的其他新增规定，如对系统重要性银行的额外资本要求、新增流动性指标以及杠杆率等，日本均未出台相关规定。

5.2 研究设计

1. 样本数据收集

这里选取的样本银行所在国为1974年共同成立巴塞尔委员会的十大工业国，以各国商业银行2012年年报为信息披露数据来源，样本银行达到48家。

挑选样本银行有两项标准：一是样本银行的所在国具有代表性。我们选取的样本银行主要来自被列入英国《银行家》（The Banker）杂志公布的2012年全球前1 000家银行。二是信息具有可获得性。样本银行基本上是上市银行，因其年报披露具有强制性，信息具有可获得性。此外，还剔除了年报披露语言缺少英文版本的银行。最终样本的国别分布见表5－3。

表5－3　　样本银行的国家分布

国家	美国	加拿大	日本	英国	法国	德国	意大利	荷兰	瑞典	比利时	合计
样本数量	10	8	8	5	4	3	3	3	2	2	48

需要注意的是，各个国家的银行会计年度可能不一致。大部分国家采用的是历年制，即从1月1日起，至12月31日止，但还有一部分国家的银行采用的是跨年制，最典型的是日本和加拿大，其会计年度是从4月1日起，至次年3月止。在本文当中，均采用最新一期的年度报告，即2012年会计年度终了的年度报告。

2. 调查问卷设计

在设计调查项目过程中，我们以巴塞尔委员会2001年的调查问卷为原始模板，该问卷是以当时新推出的新巴塞尔协议（巴塞尔协议Ⅱ）为基础设计的调查项目。在巴塞尔委员会的计划当中，巴塞尔协议Ⅲ从2013年才正式引入，全面实施要到2019年年底，而我们所要观察的对象则是各银行2012年的年报，故巴塞尔委员会2001年的调查对我们的样本仍然适用。不过，自巴塞尔委员会于2010年颁布了巴塞尔协议新标准之后，各国银行逐步在为新标准的实施做准备，并在年报当中有意识地披露部分巴塞尔协议新资本比率和风险监管比率。为了考察各国银行所做的准备，我们加入了有关巴塞尔协议Ⅲ的新披露要求，具体包括资本结构和流动性风险两大方面共11项指标，见表5-4。

在此基础上，我们最终确定的调查问卷项目共107项，17个大类，涉及的风险信息内容涵盖资本结构、信用风险、市场风险、流动性风险、操作风险、会计政策以及衍生工具等多方面。其中，信用风险、市场风险以及资本结构三个方面的考核项目占全部项目总数超过70%，见表5-5。

表5-4　　　　巴塞尔协议Ⅲ下新增披露项目

新增项目大类	详细内容
资本结构和资本充足率——巴塞尔协议Ⅲ	巴塞尔协议Ⅲ下的预期资本结构和资本比率
	新增资本组成：资本留存缓冲和逆周期资本
	杠杆率："一级资本"与"总资本敞口"的比例，其中"一级资本"指根据新协议规定的一级资本，而"总资本敞口"则指不考虑任何信用缓解的资产总数
	监管资本的组成与经审计的财务报表数据之间的调和
	对于各类监管资本率计算方法的详细说明
流动性风险管理	流动性风险管理框架，组织和目标等
	新增流动性比率：流动杠杆比率（流动性覆盖率）和净稳定资金来源比率（净稳定融资比例）
	融资来源，包括短期来源和长期来源
	压力测试过程
	银行信用评级对流动性的影响，以及维护信用评级采取的措施
	合同期限错配分析或缺口分析

3. 信息披露指标

为了便于比较衡量各国（地区）银行的风险信息披露情况，我们选取

“披露指数”和“披露比率”作为量化指标（胡奕明，2002）[①]。披露指数是某一单个银行在年报中披露的项目数占要求披露项目总数的比值，披露比率指某一国家或地区披露该项目的银行数占该国家或地区样本银行数的百分比。前者用来衡量银行年报风险信息披露的完整性，后者则用来衡量某风险信息项目在特定国家或地区的披露普及情况。

表 5－5　　　　　　　风险信息披露项目汇总

项目	问卷中题号	项目数	项目占比
资本结构	1—12	12	11%
资本充足率	13—17	5	5%
巴塞尔协议Ⅲ下的资本比率和资本结构	18—22	5	5%
市场风险内部模型法	23—38	16	15%
适用于使用标准法银行的市场风险披露	39—43	5	5%
内部和外部评级	44—47	4	4%
信用风险模型法	48—51	4	4%
信用风险备抵	52—62	11	10%
地理区域和业务种类划分	63—72	10	9%
银行账簿信用风险	73—77	5	5%
信用风险缓解技术	78—82	5	5%
信用衍生产品和其他信用增强	83—84	2	2%
衍生产品	85—89	5	5%
会计政策	90—96	7	7%
操作风险	97—98	2	2%
流动性风险	99—104	6	6%
其他风险	105—107	3	3%

① 胡奕明：“银行信息披露的国际比较——对 13 个国家和地区银行年报的调查分析”，《金融研究》，2002 年第 3 期，第 87—94 页。

在计算信息披露指标时，并不是所有的信息披露项目都适用于所有银行。例如在市场风险管理当中，有些银行仅仅采用了内部模型法，或者只采用了标准模型法，在这种情况下，我们需要对信息披露项目模板进行调整，而不是对所有项目的简单加总。但是我们绝大多数的披露项目设计还是遵从了巴塞尔协议下的国际通用标准，应当为所有银行都适用。

5.3　各国或各地区间银行信息披露比较

1. 风险信息披露总体水平比较

对照调查模板对样本银行年报进行打分，汇总数据后，我们计算得出各国的信息披露指数，见表5－6。在此基础上，我们将英国、法国、德国、意大利、荷兰、瑞典和比利时上述欧洲七国归为一类，计算了平均披露指数，这是因为在欧洲共同体背景下，欧洲联盟可等同于一个经济体，欧洲各国银行的信息披露受相同因素的影响，有着相近的披露规范。

表5－6　　　各国（地区）银行的风险信息披露指数简单统计

国家或地区	样本数	均值	最低	最高
美国	10	0.6227	0.3824	0.7451
加拿大	8	0.5797	0.3077	0.7255
日本	8	0.4745	0.1961	0.6168
法国	4	0.6480	0.5607	0.7103
比利时	2	0.5784	0.5098	0.6471
德国	3	0.5994	0.5294	0.7196
意大利	3	0.6449	0.6168	0.6636
荷兰	3	0.6399	0.6275	0.6569
瑞典	2	0.6119	0.5882	0.6355
英国	5	0.6832	0.6078	0.8039
欧洲	22	0.6382	0.5098	0.8039
合计	48	0.5980	0.1961	0.8039

从表5－6可以看到，巴塞尔委员会十个老成员国的银行信息披露总体水

平与最新的巴塞尔协议标准仍有差距。但除日本外，其他国家银行的披露指数均超过0.5，说明各国银行的风险信息披露已经达到调查项目的一半以上。披露指数均值最高的是英国和法国的银行，其数值分别为0.6832和0.6480，高于总体均值水平0.5980。低于均值的主要是日本和加拿大的银行，其均值分别为0.4745和0.5797。美国的银行披露水平（0.6227）低于欧洲（0.6382），但略高于样本总体均值水平。

美国的银行信息披露指数低于欧洲的银行，我们认为，主要是因为美国的银行监管机构（联邦储备委员会、联邦存款保险公司和货币监理署）目前仍只要求各大商业银行公开披露巴塞尔协议Ⅰ下的资本结构及其他风险信息。虽然美国的银行监管机构已经于2007年11月开始正式实施巴塞尔协议Ⅱ，但是实施该新资本协议的时间表安排当中，设计了一个并行时段（Parallel Period）。在并行时段期间，银行需要向监管机构提供巴塞尔协议Ⅰ和巴塞尔协议Ⅱ的相关信息，但其中只需公开披露巴塞尔协议Ⅰ的相关信息，而巴塞尔协议Ⅱ的相关信息是以保密的方式只上报给美国监管机构。因此，从公开披露的信息来看，公众接触到的只是巴塞尔协议Ⅰ下的相关信息。

2. 调查项目分析

在涉及具体项目的披露情况研究当中，我们主要采用的方法是计算各个项目的披露比率。披露比率衡量的是披露某具体项目的银行数占银行总数的比率，考察的是具体项目的披露普及情况。调查问卷共涉及107个具体项目，17个大类，各类风险信息的披露比率见表5-7。

首先，分析样本总体情况。巴塞尔成员国对风险信息项目的披露比率平均值为59%，意味着大部分风险信息项目会在超过一半的商业银行年报中公开披露。然而，各类别项目的披露情况却存在较大差异。例如“使用标准法银行的市场风险披露”只有16%，“巴塞尔协议Ⅲ下的资本比率和资本结构”披露比率只有27%。前者披露比率较低是因为大部分银行采用的是内部模型法计算市场风险，因此使用标准法的样本银行数量不多。虽然巴塞尔委员会允许银行使用标准法或者内部模型法来计量市场风险，但考虑到标准法在风险计量和资本分配上都较为粗糙，各个银行都在研发适用于自身特点的内部模型（例如VaR）来更为精确合理地计量风险。有关新巴塞尔协议的风险信息项目披露比率较低反映出截止到2012年，超过70%的银行还未开始全面执行巴塞尔协议Ⅲ的新资本要求。按照巴塞尔委员会的要求，巴塞尔协议Ⅲ应当是在2013年开始正式引入，因此从另一个角度理解，在计划实施之前，已经有将近30%的银行开始核算新的资本结构和资本比率。

表5-7 各类调查项目披露比率汇总

	总样本	美国	加拿大	日本	欧洲
资本结构	65%	67%	71%	60%	64%
资本充足率	67%	62%	73%	53%	73%
巴塞尔协议Ⅲ下的资本比率和资本结构	27%	38%	30%	18%	25%
市场风险内部模型法	59%	55%	52%	52%	66%
使用标准法银行的市场风险披露	16%	4%	10%	35%	17%
内部和外部评级	69%	63%	63%	72%	73%
信用风险模型法	52%	40%	44%	38%	66%
信用风险备抵	46%	56%	47%	42%	42%
地理区域和业务种类划分	73%	78%	63%	65%	78%
银行账簿信用风险	65%	56%	70%	45%	75%
信用风险缓解技术	55%	38%	30%	58%	70%
信用衍生产品和其他信用增强	54%	60%	31%	44%	64%
衍生产品	65%	90%	68%	10%	72%
会计政策	71%	69%	68%	59%	77%
操作风险	85%	75%	75%	81%	95%
流动性风险	49%	60%	58%	15%	53%
其他风险	81%	87%	88%	63%	82%
平均值	59%	59%	55%	47%	64%
最小值	16%	4%	10%	10%	17%
最大值	85%	90%	88%	81%	95%

在表5-7中，披露比率较高的项目有“操作风险”、“其他风险”以及“地理区域和业务种类划分”等，披露比率分别达到85%、81%以及73%。

从披露比率的均值来看，披露情况最好的依然是欧洲，披露比率达到64%；其次是美国，披露比率达到59%；最差的是日本，披露比率均值为

47%。该结论与前文用披露指数计算的结果一致，表明欧洲和美国的银行其信息披露更为全面、具体。

其次，关于资本和资本充足率的披露。从表5-7可知，基本资本结构和资本比率披露情况较好，但是对于创新或复杂资本工具的披露信息则非常少。以披露比率较高的欧洲地区的银行为例，创新或复杂资本工具基本内容的披露比率为82%，期限和赎回特征的披露比率有41%，而关键触发事件的披露比率只有14%。创新或复杂资本工具的种类非常多，尤其在巴塞尔协议Ⅲ更为严格的资本标准推出以后，创新资本工具可以作为对附属资本的重要补充，越来越引起各家银行的重视。由于原本的信托优先证券（trust preferred securities）不能再计入一级资本，银行迫切需要开发出新的资本工具。在所调查的样本银行当中，花旗银行推出了有形股利增强型普通股（tangible dividend enhanced common stock），即债券和普通股票期权的结合，劳埃德银行发行了一种或有资本工具（contingent capital securities），在第一阶段支付固定利率，第二阶段支付浮动利率，其中包含可以由发行方撤回的看涨期权，该资本工具可以极好地补充其他一级资本。巴塞尔协议鼓励银行创新资本工具的同时，也认识到金融工具隐藏的巨大风险，因此委员会要求银行应当披露相应的重要条款，如赎回特征、触发条款等。在创新资本工具层出不穷的今天，银行应当加强披露相关信息，这将有助于公众以及监管机构掌握更多更好的风险信息。

最后，关于信用风险的披露。大部分银行都重点披露了“内部和外部评级”、“地理区域和业务种类划分”以及“银行账簿信用风险”等项目，披露比率分别达到69%、73%以及65%，但不同国家的银行对信用风险信息披露的重点有所不同。对此，我们将在下一小节“调查项目的国别比较”中进行深入分析。

3. 调查项目的国别比较

在这里，我们将以金融市场发达的美国为参照，分别与加拿大、日本以及欧洲进行银行信息披露的对比。

（1）加拿大/美国对比。

图5-2显示的是加拿大各银行的风险信息与美国各银行的“披露比率差”，横轴是调查问卷所涉及的107个项目的顺序编号。调查项目与内容编号之间的对应关系可以在表5-5中查到。

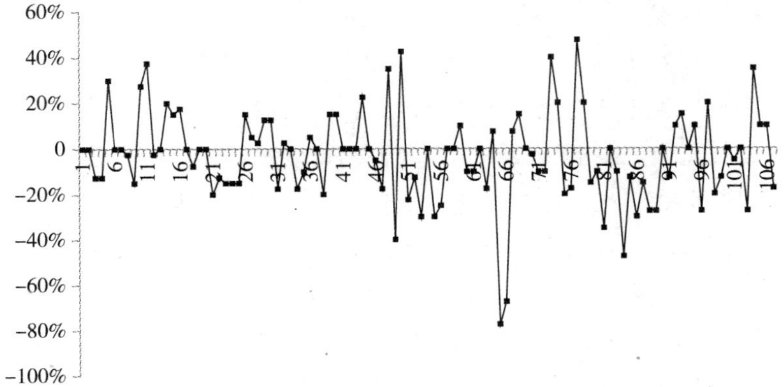

图 5－2　加拿大—美国的银行信息披露比率差

通过比率差的线图，可以清晰地判断加拿大各银行相对于美国各银行在信息披露上哪些更强，哪些更多。例如，横坐标 10—17 的点都落在横轴 0 的上方，表明加拿大的银行在资本充足率方面的信息披露要比美国的银行更为全面详细。横坐标 18—22 区间的点则落在横轴的下方，表明加拿大的银行在巴塞尔协议Ⅲ新标准的披露上要弱于美国。

从图 5－2 中还可以看到，加拿大和美国的银行信息披露各有所长，侧重点不同。在市场风险披露方面，90% 的美国的银行会采用内部模型法计量市场风险，且在模型的特征、VaR 值的披露（包括平均值以及最小最大值）等方面要优于加拿大的银行。然而加拿大的银行更加关注“市场风险的汇总信息”以及“实际投资组合损失超过 VaR 值”的情况，但在 VaR 值结果的披露上较为薄弱。因此出现的问题是，公众只能看到市场风险的大概信息以及管理的成果好坏，但不能明确了解以 VaR 值为基础的具体风险到底有多大。在信息相对较不透明的情况下，根据这些信息，较难对银行风险情况做出判断。

在信用风险信息的披露上，加拿大的银行与美国的银行差距更加明显，除了对信用风险的组织管理结构以及准备金的概念上披露比率远高于美国的银行以外，其他大部分信用风险项目的披露比率均低于美国，甚至在“按风险或产品划分的交易收入”信息上，披露比率差达到－78%，“按资产种类划分的过期资产细目”披露比率差达到－68%。在“地区区域和业务种类划分”的项目上，加拿大的银行也都不及美国的银行做得全面。此外，加拿大还需要改进和提高的其他项目包括“信用风险压力测试信息披露”、“逾期资产和减值资产管理技术和方法”以及“对担保者进行管理的措施”，因为上述三项在样本中的披露比率为零。对比其他国家的银行，虽然上述项目的披露普及情况同样不乐观、披露内容也非常简单，但我们仍可以发现，一些具备条件和技术的国际大型银行会在年报当中披露相关操作方法及规划。因此，加拿大的银行需要完善其信用风险的管理方法以及技术，并有意识地向公众披露。

（2）日本/美国对比。

图5－3显示的是日本各银行的风险信息与美国各银行的“披露比率差”。总体上看，日本的银行信息披露要弱于美国的银行，披露比率差的折线图波动剧烈。日本的银行资本充足率下各个披露项目的披露比率都要低于美国的银行，信用风险备抵、衍生产品、会计政策以及流动性风险等内容的披露比率之差都落在横轴的下方。

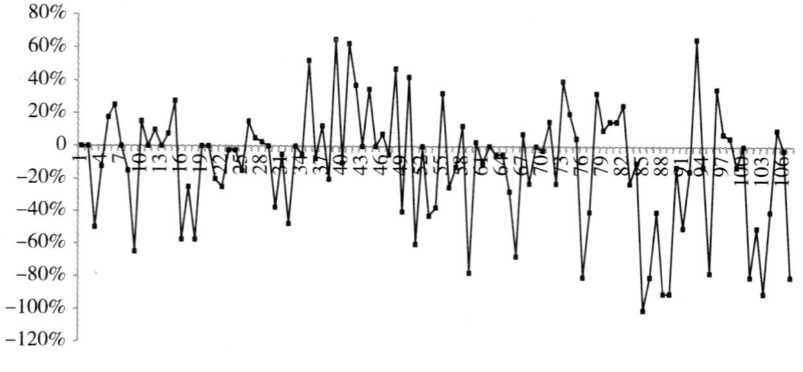

图5－3　日本—美国的银行信息披露比率差

对于市场风险，日本的银行更倾向于采用标准法来衡量。在本文所选取的银行所在国当中，日本是采用标准法衡量市场风险最多的国家，有75%的银行既采用内部模型法，同时也选取标准法衡量部分投资组合的市场风险。因此，日本的银行在市场风险资本的计量上会针对风险资本特征，选用较为简单的标准法或者较为复杂精确的内部模型法。该现象反映出日本的银行对市场风险内部模型的开发要落后于其他成员国银行。已开发的内部模型目前只能适用于部分投资组合，而对于其他投资，则仍采用标准法衡量风险。然而，运用内部模型法是市场风险管理的未来发展方向，日本的银行在这方面的技术差距应尽快赶上。此外，日本是披露非交易投资组合 VaR 值最普遍的国家，但在银行账簿利率风险的定量信息披露上则是最差的。理论上讲，非交易投资组合的收益波动性较小，VaR 值只能简单反映市场风险总量信息，对于非交易业务的利率敏感性、缺口分析等信息的披露，日本的银行应当加强。

在信用风险披露方面，日本的银行比美国和加拿大的银行更注重信用风险缓解技术，在抵押、担保等手段保护规避的风险数量披露方面好于美国，对抵押物管理、担保者管理等项目定性信息的披露也较为丰富。但是，日本的银行对于信用风险备抵的披露内容是最少的。与美国的银行相比，日本的银行很少披露备抵提取的适当性评估过程以及非应计和受损资产对银行业绩的影响，而上述信息能够反映银行对于风险资产的谨慎管理，能有效防止实际损失的发生。总之，相对于其他成员国银行，日本的银行偏重采用抵押、担保等信用缓解技术规避风险，对风险资产的评估以及提取备抵等管理方法略显忽视。

日本的银行在会计政策披露方面，最薄弱的地方依然是有关逾期或受损资产的确定方法，披露比率较高的是“交易业务对收入的影响”以及“区分交易资产和交易负债”两项。这一情况再次印证了日本的银行较重视交易业务的风险信息披露，但对受损资产的信用风险和管理技术的披露还有待加强。

另外，日本的银行也较少披露衍生产品相关信息。在该大类当中，只有“衍生产品的套期保值策略”有一半银行进行披露，但是，其他定性或定量信息如“运用非交易衍生产品的目的”、“交易业务总业务目的及策略”、“衍生产品总的正市值或负市值”等，在样本银行中未见披露。衍生产品由于其复杂性和高杠杆性，潜在风险是巨大的。在金融市场高度相关的今天，一个小小的衍生产品价值波动，就可能引发严重的危机，甚至波及整个金融系统。然而，衍生产品复杂的产品结构让投资者不太容易弄清楚其隐藏的风险，因此，银行应当对衍生产品相关的风险信息加强披露。

（3）欧洲/美国对比。

欧洲的银行信息披露在样本成员国（地区）里面是最好的。从欧洲与美国的银行信息披露比率差线图上可以看出（见图5－4），大部分的点都落在横轴的上半部分，说明欧洲的银行在大部分项目上披露要好于美国的银行。

在资本结构及资本充足率方面，欧洲的银行对创新或复杂资本工具的披露比其他银行更多，虽然从披露比率的绝对数值来看，成员国银行对复杂资本工具的披露都远未达到巴塞尔委员会的要求，但欧洲的银行在这方面已经走在前列。欧洲央行虽然已经计划于2013年实施巴塞尔协议Ⅲ，但从2012年的银行年报来看，大部分银行还未提前披露新标准下的资本结构和资本比率。这与美国的情况正好相反，虽然美国的银行监管机构还未下达明确的规定，但已有70%的银行预先在2012年的年报当中披露了新标准下的相关信息。可见，银行风险管理不仅仅依赖于政策的推动，还需要银行积极自觉地行动。

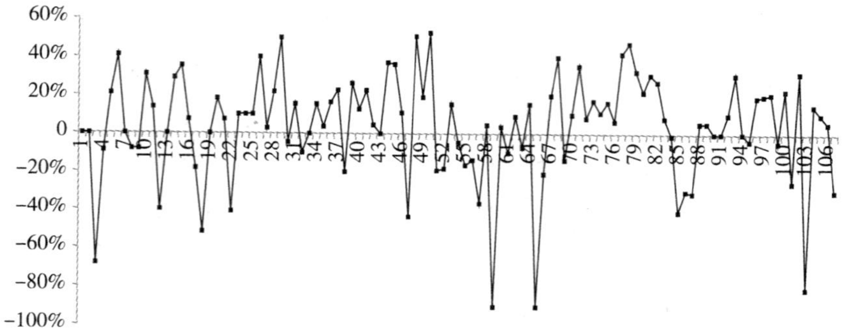

图 5－4　欧洲—美国的银行信息披露比率差

在市场风险披露方面，欧洲的银行采用标准法的比例高于美国的银行，采用内部模型法的银行也基本都能保证披露模型的参数等重要信息。对于市场风险压力测试，欧洲的银行不仅在披露压力测试流程等定性信息上高于其他国家银行，而且也比其他国家银行更注重披露压力测试中的情景分析结果。

在信用风险披露方面，欧洲的银行与日本的银行类似，都偏重于对信用风险缓解技术的披露，而较少披露信用风险备抵方面的信息。例如，“对国家风险提取准备的程序”以及“备抵适用性评估”等定性信息披露较少，但对抵押和担保的相关定性及定量信息则披露详细。此外，欧洲的银行很少披露不同种类（按主要风险或主要产品划分）的交易收入信息。相对于其他成员国银行，欧洲的银行较关注逾期资产和减值资产管理技术和方法的信息，在“讨论用于监控和管理逾期或受损资产/信用关系的技术”、“按对手类型划分的逾期资产细目”、“逾期资产和减值资产管理技术和方法方面的定性信息”以及“不良、逾期和减值贷款的定义和违约定义方面的定性信息”等项目上，欧洲的银行都呈现出较高的披露比率。

但是，欧洲的银行较少披露其衍生产品交易定性信息。虽然95%的银行都会披露衍生产品的正、负市值，但只有一半左右的银行会披露运用交易或非交易衍生产品的目的及策略等内容。上文已经提及，衍生产品的信息披露具有非常重要的意义，因此在危机意识逐渐受到重视的今天，银行应当加强衍生产品定性及定量信息的披露，以便有效地将风险控制在可承受范围之内。

此外，欧洲的银行对于操作风险的披露最为详细，不仅涉及操作风险的框架、流程以及方法，还详细描述了计算风险资本的模型和参数等定量信息。

4. 流动性风险管理及披露

金融危机爆发之后，流动性风险成为银行体系三大风险之外又一个不可忽略的风险因素，并成为巴塞尔协议Ⅲ重点修改的主要条款。本文依照巴塞尔协议对流动性风险管理提出的要求，新设了六项风险信息调查项目，各国（地区）银行关于这方面的披露情况见表5-8。

表5-8　流动性风险项目披露比率

项目	平均	美国	加拿大	日本	欧洲
提供流动性风险管理体系的政策、组织结构、管理目标、以及应急资金计划等信息	94%	100%	88%	88%	95%
新增流动性标准：流动杠杆比率（流动性覆盖率）和净稳定资金来源比率（净稳定融资比例）	10%	0%	0%	0%	23%
提供融资来源信息，包括短期来源和长期来源	54%	80%	75%	0%	55%
提供压力测试过程相关信息	56%	50%	50%	0%	82%
银行信用评级对流动性的影响，以及维护信用评级采取的措施	33%	90%	63%	0%	9%
合同期限错配或者缺口分析	46%	40%	75%	0%	55%

从披露比率来看，频率最高的前三项分别是“流动性风险管理体系的政策和目标等定性信息”、“融资来源信息”以及“压力测试过程相关信息”，披露比率分别达到94%、54%及56%。大部分的银行会披露流动性风险管理的

政策流程、组织框架、管理措施和步骤等定性信息，并制订有应急资金计划，以保证银行在突发状况时有充分的资金预案予以应对。流动性风险的政策制定和框架搭建是实施风险管理的第一步，这方面信息的披露表明，成员国银行已经开始着手考虑流动性风险管理问题，并正在建立相应的政策体系。

巴塞尔委员会于2010年提出的流动性风险监管改革方案当中，着重推广两个比率——“流动性覆盖率”和“净稳定资金来源比率”，用来衡量银行流动性资产质量以及长短期资金的充足情况。这两个指标可以说是加强全球资本和流动性风险监管体系改革的一项核心内容。从调查项目的披露比率来看，只有欧洲地区23%的银行披露了这一具体比率数值，其他银行虽然在年报中提及新的流动性比率指标，但并未公开披露这两个比率的具体值是多少、是否达到要求等。

银行的融资来源一般分为长期来源和短期来源。长期融资来源是银行最主要的融资来源，包括：①客户存款，这部分是最稳定并且成本最低；②长期负债，主要有高级债务和次级债务；③最后是股东权益投资。短期融资来源是作为补充性辅助来源，为银行提供资金支持，主要形式包括担保融资交易，如抵押贷款、协议出售后再回购以及同业拆借等。银行设计融资结构的原则主要是保证融资来源的时间期限结构能够与资产结构相匹配。从披露比率的数值来看，披露最好的是美国，其次是加拿大和欧洲，披露比率分别为80%、75%和55%。

压力测试和情景分析可以帮助银行计量流动性事件对银行资产负债表以及流动性头寸的潜在影响，因而也是一种非常重要的监控手段。它可以帮助银行分析不同压力事件下的资产和负债的匹配情况，进而帮助银行决策应当运用哪种融资方式以应对压力事件。从披露比率的数值来看，披露情况最好的是欧洲的银行，披露比率高达82%，美国和加拿大的银行披露比率都为50%。

银行的信用评级信息会影响到银行在资本市场上的融资能力、融资成本以及维护现有存款的能力。因此，信用评级信息的披露应当包括如何改进或维护现有评级，预期评级下降对流动性的影响以及有关应对措施。该项目披露情况最好的是美国，披露比率达到90%，其次是加拿大，披露比率为63%。欧洲的银行不太重视对该信息的披露，披露比率只有9%。

合同期限错配可以帮助银行分析其现有负债和资产在不同时期的资金流动

情况，以更好地计划未来一定时间内的资金流动方案和融资预案。从调查结果分析来看，加拿大的银行披露该项信息的比率最高，达到75%，其次是欧洲的银行，为55%，之后是美国的银行，为46%。

值得注意的是，日本的银行除了披露流动性风险的政策框架等定性信息外，在本文所涉及的样本中没有披露其他流动性风险管理信息。

上述结果表明，流动性风险的重要性正在逐渐被认识，但各个国家的银行对其重视程度不同。另外，流动性风险的两个关键比率在巴塞尔委员会的新规定下正在逐步推行，从银行披露的信息看，正在显现成效。

5.4　信息披露的银行间比较

在比较成员国银行之间的披露指数和披露比率时，我们采用的是样本银行的均值。然而，同一成员国的不同银行之间往往也存在较大的差异。在本小节，我们将着重分析三个主要成员国美国、日本、英国的银行间的披露差异，分别见表5－9、表5－10和表5－11。

在所有样本银行中，披露指数最高的银行为英国的汇丰银行，为0.8039，远高于样本平均水平；其次为美国的太阳信托银行，披露指数达到74.51%。但是，在同一国家内部，不同银行的披露程度也有较大差距。例如，在我们所选取的8家加拿大银行当中，披露指数最高为72.55%，加拿大皇家银行；披露指数最低值为30.77%，太平洋西加拿大银行。

披露程度差异最小的为欧洲各国银行，其银行披露指数基本分布在50%至80%之间。披露指数差异最大的为日本，最高披露指数与最低披露指数之间相差42%。这些差异集中在包括市场风险模型相关信息、信用风险缓解技术以及衍生产品的信息披露等方面。美国各银行的披露指数差异最大值为36%，主要集中在对信用风险相关信息的披露上，如信用风险评级、采用的模型、银行账簿信用风险以及信用风险缓解技术等方面。欧洲各银行的披露情况比较类似，如英国5家样本银行披露指数最大差异为20%，主要集中在银行账簿信用风险以及信用风险缓解技术等方面。

下面我们对同一国家的不同银行进行比较。

1. 美国银行披露项目比较

美国的样本银行有10家，见表5－9，其中，披露指数最高的为太阳信托银行和美国银行。太阳信托银行作为覆盖东南地区的地区性银行，在信息披露中非常注重披露风险管理模型的运用。例如，在对市场风险内部模型法、信用风险评级和模型等信息项目的披露上，该银行的披露指数明显高于其他银行。太阳信托银行资产规模虽不及摩根大通、花旗银行等，但是在风险信息的披露上却能够抓住要点，做到详略得当。从 2012 年年报财务数据还可以看到，太阳信托银行在美国经济复苏的背景下，其盈利增长超越同行业其他竞争者，这与它有效的组织管理构架和风险管理水平息息相关。银行的实力不仅仅依赖于资产规模的扩张，更需要有效的配置资源的能力。

表 5－9　　美国各银行披露项目比较

	美国银行	摩根大通	花旗银行	富国银行	第一资本	纽约梅隆银行	合众银行	太阳信托银行	PNC 金融	BB&T
资本结构	75.0%	75.0%	66.7%	58.3%	66.7%	66.7%	66.7%	75.0%	66.7%	50.0%
资本充足率	80.0%	80.0%	60.0%	80.0%	40.0%	40.0%	60.0%	80.0%	60.0%	40.0%
巴塞尔协议Ⅲ下资本比率和资本结构	40.0%	40.0%	40.0%	40.0%	40.0%	60.0%	20.0%	20.0%	40.0%	40.0%
市场风险内部模型法	68.8%	81.3%	75.0%	68.8%	0	50.0%	56.3%	75.0%	31.3%	43.8%
适用于使用标准法银行的市场风险披露	0	0	0	0	40.0%	0	0	0	0	0
内部和外部评级	50.0%	50.0%	100.0%	75.0%	50.0%	100.0%	75.0%	100.0%	25.0%	0
信用风险模型法	50.0%	50.0%	25.0%	0	25.0%	100.0%	25.0%	100.0%	25.0%	0
信用风险备抵	54.5%	45.5%	54.5%	45.5%	72.7%	72.7%	63.6%	45.5%	54.5%	54.5%
地理区域和业务种类划分	90.0%	90.0%	100.0%	90.0%	40.0%	90.0%	70.0%	80.0%	80.0%	50.0%
银行账簿信用风险	100.0%	60.0%	40.0%	40.0%	80.0%	60.0%	80.0%	80.0%	20.0%	0
信用风险缓解技术	100.0%	40.0%	60.0%	60.0%	0	60.0%	20.0%	40.0%	0	0
信用衍生产品和其他信用增强	100.0%	100.0%	100.0%	100.0%	0	50.0%	0	50.0%	100.0%	0
衍生产品	100.0%	100.0%	60.0%	100.0%	100.0%	100.0%	100.0%	100.0%	80.0%	60.0%

续表

	美国银行	摩根大通	花旗银行	富国银行	第一资本	纽约梅隆银行	合众银行	太阳信托银行	PNC金融	BB&T
会计政策	85.7%	71.4%	71.4%	57.1%	71.4%	57.1%	71.4%	100.0%	71.4%	28.6%
操作风险	100.0%	100.0%	100.0%	100.0%	100.0%	0	100.0%	100.0%	50.0%	0
流动性风险	66.7%	66.7%	66.7%	33.3%	66.7%	33.3%	66.7%	83.3%	66.7%	50.0%
其他风险	33.3%	100.0%	100.0%	100.0%	100.0%	66.7%	66.7%	100.0%	100.0%	100.0%
披露指数	73.53%	70.59%	68.63%	62.75%	56.04%	64.71%	60.78%	74.51%	52.94%	38.24%

2. 日本银行披露项目比较

日本的样本银行有8家，见表5－10。从表中可见，信息披露水平最高的为三井住友信托银行，披露指数达到61.68%。三井住友信托银行是目前日本最大的已公开上市的信托银行，管理着约26万亿日圆的资产。虽然与三井住友银行同属三井集团，但该银行与三井银行的业务是相对独立的，银行间的往来也很少。从调查数据可以看出，该银行整体披露水平较高，其中披露做得最好的是关于资本结构和资本充足率、信用风险缓释技术和信用衍生产品等信息的披露。

在8家银行中，披露水平最差的为商工中金，披露指数只有19.61%。该银行的主要客户群体是日本的中小企业，其资产规模在日本银行业中算中小银行。从本次调查情况来看，该银行披露的信息非常少，没有披露任何有关市场风险、操作风险以及流动性风险的信息，对信用风险信息的披露也只局限于信用风险业务区域分类、备抵以及银行账簿信用风险的简单基础信息。商工中金是日本中小银行的代表，它们业务领域相对较小，面对的客户也集中于中小客户，风险管理水平还处于较低级阶段。对这类银行来说，巴塞尔协议的信息披露要求不一定适用。尽管如此，我们认为，其披露的原则仍应当是“充分揭示风险”。

表 5－10　　日本各银行披露项目比较

	三菱	瑞穗金融集团	三井住友银行	三井住友信托银行	大和银行	农林中央金库	商工中金	信金中央金库
资本结构	50.0%	66.7%	50.0%	91.7%	83.3%	75.0%	41.7%	25.0%
资本充足率	80.0%	40.0%	20.0%	100.0%	40.0%	80.0%	20.0%	40.0%
巴塞尔协议Ⅲ下资本比率和资本结构	20.0%	20.0%	20.0%	20.0%	20.0%	20.0%	20.0%	0
市场风险内部模型法	81.3%	75.0%	68.8%	68.8%	50.0%	56.3%	0	12.5%
适用于使用标准法银行的市场风险披露	40.0%	40.0%	60.0%	60.0%	20.0%	60.0%	0	0
内部和外部评级	100.0%	100.0%	100.0%	75.0%	100.0%	75.0%	0	25.0%
信用风险模型法	50.0%	50.0%	50.0%	50.0%	25.0%	50.0%	0	25.0%
信用风险备抵	27.3%	54.5%	54.5%	36.4%	63.6%	45.5%	27.3%	27.3%
地理区域和业务种类划分	40.0%	80.0%	70.0%	70.0%	100.0%	90.0%	30.0%	40.0%
银行账簿信用风险	40.0%	60.0%	40.0%	40.0%	60.0%	40.0%	40.0%	40.0%
信用风险缓解技术	40.0%	80.0%	80.0%	100.0%	80.0%	80.0%	0	0
信用衍生产品和其他信用增强	50.0%	100.0%	50.0%	100.0%	0	50.0%	0	0
衍生产品	0	0	20.0%	20.0%	20.0%	20.0%	0	0
会计政策	0	85.7%	71.4%	71.4%	71.4%	71.4%	42.9%	57.1%
操作风险	100.0%	100.0%	100.0%	100.0%	100.0%	100.0%	0	50.0%
流动性风险	16.7%	16.7%	16.7%	16.7%	16.7%	16.7%	0	16.7%
其他风险	66.7%	66.7%	66.7%	66.7%	66.7%	66.7%	66.7%	33.3%
披露指数	44.86%	59.81%	54.21%	61.68%	57.01%	57.94%	19.61%	24.51%

3. 英国银行披露项目比较

在成员国样本银行中，英国的银行是信息披露平均水平最高的，其中，汇丰银行的披露指数最高，达到 80.39%，见表 5－11。汇丰银行从中国香港起家，目前总部在英国，传承东方文化和英国特色，这家银行一直以稳健、低调的风格经营近 150 年的历史，在全球，包括中国内地都有非常优秀的地位和领先的市场份额。汇丰银行在金融危机当中并没有像花旗银行那样受损严重，很重要的一个原因是其稳健保守的风险管理政策帮助其抵御了相当一部分的风险冲击。从本次调查结果来看，汇丰银行披露了80%的巴塞尔协议Ⅲ下的资本比率和资本结构，说明其未雨绸缪，早已做好了充分的准备以实施新的资本要求。此外，对于信用风险模型的披露，汇丰银行也能够做到100%的完全披露，且远远高于巴克莱银行和渣打银行。

表5-11　　英国各银行披露项目比较

	汇丰集团	苏格兰皇家银行	英国巴克莱银行	劳埃德银行集团	渣打银行
资本结构	66.7%	75.0%	75.0%	58.3%	66.7%
资本充足率	80.0%	100.0%	40.0%	60.0%	60.0%
巴塞尔协议Ⅲ下资本比率和资本结构	80.0%	40.0%	40.0%	40.0%	0
市场风险内部模型法	81.3%	68.8%	62.5%	50.0%	62.5%
适用于使用标准法银行的市场风险披露	0	80.0%	0	0	0
内部和外部评级	75.0%	50.0%	50.0%	50.0%	75.0%
信用风险模型法	100.0%	50.0%	0	100.0%	25.0%
信用风险备抵	63.6%	45.5%	54.5%	36.4%	45.5%
地理区域和业务种类划分	70.0%	80.0%	80.0%	80.0%	80.0%
银行账簿信用风险	80.0%	100.0%	60.0%	20.0%	80.0%
信用风险缓解技术	100.0%	40.0%	80.0%	40.0%	80.0%
信用衍生产品和其他信用增强	100.0%	100.0%	100.0%	100.0%	100.0%
衍生产品	100.0%	60.0%	60.0%	80.0%	100.0%
会计政策	100.0%	100.0%	85.7%	100.0%	85.7%
操作风险	100.0%	100.0%	50.0%	100.0%	100.0%
流动性风险	66.7%	100.0%	66.7%	66.7%	66.7%
其他风险	100.0%	66.7%	100.0%	66.7%	66.7%
披露指数	80.39%	71.03%	63.73%	60.78%	65.69%

在5家英国的样本银行中，披露水平较低的是劳埃德银行，披露指数为

60.78%。披露较弱的项目分别为资本结构、信用风险备抵、银行账簿信用风险和信用风险缓解技术等。劳埃德银行以零售业务为主，其信用风险是该银行面临的主要风险。然而，尽管有对信用风险管理的较好披露，但却不能说明其管理庞大的信用资产的有效性，因为该银行在金融危机中的损失曾超过2亿英镑。此外，2013年，劳埃德银行还卷入了外汇市场操作案而遭到监管机构调查，这说明其风险管理特别是操作风险管理方面不是有效的。

综上所述，形成银行间披露差异的直接原因是银行自身风险管理水平参差不齐。从本次调查可以看出，银行综合实力排名靠前①的银行一般有着较高的披露指数，而资产规模、业务水平等排名靠后的银行则有着较低的披露指数。而且，各国银行的披露情况具有一个明显的特征，即披露指数较低的项目大多集中在信用风险相关信息方面。这说明，银行的信用风险管理需要不断提高。由于银行的风险管理能力往往与综合实力有较大的关联，因此，要提高信用风险管理水平，不能忘记在综合实力方面下功夫。

另外，样本银行的选取可能也会对披露情况差异有影响。因为如果选取的样本银行有较高的管理水平，则其披露情况就较好。考虑到选样时不可能做到完全随机，即从全体银行中随机选取样本，因此，有限的选样范围也可能对调查结果产生一定的影响。

5.5 研究结论及启示

1. 主要结论

从本次调查结果来看，我们可以给出如下结论：

欧洲的银行整体披露情况要好于其他成员国银行，美国和加拿大的银行披露情况较为相似，日本的银行略弱于其他成员国银行。

在披露的信息方面，各家银行之间存在差异。美国的银行披露巴塞尔协议Ⅲ下资本结构和资本比率最多，日本的最少；在市场风险方面，美国的银行采用标准法的较少，大部分银行已经采用较为复杂的内部模型法衡量市场风险，而日本的银行大多采用标准法；在信用风险方面，欧洲的银行与日本的银行有相似之处，即都偏重于信用风险缓解技术的披露，而较少披露信用风险备抵方

① 参考依据为英国《银行家》杂志发布的2012年全球前1 000家银行的排名。

面的信息，美国和加拿大的银行则相反。

在流动性风险方面，大部分银行都会披露流动性风险管理的政策流程、组织框架、管理措施和步骤等定性信息，且会制订应急资金计划，但只有一部分的欧洲的银行披露了巴塞尔协议Ⅲ新增的流动性指标比例。另外，欧洲的银行偏重披露流动性风险压力测试信息，而美国的银行则偏重披露信用评级方面的信息，日本的银行对流动性风险信息的披露最少。

2. *启示*

我们认为，在推行巴塞尔协议的过程当中，保持一致性是塑造银行体系弹性的关键原则。巴塞尔委员会努力构建一个统一监管的平台，希望其协议能成为标准化的、通用的风险管理指南。也许在巴塞尔协议Ⅲ当中，有些监管规定并不是最好的，甚至并不适用于一些银行，但监管的一致性是大家共同追求的目标。事实证明，每次巴塞尔协议新标准出台，都会带来争议和拖延，但最终走向统一。

从本次调查可以看出，各成员国银行的信息披露还未能完全符合巴塞尔协议的要求，各个国家银行的信息披露结构和重点也有所差异。对于投资者和社会公众来讲，银行之间的风险信息仍不具有可比性。每个银行都创造了自己的风险信息披露框架，投资者在不同的框架当中寻找关键信息需要花费大量的时间和精力。有效的沟通应当向公司财务报告那样，具有固定的模块和规范，这样才能方便投资者进行比较和研究。巴塞尔委员会就是致力于建立这样一种披露规范，并希望世界各国政府都能在协议的框架下制定统一的披露规范和标准。

此外，在新的资本要求下，银行更加需要通过创新或复杂资本工具来增加资本的补充来源。但是在披露资本结构时，却很少有银行会详细披露创新或复杂资本工具在资本结构中的占比，以及时间期限、触发机制等资本工具的详细信息。银行需要加强对该类信息的披露，因为创新资本工具所隐藏的风险是不可忽视的，尤其是次级债引发金融危机之后，投资者会更加关注银行所设计发行的各种创新资本工具。银行应当为投资者提供相应信息，同时也促使内部管理层对资本工具的创新引起足够的重视，提高警惕和风险管理意识。

当然，巴塞尔协议的目的是帮助银行在风险信息披露方面与利益相关者进行更好的沟通，从而达到增强投资者信心的最终目的。有效的沟通并非等于死板的遵守，银行拥有一定的自由裁量权利去规划并披露高质量的风险信息。信息披露应当成为一种沟通的手段，帮助报告使用者更好地了解银行的风险信息和风险管理现状。

在巴塞尔委员会对巴塞尔协议的不断完善、改进和推动下，各成员国甚至非成员国都将在风险管理领域逐渐建立成熟的管理体系，增强管理水平，从而更加有效地保持银行体系的稳定性和灵活性，促进金融市场的运作效率和信息透明度。

第6章 亚太地区银行的信息披露比较分析
——基于2012年年报

1975年2月，巴塞尔委员会召开了首次会议，其成员国最初为“十国集团”，之后逐渐扩大，目前已有27个国家和地区成为其成员。这些国家或地区的银行在全球可以说具有相当的代表性。然而，相对全球224个国家和地区，这一覆盖率显然并不能令人满意。

亚太区是世界经济和金融的一个重要区域，这一区域中的各个国家和地区在经济、金融、贸易等方面存在广泛的联系。他们当中既有“十国集团”成员，又有不少新兴国家成员，其中有一些是巴塞尔委员会的首批成员，如日本、澳大利亚，还有一些是新成员，如中国、中国香港、印度尼西亚、韩国、新加坡等，当然还有不少非成员国家或地区。

在本章中，我们选择中国台湾、中国香港、新加坡、澳大利亚和韩国等国家和地区的36家银行作为研究对象，对其2006年、2009年和2012年三年的年报进行比较分析，以期了解这一区域商业银行风险信息披露的现状及发展趋势，提升区域内商业银行的监管水平。

6.1 巴塞尔委员会及其新成员

20世纪70年代以来，伴随全球经济一体化的发展，金融业也迈向全球化，大型的跨国银行凭借其雄厚的资本实力实现了多地区的扩张。但是各国监管水平的差异使得跨国银行有机会逃避东道国的监管，形成潜在的危机。1974年，美国富兰克林国民银行（Franklin National Bank）和德国的赫斯塔特银行（Herstatt Bank）等多个跨国银行倒闭。特别是赫斯塔特银行倒闭事件，中断了全球外汇支付系统，受到业界内外的空前关注。为此，经国际清算银行提议，国际经济与发展组织（OECD，俗称“十国集团”）于1974年9月在瑞士巴塞尔举行会议，研究国际银行风险监管问题。会议的成果之一便是于1975

年2月由十国集团（美、英、法、日、西德、意、加、荷、比、瑞典）加上瑞士和卢森堡联合成立了巴塞尔银行监管委员会（旧称国际清算银行“管理和监督常设委员会”，以下简称巴塞尔委员会），旨在推进国际金融监管、协调与合作，控制国际银行业风险①。

巴塞尔委员会成员由中央银行行长，或者监管当局、中央银行派驻的高级别的代表组成，每年召开4次例会。例会的大会主席由国际清算银行担任，每年例会所订目标和计划由巴塞尔委员会下属近30个技术机构执行。为了协调和完善全球银行的监管，推广先进理念和方法，巴塞尔委员会颁布了一系列协议和文本。由于巴塞尔委员会不是拥有超越各国主权的组织，其颁布的各项协议文件仅仅是国际组织的文件规范，不具备法律约束力。

巴塞尔委员会的文件规范主要由原则、标准和指引三个详细程度依次递进的部分组成，而建议则是一些不太成熟的构想或建议，见图6－1。《关于统一国际银行资本衡量和资本标准》和《有效银行监管核心原则》便是其中的代表性文件。虽然这些文件不具备法律约束力，但通常会作为其成员国相关银行监管立法的参考标准。

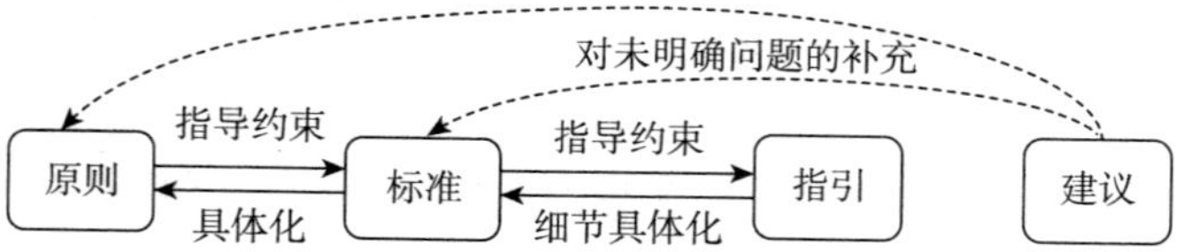

图6－1　巴塞尔委员会文件规范体系构成

随着全球经济格局的变动，一些新兴经济体如以巴西、俄罗斯、印度、中国为代表的金砖四国的地位不断提升，市场影响力不断加大。一方面为了更好地吸收新兴经济体的监管经验，也为了让更多的国家和地区能够实践巴塞尔委员会的监管精神，维护世界金融秩序，促进银行业的健康发展，巴塞尔委员会在2009年两度吸纳新的成员国：

2009年3月，澳大利亚、巴西、中国、印度、韩国、墨西哥和俄罗斯7个国家被邀请加入巴塞尔委员会。

① http：//www.bis.org/bcbs/about.htm

2009 年 6 月，阿根廷、印度尼西亚、沙特阿拉伯、南非、土耳其、新加坡以及中国香港也被邀请加入巴塞尔委员会。

中国在 2009 年的加入主要得益于中国银行业于 2000 年以后的改革与开放带来的大发展。2001 年，正式加入 WTO 标志着中国的银行业将走向全面对外开放。同时，为了适应发展的需求，中国改革了银行监管体制，于 2003 年成立中国银监会（CBRC），使得银行监督管理得以从中国人民银行中独立出来。随着 5 年保护过渡期的结束，《中华人民共和国外资银行管理条例》于 2006 年 12 月 11 日起正式生效。由此，中国银行业全面开放，进入了一个深刻变化的阶段。

6.2 相关国家和地区的银行业监管

1. 台湾的银行业监管

台湾现行的商业银行监管体系肇始于 2002 年开始的金融改革。2002 年台湾加入 WTO，在“自由化”及“全球化”的浪潮中走上世界舞台。同年 8 月，台湾当局推出了第一次金融改革计划，简称“二五八计划”，即两年内将金融机构的平均逾放率降至 5% 以下，平均资本充足率保持在 8% 以上。2004 年台湾当局推出第二次金融改革计划，进一步推进金融监管一元化，将行政管理权集中于台湾的财政部门，同时开展现时限量完成金融机构合并运动，产生了民营的台新金融控股（台新金）购并公营的彰化商业银行（彰银）等一系列“民吞公，蛇吞象”的兼并案例。2008 年开始的第三次金融改革计划以市场整合、金融创新和诚信为主轴，以人才和法治为原则，在尊重市场机制的前提下推动金融机构整并，实则重在推动公股银行的国际化。

经历了 2002 年以来的三次金融改革，台湾的商业银行监管体系如图 6 – 2 所示。其中金融监督管理委员会拥有包括银行、证券、保险等金融行业的法规制定、营业许可与承销、监督、管理与处分权；中央银行负责货币政策制定，管理、检查商业银行在内的金融机构涉及有关货币、信用、外汇及支付系统等的业务；农业委员会农业金融局则管理商业银行农业金融的信用部分。三者存在同一层面的业务联系和协调情况。

从法律层面上看，台湾的商业银行首先受到《台湾银行法》的监管。《台湾银行法》明确了台湾银行的准入条件、分类银行的营业范围及义务，但该法没有明确银行具有向公众披露财务信息等资料的义务。此外，由于台湾地区允许金融混业经营，由多家银行及其他证券业实体构成的金融集团还要受到《台湾金融控股公司法》的调控，但该法同样没有载明向公众披露信息的义务。若台湾的商业银行是上市公司，则需受到台湾证券交易所制定的《公开发行公司年报应行记载事项准则》的制约。虽然在持续信息披露阶段，台湾没有针对上市商业银行的信息披露法律法规，但台湾金融监管机关却针对商业银行颁布了《金融业募集发行有价证券公开说明书应行记载事项准则》，在要求台湾商业银行募集有价证券过程中披露包含资本结构和资本适足率在内的诸多财务及非财务信息。

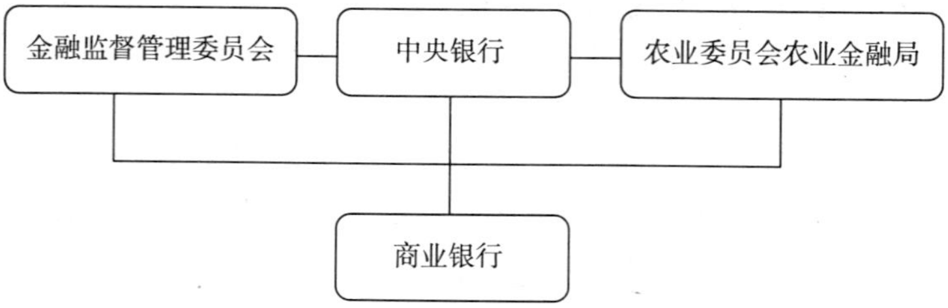

图 6－2　台湾现行商业银行监管体系

2. 香港的银行业监管

香港金融管理局是香港的中央银行机构，属于香港政府机构的一部分，同时是香港地区商业银行的监管机构。它的职责在于联系汇率制度的框架内维持货币稳定；促进金融体系（包括银行体系）的稳定与健全；协助巩固香港的国际金融中心地位，包括维持与发展香港的金融基建；以及管理外汇基金①。

由于香港是一个开放的市场，香港的银行业监管没有针对地区分内外资银行，在立法上采取合立式，制定了《银行业监管条例》作为内外资银行监管统一法律基础。《银行业条例》在银行的市场准入、业务管理、风险防范、披露要求等 4 个方面作出了详细的规定。而且，为了维持香港的国际金融中心地位，香港金融管理局每隔一段时间会聘请外部机构或自行评估香港的银行业监管制度，然后针对其与国际标准的差别，不断修正《银行业监管条例》及其

① http：//www. hkma. gov. hk/eng/

他法规制度，以适应市场的发展和变化带来的监管需求。

《银行业监管条例》虽然是香港商业银行遵循的基本法，其对商业银行的信息披露方面的要求是原则性的，没有对披露的形式和内容作出详细的规定。披露内容和形式的详细要求主要来自于其他法律规则的调整。

1994 年以前，由于香港银行监管部门认为过高的信息披露水平可能给银行业体系带来不稳定因素，采取保守型的政策，因此商业银行的信息披露只需要符合《公司条例》的有关要求即可。在香港注册的机构公开资料中只需包含其资产负债表、损益表的部分科目，且不需要公开细项。以资产负债方面为例，银行内部储备及调拨款项等属于银行机密，可不予公开。

正因为 1994 年以前香港银行业过低的信息披露水平与国际水平相违，有碍香港巩固其国际金融中心的地位，香港金融管理局开始谋求改善银行信息披露情况。1994 年 1 月，由香港金融管理局领衔，7 家本地银行和接受存款公司工会代表参与，组成一个研究扩大银行机构披露财务资料范围的小组。该小组的研究结果表明，香港地区的商业银行在资产负债和实际盈利方面应进行更全面的披露，如披露详细的坏账准备和表外业务资料等，能够加强客户、商业伙伴、国际评级机构和监管机构对香港商业银行的认可，有助于国家业务和融资活动的开展，最为关键的是加强了银行业的稳定性。为此，香港金融管理局与联交所展开磋商，以上市银行为突破口，达成一致意见，于 1994 年 9 月颁布《财务资料披露的最佳执行指引》，对实际盈利、资产负债结构以及资产质量和内部储备调拨等方面资料进行披露，对所有香港持牌银行和接受存款公司以及资产总额在 10 亿港币以上或客户存款额在 3 亿港币以上的有限制持牌银行提出详细披露要求。

此后，香港金融管理局对《财务资料披露的最佳执行指引》进行了多次修订，据不完全统计，1997 年增加“千年虫”问题披露要求，1998 年对地区分布信息、预期及重组贷款和不履行贷款方面的信息披露要求进行修订，1999 年对证券投资、资本分类方面的信息披露做出修订，2000 年增加了货币风险的信息披露要求。在整个修订过程中，香港金融管理局会保持与商业银行、消费者协会乃至市民代表等各利益相关方的互动，征求意见，分析修订后政策的影响，以保证监管政策不会对香港银行业的发展产生不良影响。

为了适应新的形势发展，香港金融管理局于 2001 年颁布《本地注册认可机构披露财务资料指引》，进一步细化了商业银行的信息披露要求。该指引从年度会计信息披露和补充财务信息两个章节规范了商业银行信息披露。其中，年度会计信息披露一章在利润表、资产负债表、现金流量表、表外风险项目、关联交易、套期资产和会计政策七个方面提出了具体的披露形式和内容要求，补充财务信息一章则在通论、公司管理、管理风险的量化信息、市场风险、分部信息、货币风险、逾期资产及重组资产、其他财务信息共计八个方面给出了详细规定。

为了适应巴塞尔协议Ⅱ第三支柱实施的需要，香港于2007年1月1日起启用《银行业（披露）规则》来替代《本地注册认可机构披露财务资料指引》，该规则从业务状况、损益和资本充足率三大方面明确了商业银行应该公开的信息。为了迎接巴塞尔协议Ⅲ的到来，香港亦于2010年起对《银行业（披露）规则》进行修订，修改后的规则已于2012年登报公示，其中条款将分阶段生效。

3. 新加坡的银行业监管

新加坡的金融监管主体为新加坡金融管理局（Monetary Authority of Singapore，简称MAS），除了金融监管职能外，它还扮演中央银行金融调控的角色。虽然新加坡允许混业经营，但是新加坡金融管理局仍分设银行署、保险署和证券署三个下属机构，各自负责本行业的监管。银行署是新加坡金融监管局最大的一个部门，人员占全局1/8以上。

截至2013年9月6日，新加坡共有商业银行122家，其中5家为本土银行，117家外国银行。由于新加坡的商业银行数量众多，新加坡金融管理局根据商业银行的规模大小、对金融业的影响以及风险大小，将商业银行分成三类：第一类是实施重点监管的所有本土商业和大型外资银行分支机构，第二类为除去第一类和第三类后实施一般监管的商业银行，第三类是不予重点监管的业务规模较小的外资金融机构。新加坡金融监管局在美国联邦储备委员会的CAMELS风险评级体系的基础上，开发出适合新加坡本土的CAMEIDTS和PLATOS评级系统，对银行的现实和潜在风险进行全面评估。一般来说，对于第一类重点银行，每季度需要进行一次评估，确定风险等级，对第二类银行则每半年进行一次评估定级。

在新加坡，涉及信息披露的法律有《银行法案》、《公司法案》以及著名的新加坡金融监管局第608号通知，简称MAS 608。其中，前两者仅对披露频率、披露标准作出原则上的规定，具体的最低披露要求由MAS 608规定。MAS 608目前的最新修订版为2006年3月1日执行版本。MSA 608以附件形式，分资产负债表、损益表、现金流量表、表外项目和会计政策五个方面，对新加坡的商业银行信息披露的最低要求作出了具体的规定。总体来看，新加坡金融管理局没有就披露项目的披露形式和格式作出具体的要求，只对披露项目作出了规定。

4. 澳大利亚的银行业监管

现行的澳大利亚商业银行体系肇始于1998年的金融体制改革。1998年，澳大利亚改组和成立了澳大利亚证券和投资委员会（ASIC）、澳大利亚审慎监督管理局（APRA）和金融监管者委员会（Council of Financial Regulators），与原有的澳大利亚储备银行（RBA）、澳大利亚财政部一同构成新的监管框架。其中澳大利亚审慎监督管理局集中负责包括银行、信用合作社在内的所有储蓄机构、友好社团、保险、养老基金的监管，并负责制定相关的管理办法与流程；澳大利亚证券和投资委员会负责掌管和执行与金融市场、金融中介以及金融产品（贷款除外）相关的法律法规，以此保护市场参与者免受操纵、欺骗和不公平行为的损害；澳大利亚储备银行负责支付体系的维护；澳大利亚财政部负责监督；金融监管者委员会负责以上四个机构的协调运行。

澳大利亚的商业银行受《澳大利亚银行法案》这一银行基本法的制约。2011年1月1日生效的《澳大利亚银行法案》修订版，详细地阐述了澳大利亚商业银行的准入条件、经营范围等方面的要求，其中亦涉及商业银行信息披露问题，但该法案详细阐明的是澳大利亚商业银行对其监管机关，主要是澳大利亚审慎监督管理局（APRA）的信息提供的责任。澳大利亚商业银行面向公众的信息披露问题则不受该法案的约束。如果某家澳大利亚商业银行属于澳大利亚当地上市公司，则只要遵守澳大利亚证券交易所（Australian Stock Exchange，ASX）制定的信息披露相关规则即可，而澳大利亚证券交易所并没有单独针对澳大利亚的商业银行制定专门的信息披露准则。

此外，澳大利亚银行业协会（Australian Bankers' Association）制定有《银行营运守则》（Code of Banking Practice）。不过，该守则属于非法定条款，不具有法律约束力。该守则中涉及银行的信息披露主要是银行服务规章条款以及提升消费者对交易满意度等方面的内容，与巴塞尔协议无太大关联。

5. 韩国的银行业监管

韩国的商业银行监管以1997年为界限，在此之前，由于长期实行政府主导型经济，其金融体制带有浓厚的政府干预色彩。但自20世纪80年代开始，对金融市场的政府干预逐步减少，金融市场纪律渐渐松弛，金融业风险在不断累积，并于1997年亚洲金融危机期间爆发，15家银行倒闭。1997年伊始，韩国开始大幅度改革其商业银行监管体制，不断加强其中央银行的独立性。紧接着，于1998年成立金融监督委员会（Financial Supervisory Commission，FSC），从韩国财政部中接过金融机构的监管权，并于2008年改组为金融服务委员会（Financial Services Commission，FSC），进一步从韩国财政部手里接过金融政策制定权。见图6－3。

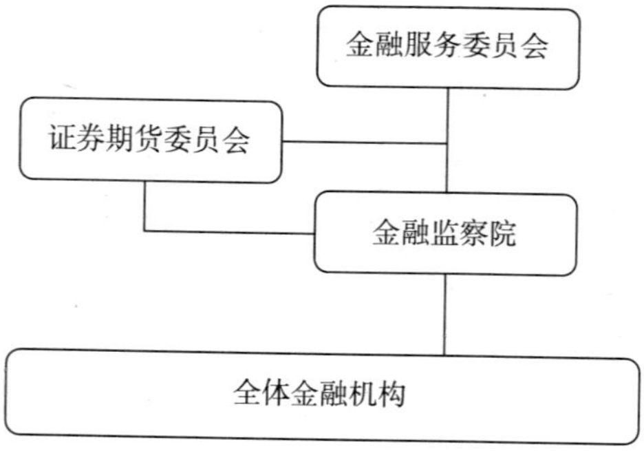

图6－3　2008年后韩国金融监管体系

在法律制度上，韩国商业银行首先受到《韩国银行法》的监管。2009年修订的《韩国银行法》共计十二个章节，分别从商业银行的股东要求、运营和雇员、会计政策、监督和监察、合并及倒闭等诸多方面对韩国国内商业银行提出了详细要求。其中，涉及信息披露部分，该法原则上要求商业银行必须在资产负债表日后三个月按照金融检察院提供的报表格式发布年度报告。不过，就报告的具体内容而言，该法案并没有作出任何详细规定。但该方案较为具体地规定了商业银行必须定期向金融监察院等有关监管部门报送资料的义务。

6.3　样本选择与年报评分

1. 样本范围

我们选择了5个国家和地区共计36家银行作为研究对象，有关情况如表6－1所示，这5个国家和地区分别是台湾、香港、新加坡、澳大利亚和韩国。之所以没有将同在2009年加入巴塞尔委员会的印度、沙特阿拉伯、土耳其等纳入调查范围，是因为这些国家的商业银行发布的年度报告大多无英文版，或采用英文与本国语言混编的形式，而这种语言上的问题可能给我们的评分带来偏差。

入选样本的商业银行从2006—2012年间须连续发布年度报告，不存在某一年份缺失或延期一年以上披露的情况。连续披露表明信息披露已成为该银行的一项常规行为，具有稳定性。虽然本项工作并非是在一个连续的时间序列上进行对比，但要求所有样本银行不存在非连续性的披露，目的在于减少为应付某些特殊情况而间断性发布的偶然性行为对该地区银行信息披露平均水平的影响。

另外，数据可得也是选取样本的一个重要因素。我们对那些在网上公布了简版年报，但其详细版无法通过网络获取的样本银行予以剔除。

台湾地区的样本已涵盖其全部上市商业银行。

表6－1　　样本银行的国别分布

	台湾	香港	新加坡	澳大利亚	韩国	合计
家数	17	3	3	7	5	36

2. 年报测分

为了能够比较不同国家和地区商业银行的信息披露水平，需要将其信息披露状况加以量化。为此，本项工作将借鉴胡奕明（2002）[①] 中的做法，考虑采用“披露指数”和“披露比率”两个指标。

① 胡奕明：“银行信息披露的国际比较——对13个国家和地区银行年报的调查分析”，《金融研究》，2002年第3期，第87—94页。

对于披露指数，其计算方法如下：已披露调查项目数占应披露调查项目数的比例。针对某银行，若某个项目在年报中已披露，则取值为1；若未披露，则取值为0。

对于“应披露调查项目”，一般来说不同银行可能有不同的项目数。例如关于市场风险的披露，根据原则，银行既可以采用内部模型法评价市场风险，也可以采用标准法来评价市场风险，这样，各家商业银行要求披露的调查项目数就可能不同。“应披露调查项目”不是调查项目的简单加总。另外，由于无法从商业银行的年报上准确辨认是因某些业务未开展或者因其影响过小而导致未披露，我们在此不对该银行的应披露调查项目数目进行调整。

“披露比率”主要用来考察某一项目在一个国家或地区内被银行披露的程度。其具体的计算步骤为，先统计一个国家或地区在某个调查项目上已披露的银行数占当地银行样本数的比率，然后将相同调查大项下的所有具体项目（比如市场风险披露大项下有多个具体调查项目）的披露比率加总，便可得到该国或地区这一大项方面的披露比率。

本次年报评分是基于巴塞尔委员会2001年的调查，再结合巴塞尔协议Ⅲ中的新规，设计了104个调查项目，分17类，依次是：资本结构、资本充足率、适合使用内部模型法计算的市场风险、内部和外部评级、信用风险模型衡量信用风险、证券化业务、信用风险备抵、信用衍生产品等信用增强措施、衍生产品、地理划分信息及业务分类信息、会计政策、其他风险、银行账簿信用风险、缓解信用风险的技术、适合使用标准法衡量市场风险、操作风险和巴塞尔协议Ⅲ新增项目。各大类调查项目占调查项目总数的比例依次是12.50%、4.81%、15.38%、3.85%、3.85%、0.96%、10.58%、1.92%、4.81%、9.62%、6.73%、3.85%、4.81%、5.77%、4.81%、1.92%和4.81%。

6.4 台湾地区银行的信息披露

1. 披露指数比较

台湾地区样本银行的披露指数见表6－2，表6－3是对这一结果的简单统计。

从表6－2可以看出，台湾地区的商业银行信息披露变化趋势可分为三类：第一类，像合作金库商业银行，从2006年开始一直保持较高水平，处于领先地位；第二类，像彰化商业银行，从2006年较低的信息披露水平提高到2012年的较高水平，这一类最多；第三类，像国泰世华商业银行，2006—2012年间的信息披露水平一直保持在一个较低的水平。

表6-2　　台湾地区商业银行的信息披露指数

银行名称	2006年	2009年	2012年
彰化商业银行	0.1954	0.3908	0.4138
第一商业银行	0.3103	0.3333	0.3563
华南商业银行	0.2759	0.3218	0.3333
中华开发工业银行	0.3563	0.4483	0.4598
中国国际商业银行（兆丰国际商业银行）	0.3448	0.3563	0.4023
永豐商业銀行（前身华信商业银行）	0.3793	0.4023	0.4368
台湾中小企业银行股份有限公司	0.2644	0.2414	0.3448
中国信托商业银行	0.3793	0.3908	0.4138
合作金库商业银行	0.4483	0.4253	0.4138
国泰世华商业银行	0.2653	0.2959	0.2857
台北富邦商业银行	0.3448	0.3448	0.3563
万泰商业银行	0.2414	0.3448	0.3793
玉山商业银行	0.3563	0.3908	0.3678
台新国际商业银行	0.2143	0.3218	0.3793
远东国际商业银行	0.2759	0.2759	0.3218
大众商业银行	0.1724	0.2069	0.3448
安泰商业银行	0.2759	0.2874	0.3218

从简单统计结果（见表6-3）可以看到，台湾地区商业银行2006年、2009年和2012年的信息披露指数“均值”为0.3000、0.3399和0.3725，即总体呈现上升趋势。从最大值看，上升幅度不大，仅从2006年的0.4483上升至2012年0.4598。但从最小值看，则从2006年的0.1724上升至2012年的0.2857，升幅达到11.33%，不过仍低于2006年的平均水平。这说明，台湾地区商业银行披露水平的提升主要依靠原来较为落后的商业银行的进步来拉动。另外，披露指数的标准差以及差异率也反映，信息披露水平个体差异离散程度

逐年下降，这与上面的结论是一致的。

实际上，在台湾地区样本中，还存在两个商业银行：合作金库商业银行、玉山商业银行，它们三年的披露指数并非像其他银行那样呈现上升趋势，而是呈现一定的波动，甚至出现2012年不如2006年的情况。但是，两家银行的信息披露指数均能基本达到甚至超过当年台湾地区的平均水平。我们认为，这主要是因为个别事项的有无引发了披露指数的波动。

表6－3　　台湾地区商业银行信息披露指数汇总情况

项目	2006年	2009年	2012年
样本数	17	17	17
平均值	0.3000	0.3399	0.3725
最大值	0.4483	0.4483	0.4598
最小值	0.1724	0.2069	0.2857
标准差	0.0716	0.0632	0.0448
差异率	0.2388	0.1859	0.1203

2. 披露项目的比较

表6－4是台湾地区商业银行的披露比率。从表中可以看出，这些银行在资本结构、操作风险、其他风险（包括流动性风险和法律风险）和会计政策等方面的披露比率较高，均超过50%，其中其他风险的披露比率达到90%以上。从2006年至2009年、再到2012年，台湾地区商业银行的披露比率增长较为均匀，没有出现某一方面快速上升的情况。我们认为，这主要是因为近年来台湾地区信息披露法则没有较大的变动，原本披露水平较高的商业银行没有进一步提升披露水平的需求，而与此同时，原有披露水平较低的商业银行为了满足相关规定要求，提升了其披露水平，最终拉动各项披露比率所有增长。

表6－4　　台湾地区商业银行披露比率情况

项目	2006年	2009年	2012年
资本结构	57.47%	65.16%	66.52%
资本充足率	29.41%	31.76%	36.47%

续表

项目	2006 年	2009 年	2012 年
市场风险披露	31.69%	33.68%	33.68%
内部和外部评级	16.18%	13.24%	23.53%
衍生品	14.12%	16.47%	17.65%
信用风险披露（含备抵情况）	8.24%	9.80%	13.33%
信用风险缓解技术	16.91%	21.32%	25.74%
地理区域和业务种类划分	12.94%	19.41%	25.29%
操作风险	64.71%	76.47%	79.41%
其他风险（包括流动性风险和法律风险）	92.65%	95.59%	97.06%
会计政策	51.26%	52.94%	55.46%
巴塞尔Ⅲ新增内容	0	0	0

注：本表对 17 个调查项目大类进行了归并和调整，得到 12 个类别。

2006 年、2009 年和 2012 年，台湾地区商业银行的年报结构高度相似，一般都包含致股东报告书、银行简介、公司治理报告、募资情况、营运概况、财务概况、财务状况及经营结果只检讨分析与风险管理事项、特别记载事项这八大部分。这是因为样本银行均为台湾上市银行，必须符合台湾证券交易所的《公开发行公司年报应行记载事项准则》对上市公司年报给出的格式要求。但是，《公开发行公司年报应行记载事项准则》并未就商业银行设置单独条款，未指明需要其单独披露的内容和格式。

台湾地区的商业银行在资本结构这一部分的披露比率很高，在年报上表现为各商业银行使用了统一的资本适足性表格。该表格涵盖商业银行最近五年的数据，且将第一类资本、第二类资本和第三类资本按细项一一列示，同时展示各类加权风险性资产的数额和计算方法。

在信用风险方面，台湾地区商业银行可以采取标准法、内部模型法等经过监管机关核准的方法，但所有样本银行在 2006—2012 年间均选择使用标准法来计算信用风险资产。在市场风险衡量方面，台湾地区商业银行有标准法、内部模型法可供选择。同样的，所有样本银行在 2006—2011 年间均选择使用标准法来计算市场风险。在作业风险（即操作风险）方面，台湾地区商业银行有基本指标法、标准法/选择性标准法和进阶衡量法三种可供选择，但所有的样本银行在2006—2011年间均选择使用基本指标法。年报中的这个资本适足性表是经过审计且须向主管机关申报。台湾地区商业银行的计算方法选择如此集中，可能是出于简便的考虑。

另外，在年报“风险管理事项”一节中，台湾地区商业银行会披露各类风险的定性和定量信息，其中定量信息使用的表格，从形式到项目的设置，也具有高度的一致性。

按相关决议，台湾地区于2006年底开始全面实施巴塞尔协议Ⅱ，包含第二支柱和第三支柱。为此，台湾金融监督管理委员会于2007年1月4日发布修订版《银行资本适足性管理办法》①，即《银行自有资本与风险性资产计算方法说明及表格》。前述提到的具有高度一致性的表格便来源于此，尽管该办法并没有直接明确强制披露的相关表格，这说明商业银行主要依照主管机关的规定来披露资本适足性相关资讯。

3. 银行间的披露情况比较

为了深入考察台湾地区内部商业银行的信息披露水平的情况，以下专门对2012年台湾地区商业银行的年报具体披露项目进行统计，并加以分析。表6－5给出的便是台湾地区商业银行2012年年报中披露项目的分布明细。

表6－5　　台湾地区样本银行2012年年报披露项目分布明细

台湾地区	A	B	C	D	E	F	G	H	I	K	L	M	总计
理想状态的银行	13	5	16（5）	4	7	20	6	10	2	4	7	5	99（88）
彰化商业银行	9	2	1	0	5	4	0	5	2	4	4	0	36
第一商业银行	9	2	1	0	2	5	1	3	1	4	3	0	31
华南商业银行	9	1	1	0	2	5	1	1	1	4	4	0	29
中华开发工业银行	9	2	3	3	4	6	0	2	2	4	5	0	40
中国国际商业银行（兆丰国际商业银行）	9	2	2	0	2	5	2	3	2	4	4	0	35
永豐商业银行（前身华信商业银行）	9	2	3	1	4	4	0	4	1	4	6	0	38

① 《银行资本适足性管理办法》于2009年修订为《银行资本适足性及资本等级管理办法》。

续表

台湾地区	A	B	C	D	E	F	G	H	I	K	L	M	总计
台湾中小企业银行股份有限公司	8	2	1	0	2	5	0	3	1	4	4	0	30
中国信托商业银行	9	1	4	3	4	4	0	3	2	4	2	0	36
合作金库商业银行	9	1	1	1	5	5	0	3	2	4	5	0	36
国泰世华商业银行	8	1	4	0	1	3	0	3	1	4	3	0	28
台北富邦商业银行	9	2	2	1	4	3	0	1	2	4	3	0	31
万泰商业银行	9	2	1	1	2	5	0	3	2	4	4	0	33
玉山商业银行	9	2	3	0	2	3	0	2	2	4	5	0	32
台新国际商业银行	8	2	2	1	2	5	0	4	2	4	3	0	33
远东国际商业银行	9	2	0	1	1	4	0	2	1	4	4	0	28
大众商业银行	7	4	0	3	2	7	0	1	2	2	2	0	30
安泰商业银行	8	1	1	1	2	5	0	0	1	4	5	0	28

注：①A代表资本结构部分，B代表资本充足率部分，C代表市场风险披露部分，D代表内部和外部风险评级部分，E代表衍生品部分，F代表信用风险披露（含备抵情况）部分，G代表风险缓解技术部分，H代表地理区域和业务种类部分，I代表操作风险部分，K代表其他风险（包括流动性风险和法律风险）部分，L代表会计政策，M代表巴塞尔协议Ⅲ新增内容；②理想状态银行指的是满足巴塞尔委员会全部要求的银行，其中C项如果是采用内部模型法，有16个调查项目，如果采用标准法，有5个调查项目。

从表6－5中可以看出，在2012年年报中，调查项目披露最多的中华开发工业银行，披露项目达到40项，且与第二名拉开微小的差距。中华开发工业银行的前身是由台湾民间资本与世界银行合作组建的中华开发信托公司，于1988年改制为工业银行。世界银行顾问角色的存在，使得该银行的公司治理一直与国际接轨。该行在信息披露方面最为突出的是其信用风险披露。以逾期资产的定义为例，在引述按相关法律规定执行之外，还根据对手的不同，分情况予以介绍不同的逾期资产的确认要素和处理方案。

安泰商业银行、远东国际商业银行和国泰世华商业银行三家2012年年报信息披露水平较为类似，偏离同一地区的平均水平较远。究其原因，主要是因为这些银行在市场风险披露方面比较差。具体来说，这三家银行均使用标准法来计量其市场风险，但在年报当中，它们仅仅披露了市场风险管理制度方面的定性信息，对于覆盖的投资组合、使用的计算参数、分类的资本计提要求等计算过程和结果，缺乏定量数据，或者较少提及。

6.5 香港地区银行的信息披露

1. 披露指数比较

本次调查选择了3家香港地区的商业银行，披露指数见表6-6。香港地区的样本银行虽然只有3家，但代表了香港的大中小型银行。从表中可以看出，从2006—2012年，香港地区样本银行的信息披露水平都在不断提高。而且，规模越大的银行，其信息披露水平越高。

表6-6　　香港地区商业银行的信息披露指数

银行	类型	2006年	2009年	2012年
恒生银行	大型	0.3448	0.4388	0.4796
东亚银行	中型	0.2551	0.2959	0.3469
永隆银行	小型	0.2184	0.3367	0.3469

为了更好地反映香港地区商业银行的总体披露水平，我们计算其平均值等统计数据，编制成表6-7。

从平均值看，香港地区商业银行的披露水平总体呈现上升趋势，信息披露指数均值从2006年的0.2728上升至2012年的0.3912，增加了0.1184。其中，以2009年相对2006年的增长为主，披露指数2009年均值较2006年增长了0.0843，约为2012年较2009年增长的两倍。

从最大值看，与平均值趋势类似，香港地区商业银行信息披露指数最大值从2006年的0.3448跃升至2009年的0.4388，此后的增长幅度放缓，到2012年达到0.4796。

从最小值看，也表现出与平均值和最大值类似的趋势。香港地区商业银行信息披露指数2009年的值相较2006年的值增长较大，随后呈现放缓趋势。

从标准差和差异率上看，标准差逐年上升，表示香港地区商业银行信息披露指数差异在扩大，但差异率逐年下降，表明披露指数的相对差异在逐渐缩小。

表 6－7　　香港地区商业银行信息披露指数汇总情况

项目	2006 年	2009 年	2012 年
样本数	3	3	3
平均值	0.2728	0.3571	0.3912
最大值	0.3448	0.4388	0.4796
最小值	0.2184	0.2959	0.3469
标准差	0.0531	0.0601	0.0625
差异率	0.1947	0.1682	0.1599

2. 披露项目的比较

表 6－8 显示了香港地区商业银行信息披露比率情况。总体上看，资本结构、操作风险、其他风险（包括流动性风险和法律风险）和会计政策这几个调查项目的披露比率较高，三年均能达到 40% 以上。自 2009 年起，资本结构、资本充足率、市场风险披露、内部和外部评级、信用风险披露（含备抵情况）、信用风险缓解技术、地理区域和业务种类划分、操作风险这八个方面的调查项目披露比率有较大改善，以 2009 年相对 2006 年为例，分别提高了 15.39%、13.33%、43.33%、66.66%、17.78%、29.16%、23.34% 和 33.33%。这几方面披露比率的大幅上升是披露指数整体走高的主要原因。然而，2012 年与 2009 年相比，披露比率不仅没有提高，反而有所下降。表 6－8 中，除其他风险、会计政策两项外，其他如资本结构、市场风险披露等均出现不同程度的下降。

表 6－8　　香港地区商业银行信息披露比率情况

项目	2006 年	2009 年	2012 年
资本结构	46.15%	61.54%	51.28%
资本充足率	26.67%	40.00%	40.00%
市场风险披露	12.92%	56.25%	35.42%
内部和外部评级	16.67%	83.33%	58.33%
衍生品	0	20.00%	6.67%
信用风险披露（含备抵情况）	8.89%	26.67%	20.00%

续表

项目	2006年	2009年	2012年
信用风险缓解技术	16.67%	45.83%	41.67%
地理区域和业务种类划分	13.33%	36.67%	20.00%
操作风险	50.00%	83.33%	66.67%
其他风险（包括流动性风险和法律风险）	100.00%	100.00%	100.00%
会计政策	61.90%	47.62%	76.19%
巴塞尔Ⅲ新增内容	0	0	0

注：本表对17个调查项目大类进行了归并和调整，得到12个类别。

据了解，香港于2007年1月1日起正式实施包含三大支柱在内的巴塞尔协议Ⅱ，虽然涉及向市场参与者披露信息的主要要求是第三支柱的内容，但相关的披露规则亦是从2007年1月1日起生效，实施新规则的首个申报日在2007年的6月。另外，香港于2010年起对《银行业（披露）规则》进行修订，修订后的规则已于2012年公示。该规则指出，有些条款将分阶段生效，这意味着商业银行不必紧跟快跑，可以根据这个生效阶段，一步一步提升。我们推测，这可能是造成继2009年年报之后披露水平稍有下降的原因。

3. 银行间的比较

为了能深入了解香港地区商业银行间信息披露水平的差异，我们以2012年年报为基础，将各调查项目的披露情况列入表6-9中。

表6-9　　2012年香港地区样本银行披露项目分布明细

银行	A	B	C	D	E	F	G	H	I	K	L	M	总计
理想状态银行	13	5	16（5）	4	7	20	6	10	2	4	7	5	99（88）
恒生银行	8	2	9	2	3	5	3	4	1	4	6	0	47
东亚银行	6	2	7	2	1	5	0	0	2	4	5	0	34
永隆银行	6	2	1	3	2	6	2	2	1	4	5	0	34

注：①A代表资本结构部分，B代表资本充足率部分，C代表市场风险披露部分，D代表内部和外部风险评级部分，E代表衍生品部分，F代表信用风险披露（含备抵情况）部分，G代表风险缓解技术部分，H代表地理区域和业务种类部分，I代表操作风险部分，K代表其他风险（包括流动性风险和法律风险）部分，L代表会计政策，M代表巴塞尔协议Ⅲ新增内容；②理想状态银行指的是满足巴塞尔委员会全部要求的银行，其中C项如果是采用内部模型法，有16个调查项目，如果采用标准法，有5个调查项目。

恒生银行是香港的上市银行，也是全球市值50大上市银行之一。恒生银行的信息披露水平领先主要因为它采用了内部模型法计算市场风险，在这方面披露较为完善。它的定量风险信息披露是放在审计报告中的财务报表附注部分，而且这些定量信息经过了独立机构的审计，更具有说服力。除了提供诸如资产负债表日、期内数据峰值日的各类风险值和VAR数据外，恒生银行还以曲线图的形式展示各类日际数据信息，以反映期内银行市场风险的动态变化，有利于投资者更充分地理解和把握。同时，恒生银行在年报中不断将自身的披露行为与各版本巴塞尔协议的具体要求作比较，解释各类参数的含义。例如，巴塞尔协议2.5要求引进受压亏损风险价值，该指标便出现在2012年年报中并向投资者作了特别解释。虽然在巴塞尔协议Ⅲ新增内容如资本留存缓冲指标等具体新增指标上，恒生银行没有作提前测算，但对巴塞尔协议Ⅲ现有指标的影响，比如对最低资本的要求，恒生银行则在年报中进行了定量预测及披露，并具体解释了造成变化的原因。

东亚银行是香港最大的独立本地银行，在香港联合交易所上市，是恒生指数的成分股之一。东亚银行整体信息披露水平也较高，但相比恒生银行，披露水平稍差。原因主要也在市场风险的披露方面。东亚银行采用内部模型法计算市场风险，在模型参数、压力测试政策及回顾等项目的披露上比较好，但缺少对周期内市场风险动态变化相关信息的披露。我们认为，造成这种情况的原因可能在于东亚银行的市场风险管理能力还不是特别好。一般来说，周期内的风险额度及损益情况变动幅度会较大，只披露期末数据可以掩盖这种波动性。不过，在其他信息的披露方面，东亚银行不弱于恒生银行。

永隆银行虽然也是香港的上市银行，但以2012年末的资产总计规模来算，只相当于东亚银行的25.85%，恒生银行的16.61%，是相对较小的银行。永隆银行2012年年报信息披露总体水平与东亚银行相当，但两者的披露重点不一样。永隆银行在市场风险披露方面明显弱于其他样本行，未披露内部模型法覆盖的投资组合、置信区间、持有期、观察期等关键参数，但在风险缓解技术、地理区域和业务种类等信息的披露上，永隆银行要好于东亚银行，最终使得两者总体披露水平相当。永隆银行的这种披露偏好可能与风险缓解技术偏重定性信息以及地理区域和业务种类部分的披露数据比较容易获得有关。

6.6 新加坡的银行信息披露

1. 披露指数比较

表6-10是本次调查的3家新加坡样本银行的信息披露指数情况。DBS Bank Ltd.、OCBC Bank和United Overseas Bank Limited这三家银行属于新加坡本地的大中型银行，具有较强的代表性。从表中可以看到，新加坡样本银行的整体披露较好，从2006—2012年，三家银行均呈现出逐步提高的态势，且三者之间披露指数比较接近。

表6-10　　新加坡商业银行信息披露指数

银行	2006年	2009年	2012年
DBS Bank Ltd.	0.4286	0.4592	0.4694
OCBC Bank	0.4490	0.4388	0.4694
United Overseas Bank Limited	0.4592	0.5204	0.5102

为了更好地衡量新加坡地区商业银行的整体信息披露水平，我们还对样本的信息披露指数进行了简单统计，见表6-11。该表数据表明：①从平均值看，2006年、2009年和2012年信息披露指数均保持在较高水平，且有一定的上涨幅度；②从最大值看，2006年、2009年和2012年的商业银行信息披露指数最大值分别是0.4592、0.5204和0.5102。2009年较2006年的值增加了0.0612，2012年较2009年有所下降，但总体上保持在一个较高的水平；③从最小值看，这三年的最小值分别是0.4286、0.4388和0.4694，均保持在一个较高水平上，且有一定程度的增长；④从标准差和差异率上看，标准差存在变动，差异率逐渐下降但保持在较低水平，这说明新加坡商业银行披露指数的样本间差异化较小。

表 6－11　　新加坡商业银行信息披露指数汇总情况

项目	2006 年	2009 年	2012 年
样本数	3	3	3
平均值	0.4456	0.4728	0.4830
最大值	0.4592	0.5204	0.5102
最小值	0.4286	0.4388	0.4694
标准差	0.0127	0.0347	0.0192
差异率	0.0286	0.0734	0.0398

2. 披露项目的比较

表6－12给出了新加坡样本银行各项目的披露比率情况。从表中可见：①总体而言，新加坡的商业银行各方面调查项目的披露比率较好，大都在20%以上。②某些项目的披露比率较高，如资本结构、资本充足率、市场风险披露、内部和外部评级、地理区域和业务种类划分、操作风险、其他风险（包括流动性风险和法律风险）、会计政策这八个方面，披露比率三个年份都基本维持在40%以上，部分维持在60%以上。③关于衍生品、地理区域和业务种类划分、操作风险这几个方面的披露比率具有一定的波动性，如衍生品的披露比率从2006年的26.67%升至2009年的42.86%，再降至2012年的20.00%。这主要是因为新加坡的银行信息披露法规MAS 608只是规定最少项目范围，对披露的深度和形式没有详细的要求，造成这些项目属于银行自愿披露项目。由此可知，这些项目披露比率的波动性在一定程度上反映了新加坡商业银行在信息披露方面具有的自愿性和灵活性。④在2012年年报中，对巴塞尔协议Ⅲ新增内容有了一点披露，披露比率为13.33%，表明新加坡商业银行已开始在按巴塞尔协议Ⅲ的新要求进行相关工作。

表 6－12　　新加坡商业银行披露比率情况

项目	2006 年	2009 年	2012 年
资本结构	61.54%	56.04%	66.67%
资本充足率	40.00%	40.00%	40.00%
市场风险披露	54.17%	45.54%	54.17%

续表

项目	2006 年	2009 年	2012 年
内部和外部评级	66.67%	50.00%	91.67%
衍生品	26.67%	42.86%	20.00%
信用风险披露（含备抵情况）	22.22%	14.29%	26.67%
信用风险缓解技术	33.33%	41.07%	37.50%
地理区域和业务种类划分	40.00%	27.14%	40.00%
操作风险	83.33%	64.29%	83.33%
其他风险（包括流动性风险和法律风险）	91.67%	96.43%	100.00%
会计政策	47.62%	63.27%	52.38%
巴塞尔Ⅲ新增内容	0	0	13.33%

注：本表对 17 个调查项目大类进行了归并和调整，得到 12 个类别。

新加坡是在 2007 年 1 月 1 日起正式实施包含三大支柱在内的巴塞尔协议Ⅱ。就第三支柱而言，新加坡并没有制定相应的市场纪律强制性文件。但新加坡金融局于 2006 年 11 月颁布了一个咨询文件《关于在新加坡实施巴塞尔协议Ⅱ的建议》(《Proposals for the Implementation of Basel II in Singapore-Phase 4》)，该文件从信用风险、市场风险、操作风险和账簿利率风险四个方面就披露细目的定性和定量信息给予了一定的说明和指导，不过该文件不具备法律约束力。新加坡商业银行较高的披露水平更多地是建立在自愿披露的基础之上。

3. 银行间的比较

在表 6－13 中，给出了三家样本银行 2012 年年报在具体披露项目方面的披露情况。这些披露情况可总结为：①三个样本银行表现都很接近，各家银行单独部分的披露比率与总体平均水平相当；②三家之间差异较大的项目集中在 A（资本结构）、E（衍生品）、G（风险缓解技术）和 H（地理区域和业务种类）几个方面；③有些项目三家银行则完全一致，如 B（资本充足率）和 K（其他风险）。

风险缓解技术部分是新加坡样本银行信息披露做得均较差的部分，其中 United Overseas Bank Limited 虽然在年报中设置了信用风险缓解技术小节，但实际并未按调查项目的描述披露有效内容，可以视作“未披露”。DBS Bank Ltd 披露信用风险缓解的总体战略和程序以及由担保引起的风险数量，而

OCBC Bank 则是在披露信用风险缓解的总体战略基础上再披露了关键确认政策。

在衍生品信息部分，三家银行的差别比较明显。United Overseas Bank Limited 2012 年的年报在衍生品业务的介绍方面较为系统，使得阅读者可以判断出其交易衍生品和非交易衍生品的持有目的及市值等。相比之下，OCBC Bank 和 DBS Bank Ltd 更倾向于披露交易衍生品的信息，而轻视非交易衍生品的信息。这种披露上差异可能与商业银行持有非交易衍生品的情况有关。

在巴塞尔协议Ⅲ新增内容部分的调查中，新加坡样本银行明显优于其他四个国家的银行。其中，DBS Bank Ltd 在年报中分析了巴塞尔协议Ⅲ带来的影响。通过测算，不仅披露了对原有资本充足率变动的影响，还披露了 2012 年按照巴塞尔协议Ⅲ计算的资本留存缓冲这一新指标的数值。而 United Overseas Bank Limited 虽然没有披露以现有数据按巴塞尔协议Ⅲ计算的新指标情况，但详细介绍了巴塞尔协议Ⅲ下各类监管指标的新算法。

表 6－13　　2012 年新加坡样本银行披露项目分布明细

银行	A	B	C	D	E	F	G	H	I	K	L	M	总计
理想状态银行	13	5	16（5）	4	7	20	6	10	2	4	7	5	99（88）
DBS Bank Ltd	9	2	8	3	2	6	2	4	2	4	3	1	46
OCBC Bank	7	2	9	4	1	7	2	5	1	4	4	0	46
United Overseas Bank Limited	10	2	9	4	5	6	0	3	2	4	4	1	50

注：①A 代表资本结构部分，B 代表资本充足率部分，C 代表市场风险披露部分，D 代表内部和外部风险评级部分，E 代表衍生品部分，F 代表信用风险披露（含备抵情况）部分，G 代表风险缓解技术部分，H 代表地理区域和业务种类部分，I 代表操作风险部分，K 代表其他风险（包括流动性风险和法律风险）部分，L 代表会计政策，M 代表巴塞尔协议Ⅲ新增内容；②理想状态银行指的是满足巴塞尔委员会全部要求的银行，其中 C 项如果是采用内部模型法，有 16 个调查项目，如果采用标准法，有 5 个调查项目。

6.7 澳大利亚的银行信息披露

1. 披露指数比较

本次调查的澳大利亚样本银行披露指数情况见表 6－14。从表中可以看出，澳大利亚的商业银行信息披露有两类趋势：第一类银行是在2006—2009年和2009—2012年两个区间的信息披露水平基本同幅度增长；第二类银行则是在2009—2012年区间出现一个幅度较大的信息披露水平的提高。几个样本银行当中，第一类居多。由于澳大利亚是在2008年1月1日实施巴塞尔协议Ⅱ，且设立过渡期，第二类银行在应对巴塞尔协议Ⅱ实施过程中可能筹备不足，实施进程较为滞后。

表6-14　澳大利亚商业银行信息披露指数得分情况

银行	2006年	2009年	2012年
ANZ	0.3673	0.3776	0.4082
Bank of Queensland Limited	0.4490	0.4592	0.4796
Bendigo and Adelaide Bank Limited	0.2989	0.2759	0.3333
Commonwealth Bank of Australia	0.4898	0.5102	0.5204
ING Bank (Australia) Limited	0.2184	0.2529	0.2989
Investec Bank Australia Limited	0.4598	0.5612	0.5714
Westpac Banking Corporation	0.3571	0.4184	0.4286

对澳大利亚样本银行信息披露指数进行简单统计，结果如表6-15所示。①从平均值看，披露指数在2006年、2009年和2012年分别为0.3772、0.4079和0.4343。2009年的平均值较2006年增加0.0307，2012年的较2009年增加0.0264。可见，在前后两个时间段中，商业银行的披露指数平均值增长相近；②从最大值看，2006年、2009年和2012年信息披露指数最大值分别是0.4898、0.5612和0.5714。2009年的值较2006年的增加了0.0714，2012年的值较2009年的增加了0.0102，这说明部分澳大利亚商业银行选择在2009年之前率先加强信息披露水平；③从最小值看，2006年、2009年和2012年的披露指数最小值分别是0.2184、0.2529和0.2989。2009年的最小值较2006年的最小值增加了0.0345，2012年的最小值较2009年的最小值增加了0.0460，这说明两个时间段内澳大利亚低披露水平的商业银行正在改善信息披露水平；④从标准差和差异率上看，澳大利亚商业银行的信息披露水平绝对化和相对化差异均呈现波动，没有一致化的趋势。

表 6－15　　澳大利亚商业银行信息披露指数汇总情况

项目	2006 年	2009 年	2012 年
样本数	7	7	7
平均值	0.3772	0.4079	0.4343
最大值	0.4898	0.5612	0.5714
最小值	0.2184	0.2529	0.2989
标准差	0.0898	0.1063	0.0907
差异率	0.2382	0.2606	0.2087

2. 披露项目的比较

表 6－16 显示的是澳大利亚商业银行的信息披露比率情况。从表中可知：①澳大利亚的商业银行在资本结构、内部和外部评级、操作风险、其他风险（包括流动性风险和法律风险）、会计政策五个方面的调查项目披露比率较高，三个年份均保持在 40% 以上；②2009 年澳大利亚商业银行在市场风险方面的披露比率较 2006 年增长幅度较大，达到 17.86%，并在 2012 年保持相当的披露比率，这是引起澳大利亚商业银行披露指数平均水平上升的主要原因；③另外，它们在其他方面的披露比率也较为稳定；④对巴塞尔协议Ⅲ的新增内容尚没有银行进行披露。

表 6－16　　澳大利亚商业银行信息披露比率情况

项目	2006 年	2009 年	2012 年
资本结构	57.14%	57.14%	56.04%
资本充足率	34.29%	37.14%	40.00%
市场风险披露	25.00%	42.86%	45.54%
内部和外部评级	50.00%	50.00%	50.00%
衍生品	34.29%	34.29%	42.86%
信用风险披露（含备抵情况）	13.33%	13.33%	14.29%
信用风险缓解技术	39.29%	41.07%	41.07%
地理区域和业务种类划分	22.86%	22.86%	27.14%
操作风险	57.14%	57.14%	64.29%

续表

项目	2006 年	2009 年	2012 年
其他风险（包括流动性风险和法律风险）	85.71%	92.86%	96.43%
会计政策	55.10%	57.14%	63.27%
巴塞尔Ⅲ新增内容	0	0	0

注：本表对 17 个调查项目大类进行了归并和调整，得到 12 个类别。

虽然澳大利亚正式开始实施巴塞尔协议Ⅱ是在 2008 年 1 月 1 日，但在信息披露方面，澳大利亚监管部门一直坚持"原则导向"，而不是"准则导向"。尽管没有具体的披露细则，但是澳大利亚商业银行的信息披露却能够保持在较高的水平，这说明商业银行的自愿披露做得较好，这也许是市场化的竞争环境自然使之的结果。

3. 银行间的比较

对于各家样本银行 2012 年年报在具体调查项目上的披露情况，我们给出了表 6－17。从表中可以发现，样本银行除了 B（资本充足率）、I（操作风险）、K（其他风险）和 M（巴塞尔协议Ⅲ新增内容）几个方面差别不大外，在其他方面都存在一定的差别，特别是在 A（资本结构）、C（市场风险）和 F（信用风险）几个方面，相差较大。这与澳大利亚商业银行在这些方面大多以自愿披露有关。

Investec Bank Australia Limited 是澳大利亚样本银行在 2012 年年报中披露项目最多的银行，跟第二名之间拉开了一定的差距。年轻是该银行的最大特点，它成立于 1997 年，于 2002 年才取得全资格牌照。也许得益于其没有历史悠久的大银行转型适应的特点，新体系的建设速度更快。从该行 2006 年、2009 年和 2012 年三个时间节点的年报披露指数来看，均处于澳大利亚样本银行的前列。该行信息披露的一个特点是，各部分的披露都较充分，尤其是在市场风险部分。它采用的是内部模型法，应披露项目 16 项，实际披露 12 项。其中，对交易业务市场风险相关信息的披露最为突出，从模型的关键参数，资产负债表日的静态结果，到周期内的各时间点数据，再到模型的压力测试，均给出了详细披露。不过，在非交易业务的市场风险信息披露方面，还是有所欠缺。这一点，可以说是本次调查中发现的许多银行的一个通病。

表 6-17　　2012 年澳大利亚样本银行披露项目分布明细

银行	A	B	C	D	E	F	G	H	I	K	L	M	总计
理想状态银行	13	5	16（5）	4	7	20	6	10	2	4	7	5	99（88）
ANZ	7	2	11	1	3	4	1	2	0	4	5	0	40
Bank of Queensland Limited	9	2	9	2	4	7	1	2	2	4	5	0	47
Bendigo and Adelaide Bank Limited	7	2	0	1	2	6	0	2	1	4	4	0	29
Commonwealth Bank of Australia	9	2	11	3	5	4	2	5	1	4	5	0	51
ING Bank（Australia）Limited	5	2	0	1	4	3	0	1	1	4	5	0	26
Investec Bank Australia Limited	9	2	12	3	5	7	4	3	2	4	5	0	56
Westpac Banking Corporation	5	2	8	3	5	6	2	4	2	3	2	0	42

注：①A 代表资本结构部分，B 代表资本充足率部分，C 代表市场风险披露部分，D 代表内部和外部风险评级部分，E 代表衍生品部分，F 代表信用风险披露（含备抵情况）部分，G 代表风险缓解技术部分，H 代表地理区域和业务种类部分，I 代表操作风险部分，K 代表其他风险（包括流动性风险和法律风险）部分，L 代表会计政策，M 代表巴塞尔协议Ⅲ新增内容；②理想状态银行指的是满足巴塞尔委员会全部要求的银行，其中 C 项如果是采用内部模型法，有 16 个调查项目，如果采用标准法，有 5 个调查项目。

Bendigo and Adelaide Bank Limited 和 ING Bank（Australia）Limited 两家银行是在本次调查中信息披露远低于平均水平的两家。一个共同的原因是，它们在市场风险信息披露方面水平较低。前一家银行花了大量的篇幅来描述市场风险，但基本上是讲其市场风险的组成及相关的管理机构和管理策略，而对管理技术——即使用何种方法计量以及相关参数等则避而不谈。按巴塞尔委员会协议的要求，这种披露是属于“非标准的”和“不合格的”。后一家银行将市场风险分解为利率风险、外汇风险等几个细分部分进行描述，缺乏对市场风险的一个总体披露。而且，就细分的风险披露而言，亦更多地涉及管理机构和应对方案一类的定性信息，缺乏本次调查项目中要求的有效内容。

6.8　韩国的银行信息披露

1. 披露指数的比较

本次调查的韩国样本银行的披露指数得分情况见表 6-18。从该表可以看到，①就单个样本银行而言，2006 年信息披露水平高的样本银行基本上保持这个高水平，甚至继续提高；②而2006年披露水平较低的样本银行，在随后的年份中则有进一步降低的倾向；③总体上看，这些银行平均披露水平都不算高，特别是与新加坡和澳大利亚的银行相比。

表6-18　　　　韩国商业银行信息披露指数得分情况

银行	2006年	2009年	2012年
Hana Financial Group	0.1735	0.1034	0.1149
Industrial Bank of Korea	0.2245	0.2653	0.3367
Korea Exchange Bank	0.2755	0.3061	0.3367
NongHyup Bank	0.2414	0.2529	0.1609
Woori Financial Group	0.1034	0.0920	0.0805

表6-19给出的是韩国商业银行信息披露指数的简单统计结果：①从平均值看，韩国商业银行2006年、2009年和2012年的披露指数分别为0.2037、0.2039和0.2060，基本保持在一个相当稳定的水平。②从最大值看，2006年、2009年和2012年的信息披露指数分别为0.2755、0.3061和0.3367。2009年披露指数的最大值较2006年的增加了0.0306，2012年的又较2009年增加了0.0306。看起来，两个时间段的增幅相近。③从最小值看，韩国商业银行2006年、2009年和2012年的披露指数分别为0.1034、0.0920和0.0805，呈现出一定程度的下降。这在一定程度上反映了韩国缺乏推动商业银行信息披露水平的强制性因素。④另外，从标准差和差异率指标上看，韩国商业银行披露水平的绝对化差异和相对化差异也有不断加大趋势，说明韩国银行的信息披露正在出现分化，即好的更好，差的更差。

表6-19　　　　韩国商业银行信息披露指数汇总情况

项目	2006年	2009年	2012年
样本数	5	5	5
平均值	0.2037	0.2039	0.2060
最大值	0.2755	0.3061	0.3367
最小值	0.1034	0.0920	0.0805

续表

项目	2006 年	2009 年	2012 年
标准差	0.0600	0.0886	0.1098
差异率	0.2944	0.4344	0.5331

2. 披露项目的比较

表 6－20 显示的是韩国商业银行各调查项目的信息披露比率情况。从中可以看出：①操作风险、其他风险（包括流动性风险和法律风险）和会计政策三大方面的披露比率三个年份都维持在 30% 以上。②除上述三个方面外，其他方面的披露比率均较低，三个年份上的波动也较大。其中，资本结构一项的披露比率由 2009 年的 35.38% 下降至 2012 年的 18.46%，几乎下降了一半。这主要是因为样本中 NongHyup Bank 和 Woori Financial Group 的年报篇幅大幅缩减，而与“资本结构”相关的调查项目均在缩减之列。③从 2006—2012 年有大幅提高的项目是：衍生品、地理区域和业务种类划分以及会计政策。可见，韩国各银行的信息披露在不同项目上的伸缩比较大。

表 6－20　　　　韩国商业银行信息披露比率情况

项目	2006 年	2009 年	2012 年
资本结构	30.77%	35.38%	18.46%
资本充足率	32.00%	28.00%	24.00%
市场风险披露	18.75%	16.25%	16.25%
内部和外部评级	15.00%	15.00%	20.00%
衍生品	4.00%	4.00%	12.00%
信用风险披露（含备抵情况）	5.33%	8.00%	6.67%
信用风险缓解技术	17.50%	17.50%	22.50%
地理区域和业务种类划分	0	2.00%	12.00%
操作风险	50.00%	40.00%	40.00%
其他风险（包括流动性风险和法律风险）	70.00%	60.00%	70.00%
会计政策	31.43%	34.29%	42.86%
巴塞尔Ⅲ新增内容	0	0	0

注：本表对 17 个调查项目大类进行了归并和调整，得到 12 个类别。

韩国于2008年1月1日起全面实施巴塞尔协议Ⅱ，但部分银行如Industrial Bank of Korea在2006年已经在开始筹建应对小组，开始筹备和实施巴塞尔协议Ⅱ。韩国商业银行信息披露水平总体偏低，原因主要有两点：第一，韩国虽然实施分业监管但实际是混业经营，商业银行往往涉足信托、保险等业务，年报信息披露限于篇幅等原因不能完全按照银行的模式进行；第二，韩国始终没有制定针对商业银行的信息披露细则，除了上市商业银行需要遵守交易所制定的上市公司信息披露制度外，商业银行的信息披露更多地建立在自愿披露的基础上。

3. 银行间的比较

韩国样本银行2012年年报中对于各个调查项目的披露情况见表6-21。表中数据显示：①在A（资本结构）、C（市场风险披露）、E（衍生品）、F（信用风险）、K（其他风险）和L（会计政策）几个方面，样本银行间的差异比较大；②差异不大的项目有D（内部和外部风险）、G（风险缓解技术）和H（地理区域和业务种类）；③对于巴塞尔协议Ⅲ，样本银行均未披露。

在5家样本银行中，Hana Financial Group、NongHyup Bank和Woori Financial Group的信息披露出现了极不充分的情况。我们了解到，Hana Financial Group是一个集团公司，主要由Hana Bank、Hana Savings Bank、Hana SK Card这几家银行，外加Hana Daetoo Securities等几家其他类别的公司组成。我们发现Hana Bank和Hana Savings Bank均不对外公开发布年报，因此以Hana Financial Group的年报来作为其银行部分年报的替代品来加入调查。由于Hana Bank和Hana Savings Bank不公开发布单独的年报，理论上可以视为“零”披露。不过，集团年报包含了一些下属银行的信息，因此就单个银行机构而言，也非“零”披露。在集团年报中，下属机构是按划分的章节单独披露的，篇幅方面明显受限，这可能也是造成这类银行信息披露不足的原因。

类似的，NongHyup Bank也是使用替代年报，因为其本身并不对外发布年度报告。为了不将其信息披露水平置于零，我们使用了其控股方的年报。

Woori Financial Group则是一个类似于美国花旗集团的公司，银行业务由其下属的Woori Bank承担。同样的，Woori Bank没有单独发布的年报。从Woori Bank的官方网站上设置了投资者关系一栏，其中有年报下载选项，但实际下载文件为集团的年报。为尽可能接近真实披露情况，我们也使用了集团年报代替银行年报。

Industrial Bank of Korea 和 Korea Exchange Bank 是本次调查中单独发布年报的商业银行，但其信息披露水平仍然较低。问题主要在于市场风险等需披露定量信息的地方基本没有披露，而是较多地披露了一些具有共性的信息，如会计政策。其风险管理制度等方面也只披露了一些定性信息。

表 6－21　　　　2012 年韩国样本银行披露项目分布明细

银行	A	B	C	D	E	F	G	H	I	K	L	M	总计
理想状态银行	13	5	16（5）	4	7	20	6	10	2	4	7	5	99（88）
Hana Financial Group	5	1	0	0	0	0	0	1	1	1	1	0	10
Industrial Bank of Korea	4	1	5	2	1	6	2	3	1	4	4	0	33
Korea Exchange Bank	3	2	8	2	4	2	0	1	2	4	5	0	33
NongHyup Bank	0	1	0	0	3	1	0	0	0	4	5	0	14
Woori Financial Group	0	1	0	0	2	2	0	1	0	1	0	0	7

注：①A 代表资本结构部分，B 代表资本充足率部分，C 代表市场风险披露部分，D 代表内部和外部风险评级部分，E 代表衍生品部分，F 代表信用风险披露（含备抵情况）部分，G 代表风险缓解技术部分，H 代表地理区域和业务种类部分，I 代表操作风险部分，K 代表其他风险（包括流动性风险和法律风险）部分，L 代表会计政策，M 代表巴塞尔协议Ⅲ新增内容；②理想状态银行指的是满足巴塞尔委员会全部要求的银行，其中 C 项如果是采用内部模型法，有 16 个调查项目，如果采用标准法，有 5 个调查项目。

6.9　各国间的比较

前面主要分国别或地区对商业银行信息披露进行了比较分析，这里，我们将从披露指数和披露比率出发，对不同国别的银行进行比较，参见表 6－22。

首先，从三个年份的年报披露指数来看，①若以平均值为标准，澳大利亚和新加坡的商业银行信息披露水平超过平均，两者较为接近，且从 2006 年以来一直领先。不过，其披露指数均值还没有超过 0.5000，说明离巴塞尔委员会的要求还有一定的差距；②台湾和香港地区的商业银行信息披露水平在逐年提高。到 2012 年，与澳大利亚、新加坡第一梯队的差距已缩小许多；③在调查的 5 个国家和地区中，韩国的商业银行信息披露水平一直保持较低水平，位居最后。

表 6-22　　各国间的银行信息披露指数平均值比较

国家或地区	2006 年	2009 年	2012 年
台湾	0.3000	0.3399	0.3725
香港	0.2728	0.3571	0.3912
新加坡	0.4456	0.4728	0.4830
澳大利亚	0.3772	0.4079	0.4343
韩国	0.2037	0.2039	0.2060

其次，从调查项目的披露比率来看，各国情况对比如下：

（1）资本结构和资本充足率。在这个方面，台湾地区由于在强制性的披露要求中有适足性披露的统一表格，因而该部分的披露最为详尽，特别是发行金融债券用于补充自有资本的银行，他们都会一一披露金融债券的期限、特殊条款等信息。除韩国外，余下 3 个国家或地区的银行在这方面也保持有较高的披露水平。这一方面是因为资本结构和资本充足率的披露内容较为简单，数据易于获得，另一方面则是因为资本充足率属于巴塞尔协议 I 内容，银行业监管机构一直以来都用作衡量银行风险的关键指标。这一项目相关信息的披露，不仅可以反映商业银行自身资本的安全性，还可以显示其自身在所在国银行业的地位，吸引投资者的关注。

（2）市场风险。关于市场风险，国际上有两种通行的衡量方式。第一种是采用 VAR 等风险计量统计模型，这要求商业银行要披露相关模型的假设前提及参数，甚至模型测试信息；另一种是采用标准法，即用风险权重系数来衡量各类风险敞口。本次调查发现，虽然台湾地区商业银行的信息披露水平较高，但基本是选择标准法这一相对简单的方式。在余下的国家和地区中，韩国的银行相关部分披露比率一直偏低，新加坡从 2006 年起便保持较高的披露比率，而澳大利亚和香港则是从 2009 年起便提高了该部分的披露比率。这与巴塞尔协议 Ⅱ 在不同国家分阶段实施以及高级计量方法采用时间滞后有关。

（3）信用风险。这部分包含有内部和外部评级、信用风险的计量和信用风险缓解技术三大部分。本次调查分析发现，各个国家或地区的商业银行在信用风险缓解技术方面的披露比率相对较高，其他则不够理想。

（4）操作风险。这部分主要是涉及企业内部控制方面的信息，加上本次调查设置的相关调查科目也较为简单、数量偏少，因此在这一方面，5 个国家和地区的披露比率表现一致，且在 2006 年、2009 年和 2012 年三个节点上均保持较高水平。

（5）其他风险（包括流动性风险及法律风险）。由于这两方面基本属于各个国家和地区审计报告要求披露的范畴，本次调查的重点在于评判其披露是否达到了巴塞尔委员会的要求。从调查结果看，5 个国家和地区的商业银行在这一项目的披露比率基本保持在 80% 以上，且之间没有太大差异。

（6）会计政策。本次调查发现，除韩国外，余下 4 个国家和地区的商业银行在该部分的项目披露比率均高达 50% 以上。这主要是由于该部分内容属于独立机构出具的审计报告中的必备部分，内容更多的是所在国家或地区的会计准则在商业银行个体上的具体化。一般来说，该部分内容的披露比率会随着巴塞尔协议Ⅱ的实施推进而有所提升。但新加坡是个例外，其会计政策方面的披露比率呈现一定的波动。

（7）巴塞尔协议Ⅲ新增内容。原则上巴塞尔协议Ⅲ在成员国中将于 2013 年 1 月 1 日起正式生效，各成员国也在生效日前做了大量的准备工作。相比 2007 年 1 月 1 日即巴塞尔协议Ⅱ开始实施日，不少商业银行已经提前在年报上反映巴塞尔协议Ⅱ要求的内容，本次调查发现，几乎没有一家样本银行在 2012 年年报上披露巴塞尔协议Ⅲ要求的内容。但新加坡的 DBS Bank Ltd 是个例外，该行在其 2012 年年报上披露了按照巴塞尔协议Ⅲ计算的资本留存缓冲等数据。这表明，巴塞尔协议Ⅲ的实施难度将高于巴塞尔协议Ⅱ。新加坡 DBS Bank Ltd 的做法，也反映出新加坡在实施巴塞尔协议方面的领先性。

第7章　国内上市银行信息披露的现状研究
——基于2012年年报

中国于2009年成为巴塞尔委员会成员国，正在逐步实施巴塞尔新资本协议的要求。虽然中国的银行业近30年来已有了长足的进步，管理水平也日趋国际化、专业化，但是不能否认，中国的商业银行依然处于成长期，还存在诸多问题，尤其是在信息披露方面，还有许多地方需要改进。

为了解国内商业银行在信息披露方面的现状，我们在这里选择上市银行进行考察，以期掌握银行业透明度现状，发现问题，分析原因。在此基础上，给国内商业银行信息披露的规范提供一些有益的借鉴和参考，以规范其金融市场行为，保护投资者利益，维护金融市场的健康、稳定。

7.1　国内上市银行的信息披露规范

1. 中国商业银行监管沿革

自新中国建立到改革开放，中国实行计划经济体制，没有形成完整的商业银行体系。当时，中国人民银行作为中央银行，在履行中央银行职能的同时，也具有商业银行的部分职能。加上当时在计划经济体制下，银行业务主要是实现政府的各项货币和财政政策，业务结构单一，银行的信息主要向政府汇报，政府担当了银行系统的主要监管者。

改革开放之后，中国人民银行中的商业银行职能逐步剥离，人民银行完全成为中央银行，另外还成立了一批商业银行和政策性银行，如中国工商银行成立于1984年。

商业银行成立初期，国内市场经济仍不活跃，加上商业银行皆由国家出资成立，有国家信用的担保，所以社会公众对商业银行的信息披露缺乏深刻的认识。另外，商业银行的利益相关者也大多数拥有政府背景，因此，商业信息披露制度的建立在当时尚不具备必要的经济和社会环境。

20 世纪后期，中国尚未有针对商业银行信息披露的专门立法。但是，随着深圳、上海两个证券交易所的建立、中国资本市场的蓬勃发展，上市企业的经营信息成为投资者决策所倚重的依据，财政部、证监会、交易所等部门开始对上市企业的信息披露作出了相关规定。

1993 年 4 月，国务院发布了《股票发行与交易管理暂行条例》。1993 年 12 月 29 日，第八届全国人民代表大会常务委员会第五次会议通过了《公司法》，之后又多次修订。这一期间，中国证监会也专门就信息披露颁布了一系列规范文件，如 1993 年开始颁布的《公开发行股票公司信息披露实施细则》及之后的不断修订。2006 年，证监会颁布了《上市公司信息披露管理办法》，这是一份针对上市公司发行上市和后续阶段信息披露要求的纲领性文件，它的出台，标志着中国上市公司信息披露逐步走向规范化。

2000 年以后，我国上市商业银行的信息披露逐步走向制度化和规范化。财政部、中国人民银行、中国证监会、中国银监会以及中国注册会计师协会等都对商业银行的信息披露作出了相关规定。例如，中国证监会于 2000 年 11 月颁布了《公开发行证券公司信息披露编报规则（第 1 号）商业银行招股说明书内容与格式的特别规定》和《公开发行证券公司信息披露编报规则（第 2 号）商业银行财务报表附注特别规定》，2000 年 12 月 21 日又颁布了《商业银行年度报告和内容特别规定》等，对商业银行在信息披露上的要求进行了较为详细的规范。在会计准则方面，1993 年 3 月财政部和中国人民银行颁布了《金融企业会计制度》，2002 年 1 月该制度废止，之后全面采用财政部颁布的《企业会计准则》。

中国银监会成立于 2003 年 4 月，对商业银行负责统一监督管理。成立之后，银监会出台了一系列举措，对商业银行各类业务及风险实施监管。这些举措和规定涉及商业银行诸多方面，如资本充足率、信用风险、市场风险、操作风险、信息披露等，见表 7－1。

从表 7－1 可见，为稳步推进新资本协议在我国的实施，推动商业银行增强风险管理能力，提升资本监管有效性，中国银监会制定了一系列关于实施新资本协议的意见措施，并多次就核心资本监管发出意见征求公告，最后形成相

表 7－1　中国银监会关于新资本协议、风险管理、会计准则等方面的有关规定

发布时间	相关规定
2014. 2. 19	《商业银行流动性风险管理办法（试行）》中国银监会令 2014 年第 2 号
2014. 1. 6	《商业银行全球系统重要性评估指标披露指引》银监发［2014］1 号
2012. 6. 8	《商业银行资本管理办法（试行）》中国银监会令 2012 年第 1 号
2012. 7. 30	《商业银行贷款损失准备管理办法》中国银监会令 2012 年第 4 号
2011. 6. 2	《商业银行杠杆率管理办法》中国银监会令 2011 年第 3 号
2011. 5. 3	《中国银行业实施新监管标准的指导意见》银监发［2011］44 号
2010. 2. 5	《商业银行资产证券化风险暴露监管资本计量指引》
2010. 1. 13	《商业银行资本充足率监督检查指引》银监发［2009］109 号
2010. 6. 29	《关于对实施新资本协议相关指引征求意见的公告》（注：不同于 2009 年 8 月 3 日发布的公告）
2009. 12. 24	《商业银行资本计量高级方法验证指引》银监发［2009］104 号
2009. 12. 24	《商业银行银行账户利率风险管理指引》银监发［2009］106 号
2009. 12. 16	《商业银行资本充足率信息披露指引》银监发［2009］97 号
2009. 10. 29	《商业银行流动性风险管理指引》银监发［2009］87 号
2009. 9. 8	《商业银行声誉风险管理指引》银监发［2009］82 号
2009. 8. 3	《关于对实施新资本协议相关指引征求意见的公告》
2008. 12. 11	关于征求《市场风险资本计量内部模型法监管指引（征求意见稿）》等实施新资本协议八个监管文件意见的公告
2008. 10. 17	中国银监会关于印发第一批新资本协议实施监管指引的通知
2007. 11. 1	中国银监会关于银行业金融机构全面执行《企业会计准则》的通知［2007］22 号
2007. 7. 25	《商业银行信息披露办法》中国银监会令 2007 年第 7 号
2007. 7. 25	《商业银行内部控制指引》中国银监会令 2007 年第 6 号
2007. 7. 25	《中国银行业监督管理委员会关于修改〈商业银行资本充足率管理办法〉的决定》中国银监会令 2007 年第 11 号
2007. 6. 1	《商业银行操作风险管理指引》
2007. 3. 12	《中国银行业实施新资本协议指导意见》
2006. 5. 24	关于征集对巴塞尔银行监管委员会《有效银行监管核心原则》及《核心原则评价方法》征求意见稿意见的通知
2006. 1. 17	《商业银行风险监管核心指标（试行）》的通知
2005. 1. 7	《商业银行市场风险管理指引》银监会令 2004 年第 10 号
2004. 2. 27	《商业银行资本充足率管理办法》银监会令 2004 年第 2 号

关规定，即2012年6月8日颁布了《商业银行资本管理办法（试行）》①，这意味着巴塞尔协议Ⅲ在中国开始全面落实。2014年2月19日，又颁布了《商业银行流动性风险管理办法》。可以说，国内目前已经形成了一套相对完整的商业银行监管体系。

在信息披露方面，中国银监会2007年7月25日颁布了《商业银行信息披露办法》，这是继2002年5月21日中国人民银行《商业银行信息披露暂行办法》之后国内第一个关于商业银行信息披露方面的法令，主要就年报信息披露的内容以及相应的管理进行了规范。与之前中国证监会颁布的有关信息披露规范只针对上市公司不同的是，该法令的适用对象不仅包括中资商业银行、外资独资银行、中外合资银行、外国银行分行，还包括农村合作银行、农村信用社、村镇银行、贷款公司、城市信用社等。2009年12月16日，又颁布了《商业银行资本充足率信息披露指引》，根据新资本协议相关指引，鼓励银行披露关于资本计量和风险管理方面的信息，如资本充足率各项目的计算，信用风险、市场风险等各类风险的判断和估计。不过，该指引被2012年6月8日颁布的《商业银行资本管理办法（试行）》所取代，在该文件的附件15中，专门就信息披露给出了具体要求。2014年1月6日，为响应巴塞尔委员会的相关要求，中国银监会颁布了《商业银行全球系统重要性评估指标披露指引》，要求银行披露调整后的表内外资产余额、金融机构间资产、金融机构间负债、发行证券和其他融资工具、通过支付系统或代理行结算的支付额、托管资产、有价证券承销额、场外衍生产品名义本金、交易类和可供出售证券、第三层次资产、跨境债权和跨境负债等12个指标。这些指标即为巴塞尔委员会用于评

① 中国银监会2012年第1号令《商业银行资本管理办法（试行）》中规定，该办法自2013年1月1日起施行。《商业银行资本充足率管理办法》（中国银行业监督管理委员会2004年第2号令颁布实施，根据2006年12月28日中国银行业监督管理委员会第五十五次主席会议《关于修改〈商业银行资本充足率管理办法〉的决定》修正），《商业银行银行账户信用风险暴露分类指引》，《商业银行信用风险内部评级体系监管指引》，《商业银行专业贷款监管资本计量指引》，《商业银行信用风险缓释监管资本计量指引》，《商业银行操作风险监管资本计量指引》（银监发［2008］69号），《商业银行资本充足率信息披露指引》（银监发［2009］97号），《商业银行资本计量高级方法验证指引》（银监发［2009］104号），《商业银行资本充足率监督检查指引》（银监发［2009］109号），《商业银行资产证券化风险暴露监管资本计量指引》（银监发［2009］）116号），《商业银行市场风险资本计量内部模型法监管指引》（银监发［2010］13号），《商业银行资本计量高级方法实施申请和审批指引》（银监发［2010］114号）同时废止。

估商业银行全球系统重要性的评估指标。在此基础上，该指引还鼓励银行进行更多的自愿披露。可见，国内上市银行在信息披露规范方面已基本与国际接轨。

2. 信息披露有别于一般上市公司

商业银行在信息披露上与一般上市公司是有一些区别的。以中国工商银行为例，在其2013年年报中列出的信息披露相关规则包括：《中华人民共和国证券法》、财政部颁布的《企业会计准则》、中国证监会发布的《公开发行证券的公司信息披露编报规则》以及中国银监会发布的《关于印发商业银行资本监管配套政策文件的通知》（银监发［2013］33号）附件2《关于商业银行资本构成信息披露的监管要求》、《商业银行全球系统重要性评估指标披露指引》等。同时，还要接受来自各相关部门的业务指导，并遵循有关规范。例如，在计算资本充足率和杠杆率时，要遵照中国银监会《资本办法》、《商业银行资本充足率管理办法》，以及《商业银行杠杆率管理办法》。可见，商业银行信息披露要求通常要高于一般的上市公司。

我们认为，其原因主要有：①商业银行提供的产品是金融服务，其服务的媒介是货币，这与其他提供产品和服务的企业有着明显的不同。金融业务似乎更抽象，也更复杂。而会计的本质是对任何一个经济主体经营活动本质的反映。业务性质的不同，从根本上决定了会计信息的差异。金融业务越复杂，常常要求提供更多、更详细的信息披露。②商业银行的风险也不同于一般企业，风险监控比一般上市企业的难度更大。由于各家银行采取的风险监控方法可能不同，银行各项业务之间的风险水平也存在较大差异，因此，出于对商业银行风险进行有效监管的需要，在信息披露方面的要求就可能更高。

7.2 调研方法与样本银行

1. 调研方法

为了解中国商业银行信息披露现状以及与巴塞尔委员会要求之间的差距，我们选择了国内16家上市商业银行（其中有8家银行H股上市）进行调研，考察期间为2003年到2012年，主要涉及年报中的信息披露。

调查方法与前面的章节一样，主要采用104个调查项目的信息披露调查表，按所给调查项目对银行年报进行评分，从评分结果中计算出“披露指数”和“披露比率”[①]，之后在不同的银行间进行比较，从而了解目前国内上市商业银行信息披露具体情况。

以中国工商银行2012年的报表为例。该份年报中，根据调查表的要求应披露的项目为99项，而实际披露的项目为65项，所以2012年中国工商银行的信息披露指数为65除以99，即0.6566。我们利用该指标来衡量银行年报中披露信息水平。

项目披露比率是用来衡量披露某一项目的银行数占银行总数的百分比。以调查表中的“披露一级资本和二级资本中的扣除数量”项目为例，2012年披露该项目的银行有14家，所以该项目的披露比率为14除以16，即87.5%。用该指标来衡量某一家银行的某一项指标与其他银行相比的披露水平。

在根据调查表对银行年报进行评分时，首先需要全面阅读银行年报，检查各调查项目是否披露。若银行披露了调查表中的某一项，则在该项目记为“1”，否则记为“0”。在评分的过程中，为了消除个人主观的偏差，还需要不断对已进行评分的项目进行回溯调整，以保证评分标准的一致性。

2. 样本银行

我们在这里选取了16家国内上市商业银行，他们是：中国工商银行、中国农业银行、中国建设银行、中国银行、交通银行、北京银行、中国光大银行、华夏银行、中国民生银行、南京银行、宁波银行、平安银行（原深圳发展银行A）、上海浦东发展银行、兴业银行、招商银行和中信银行。其中，有8家[②]是在香港上市的A+H股银行：中国工商银行、中国农业银行、中国建设银行、中国银行、交通银行、中国民生银行、招商银行和中信银行。表7-2是上述16家银行及我们查阅的年报情况。

① 胡奕明：“银行信息披露的国际比较——对13个国家和地区银行年报的调查分析”，《金融研究》，2002年第3期，第87—94页。

② 中国光大银行H股于2013年12月20日在香港联交所上市，在这次调查开始时尚未上市，故本次调查暂不将其列入A+H股。

表 7－2　　查阅的样本银行年报情况

银行名称	上市时间（A/H）	年报数量	2003 年	2006 年	2009 年	2012 年
平安银行（深发展 A）	1991 年	4	1	1	1	1
上海浦东发展银行	1999 年	4	1	1	1	1
中国民生银行	2000 年/2009 年	4	1	1	1	1
招商银行	2002 年/2006 年	4	1	1	1	1
华夏银行	2003 年	4	1	1	1	1
中国工商银行	2006 年/2006 年	3		1	1	1
中国银行	2006 年/2006 年	3		1	1	1
中国建设银行	2007 年/2005 年	2			1	1
交通银行	2007 年/2005 年	2			1	1
北京银行	2007 年	2			1	1
南京银行	2007 年	2			1	1
宁波银行	2007 年	2			1	1
兴业银行	2007 年	2			1	1
中信银行	2007 年/2007 年	2			1	1
中国农业银行	2010 年/2010 年	1				1
中国光大银行	2010 年	1				1
A 股合计		42	5	7	14	16
H 股合计		20	0	5	7	8

在样本时间点的选择上，我们选取了 2003 年、2006 年、2009 年和 2012 年 4 个年份。选取这 4 个年份节点的原因如下：①若对 16 家上市银行年报逐年评分，相邻年份之间的年报信息披露水平差异度极小，在趋势分析中并无必要。选取相同间隔的年份进行评分能够更直观地发现银行信息披露水平的变化。②选取 4 个年份涵盖了一些重要的事件窗口。巴塞尔委员会 2001 年和 2003 年两次征求意见稿后，终于在 2004 年 6 月定稿，批准通过了《巴塞尔协议Ⅱ》。而 2001 年国内仅有三家上市商业银行，故选取了 2003 年和 2006 年两个时间点，以考察在新资本协议发布前后的比较。2009 年中国成为巴塞尔成员国，未来也要按照新资本协议的要求改进银行资本结构和信息披露，故选取该年份。而 2011 年巴塞尔委员会又批准通过了巴塞尔协议Ⅲ，2012 年中国发

布了《商业银行资本管理办法（试行）》，故选取2012年作为样本的时间点。上述4个时间间隔都为两年，这为比较研究提供了便利。

7.3　A股上市银行之间的比较

1.“四大”国有银行信息披露情况

表7－3展示了三个时间节点上国有“四大”行信息披露的总体情况。2003年国有“四大”行均未完成IPO，故该年无数据。从披露指数均值来看，国有“四大”行的披露水平呈现逐年提高的趋势，但2009年到2012年出现了一些停滞，披露指数保持不变。中国工商银行的披露指数从2006年的0.5253逐年提高到2012年的0.6566，在“四大”行中为最高。在2012年的披露指数中，中国农业银行的最低，为0.5758，之前两个时点没有年报。中国建设银行的披露似乎不升反降，从2009年的0.6566下降为2012年的0.6263。中国银行的披露总体呈上升趋势，但2009年稍有下降，2012年披露指数高于四家的均值。

表7－3　　　国有“四大”行年报披露指数基本情况

银行名称	2012年	2009年	2006年
中国工商银行	0.6566	0.6465	0.5253
中国农业银行	0.5758	n. a	n. a
中国建设银行	0.6263	0.6566	n. a
中国银行	0.6465	0.5758	0.5859
均值	0.6263	0.6263	0.5556

为了解“四大”行各个调查项目的披露情况，我们整理出表7－4，即从2006年到2012年的披露比率。从表中各年比较看，披露水平均有明显提高，特别是在资本充足率、巴塞尔协议Ⅲ下的资本比较和资本结构、信用衍生产品等方面；另外，在信用风险、其他风险、会计政策等调查项目上存在有升有降的情况，如内部和外部的评级下降，信用风险备抵上升。对于各调查项目的细分项，我们也进行了比较，具体情况如下：

（1）关于资本结构和资本充足率的披露。“四大”行关于资本结构和资本充足率的披露比较充分，基本上达到巴塞尔委员会的要求。在后面的比较中也能看出，“四大”行在这方面整体上要优于其他上市银行。

披露比率比较高的有“普通股数量”、“总资本基数”、“一级资本数量”和“二级资本数量”等，四家银行在三个时间节点上都在年报中披露了其资本金的构成。由于国内目前尚未开始有优先股，各家银行均未披露“非累积优先股”。另外，在创新和复杂资本工具的披露上也几乎没有涉及，原因是国内商业银行相关资本工具的发行还较少，常见的补充资本金的方式是在银行间市场发行次级债。按规定，次级债的50%根据资本管理办法可以计入附属资本。国内银行通过发行次级债的方式来补充资本充足率的，需要在年报中披露历年次级债的发行规模、利率及其赎回条件等。

表7-4　　2006—2012年国有“四大”行各项目的披露比率

调查项目	2012年	2009年	2006年
资本结构	61.54%	61.54%	53.85%
资本充足率	65.00%	60.00%	30.00%
市场风险内部模型法	60.94%	62.50%	68.75%
使用标准法银行的市场风险披露	0	0	0
内部和外部评级	87.50%	100.00%	100.00%
信用风险模型法	60.94%	62.50%	68.75%
信用风险备抵	56.82%	36.36%	36.36%
地理区域和业务种类划分	72.50%	63.33%	60.00%
银行账簿信用风险	80.00%	86.67%	80.00%
信用风险缓解技术	66.67%	88.89%	50.00%
信用衍生产品和其他信用增强	62.50%	66.67%	0
衍生产品	5.00%	46.67%	30.00%
会计政策	60.71%	52.38%	57.14%
操作风险	100.00%	100.00%	100.00%
其他风险	93.75%	100.00%	100.00%
巴塞尔协议Ⅲ下的资本比率和资本结构	55.00%	40.00%	20.00%
总比率	61.80%	64.22%	53.43%

（2）关于市场风险的披露。巴塞尔委员会要求银行在计量市场风险时可以采用内部模型法或标准法。根据“四大”行报表的披露，“四大”行皆采用了内部模型法。在模型具体参数方面，披露了模型的参数（持有期、观察期、置信水平等）、覆盖的投资组合、压力测试等，尤其是关于VaR数据，还披露了最高/最低VaR、平均VaR等。但是，在“讨论交易投资组合的冲击影响的情景分析结果”中，各家银行均未有披露。

（3）关于信用风险的披露。根据中国人民银行《贷款分类指导原则》的要求，银行比较倾向于使用“贷款五级分类法”对贷款和垫款进行评级分类管理，并且在交易业务中对某项资产参考其外部评级机构给出的评级。从调查项目看，“四大”行均披露了拨备覆盖情况和计入损益表的冲销和回收数量，但是在损失备抵的分配方面没有披露具体是如何操作的。对国家风险计提准备金也未披露，仅停留在定性的层面。不过，各家银行都披露了其“最大信用风险敞口”，包括表内和表外的部分。

对于逾期贷款的披露，各家银行都详细披露了逾期贷款的期限和地理分布。在抵押物的信用风险缓解方面，主要给出了定性信息。对抵押物潜在风险暴露比率等的披露不到位。

（4）关于操作风险的披露。操作风险一直备受各家银行关注。根据中国银监会颁布的《商业银行风险管理指引》，“四大”行均发展了完备的操作风险管控模式，并积极推进操作风险高级计量法的实施。

（5）巴塞尔协议Ⅲ下的资本比率和资本结构。巴塞尔协议Ⅲ下的资本比率和资本结构部分主要为了呼应2011年新通过的巴塞尔协议Ⅲ。巴塞尔协议Ⅲ中对资本充足率和流动性风险监控、杠杆比率提出了新要求，引入了逆周期监管框架、杠杆比率和流动性监管指标等。这些指标的引入意义在于要求银行充分考虑经济周期的影响，在经济上行的过程中要能为下行周期做好充分准备，目的在于促进银行缓解经济周期效应，有能力吸引未来经济衰退和系统性风险危机所产生的损失，提高银行的稳健性与银行监管的前瞻性。另外，巴塞尔协议Ⅲ还引入了两个新的流动性监管量化指标：流动性覆盖率（LCR），用于度量短期，一般30天内银行流动性状况；净稳定融资比率（NSFR），用于度量中长期内银行可供使用的稳定资金来源能否支持其资产业务发展。

在我们的调查来看，“四大”行尚未开始引入巴塞尔协议Ⅲ的指标。因为巴塞尔委员会要求成员国在2015年之前达到协议Ⅲ的要求，而国内最新通过的资本管理办法也仅仅限于新资本协议的落实阶段，所以该部分的披露明显不足。除了杠杆率、“监管资本的组成与经审计的财务报表数据之间的调和”以及“对于各类监管资本率计算方法的详细说明”之外，其他流动性指标和新增资本构成均未予披露。

但是，我们注意到，已经有银行前瞻性地开始准备该部分的指标。未来监管机构对银行业的要求也会更加严格，“四大”行落实相关披露要求也仅是时间问题。

2. 非“四大”上市银行信息披露情况

表7-5展示了四个年度节点上除“四大”行之外的国内上市银行的信息披露情况。这些上市银行的家数情况如下：2003年和2006年只有5家上市银行，2009年增加到11家，2012年达到12家。

表7-5　　2003—2012年股份制商业银行披露指数基本情况

银行名称	2012年	2009年	2006年	2003年
交通银行	0.6768	0.5152	n. a	n. a
北京银行	0.5051	0.5051	n. a	n. a
中国光大银行	0.5455	n. a	n. a	n. a
华夏银行	0.4646	0.4444	0.3838	0.3838
中国民生银行	0.4848	0.4343	0.3232	0.1414
南京银行	0.4444	0.3333	n. a	n. a
宁波银行	0.4141	0.3636	n. a	n. a
平安银行	0.3838	0.3636	0.3333	0.3131
上海浦东发展银行	0.4141	0.3838	0.3232	0.2424
兴业银行	0.4242	0.3434	n. a	n. a
招商银行	0.5152	0.5253	0.4848	0.2727
中信银行	0.4343	0.4343	n. a	n. a
均值	0.4756	0.4224	0.3697	0.2707

从披露指数均值来看，股份制商业银行的披露水平也呈现逐年提高的趋势。其中，交通银行2012年披露指数高于其他银行，其总体披露水平最高，达到了0.6768。招商银行近几年的披露水平提高很快，在2009年一度在11家上市银行中排位第一，达到了0.5253，2012年的披露水平也位列第二，仅次于交通银行。从2003—2012年，平安银行的披露水平均较低，2012年为最低，披露指数为0.3838。

对于各调查项目细项，我们比较后发现：

（1）关于资本结构和资本充足率的披露。上市银行关于资本结构和资本充足率的披露在2012年总体而言比较充分，基本上达到巴塞尔委员会的披露要求，与国有“四大”行不相上下。

披露比率比较高的有“普通股数量”、“总资本基数”、“一级资本数量”和“下属机构的少数股权”等，12家银行在2012年报上均披露了上述四项内容。但是，在二级资本构成的披露中，各家银行显得参差不齐。华夏银行、兴业银行和上海浦东发展银行均未披露二级资本组成部分，仅仅列示了二级资本的总数。另外，对于一级资本和二级资本中的扣除数，华夏银行和上海浦东发展银行也未予披露。

在补充附属资本的资本发行方面，除了兴业银行外，各银行都披露了其次级债的发行情况。

（2）关于市场风险的披露。在市场风险评估的披露方面，12家银行明显逊色于国有“四大”行。2012年，国有“四大”行该部分的披露比率平均为60.94%，而其他银行的披露比率仅为14.06%，二者之间的差距十分明显。除了中国光大银行、华夏银行和平安银行外，其他银行虽然均披露了使用的内部模型类型，但其中也仅有宁波银行和招商银行披露了模型的相关参数。大部分银行仅仅在风险管理中介绍了使用的模型类型，而未披露具体的模型参数、覆盖的投资组合以及分析结果等重要信息，也没有披露压力测试的政策和程序。

值得肯定的是，宁波银行和招商银行在2009年就已开始披露市场风险评估模型的类型和相关参数，虽然未披露所用风险价值法的具体分析结果，如VaR数据等，但也明显优于其他商业银行。

（3）关于信用风险的披露。信用风险管理是银行风险管理中的重要组成部分，在巴塞尔协议Ⅱ中也要求银行通过风险评估模型来衡量其面临的信用风险。这次调查中的信用风险披露主要通过内部和外部评级、信用风险备抵、信用风险定性信息和信用风险缓解技术等几个方面来评估。在内部和外部评级方面，银行均披露了其采用的贷款五级分类方法以及所参考的外部评级机构评级，由于是中国人民银行和中国银监会要求采用的方法，故该部分的披露比较充分。在信用风险的分布方面，披露了其贷款的主要分布情况和贷款集中度，如按照行业、地区等划分的贷款集中度，并对逾期贷款的分布做出了比较详细的说明。

（4）关于操作风险的披露。操作风险一直备受各家银行的关注。从披露情况看，各家银行均根据中国银监会颁布的《商业银行风险管理指引》，建立了较为完备的操作风险管控模式，并正在推进操作风险的高级计量法。

3. “四大”行与其他银行的比较

图7-1展示了国有“四大”行在各个调查项目中与其他银行的披露差异。该散点图通过分别计算国有“四大”行和其他银行的各个项目的披露比率之差（即用“四大”行的披露比率减去其他银行的披露比率），其差值构成了该图中的数据。若该差值大于零，则表示在某一项目上“四大”行的披露比率要高于其他银行，否则表示相反。差值越大，代表两类银行在某项目上的披露差异越大。图中的横坐标代表的是各个调查项目的代码（与第5章中所用的代码一样）。

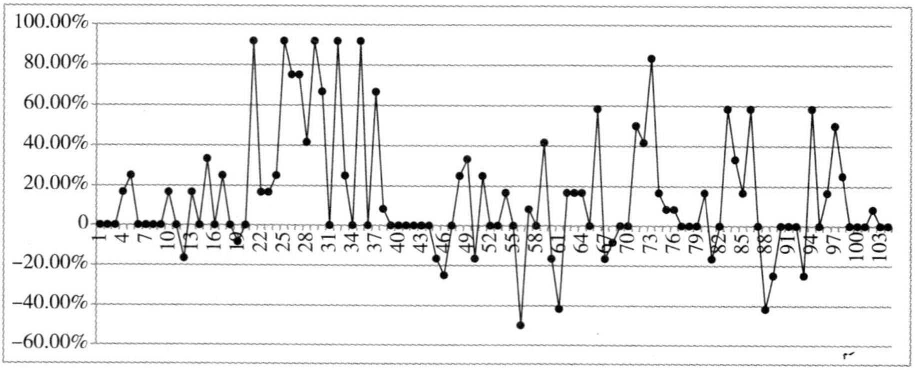

图7-1 2012年“四大”行与其他银行的披露比率差

在其他项目，如与历史净损失情况相比备抵的水平、用于监控和管理逾期或受损资产/信用关系的技术方面，则是其他银行要优于“四大”行。具体原因可能是“四大”行有庞大的资产规模和较优良的风险控制措施，逾期受损资产的比例较低，信用风险较其他银行偏低，故在这方面披露动机不足。而其他银行在面临同样信用风险时遭受的损失会大于“四大”行，所以会更加重视信用风险的披露。

另外，“四大”行均披露了衍生产品的公允价值和名义金额，相对于其他银行，41.67%的比例已经非常高。中国工商银行还披露了其套期保值策略，不过，“四大”行均未披露其交易业务的目的及达到该目的的策略。上文已经提及，衍生产品的信息披露具有非常重要的意义，因此在危机意识逐渐受到重视的今天，银行应当加强衍生产品定性及定量信息的披露，将风险控制在可承受范围之内。

虽然所有银行都披露了操作风险管理体系的政策，评价了其操作风险的有效运作，但目前还都停留在定性的文字叙述上。从操作风险在银行经营管理中的重要性来看，仅仅进行定性说明显然是不够的。

4. 原城市商业银行与其他股份制银行的比较

城市商业银行是从城市信用社发展演变而来的地方性商业银行。经过多年的发展，城市商业银行取得了长足的进步，但也表现出了良莠不齐的状态。部分城市商业银行已经完成了股份制改造，转变了经营管理模式，在当地成长为具有一定影响力的金融机构，有的还实现了跨区经营。

在这一部分，我们将非“四大”上市银行再进行划分，把三家原城市商业银行（即北京银行、南京银行和宁波银行）归为一类，简称“原城商行”，分析其与其他非“四大”上市银行（也称“股份制银行”）的差异。之所以这样，是因为希望了解这些城市商业银行转型之后经营管理的发展情况，而信息披露是其中重要的一个方面。

股份制银行的信息披露指数均值为0.4826，原城商行的信息披露指数均值为0.4545，总体上看，股份制银行的信息披露水平要略高于原城商行。这主要是因为股份制银行的历史更为悠久，资产规模更大，且上市时间较原城商行早。三家原城商行均是2007年实现上市的，股份制银行中仅有中国光大银行上市晚于原城商行。资本市场多年的持续督导也导致了股份制银行在公司治理、内部控制和风险管理上比原城商行更加成熟。

从图 7－2 中可以看出，股份制银行与原城商行在具体披露比率的波动幅度上不如“四大”行和其他银行之间的比率差，虽然在许多项目上两者的披露比率十分接近，但在某些方面也呈现出一定的分化。

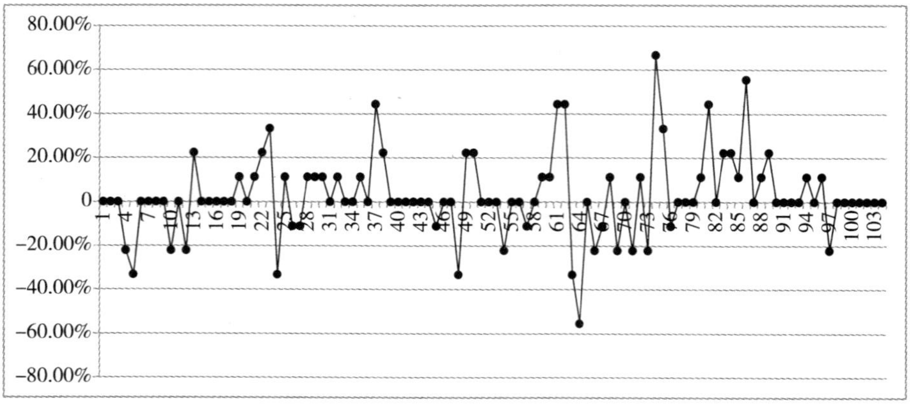

图 7－2　2012 年股份制银行—原城商行披露比率差

股份制银行和原城商行二者在资本结构和资本充足率方面的披露比较接近。不过，原城商行在资本中的扣减项和二级资本具体构成的披露上要优于股份制银行。另外，它们在资本工具上也有明显的优势。对这一现象一个可能的解释是，原城商行普遍规模较小，信用评级偏低，因此通过发行次级债来补充资本的成本要高于其他银行。而融资成本越高，意味着越需要加强对资本的控制。同时，多披露还会减少投资者在这方面的顾虑，降低融资成本。因此，在监管资本的计算方法和与报告数据方面，原城商行会做得比较好。

在市场风险管理方面，股份制银行也优于原城商行，特别是在 VaR 数据和压力测试、情景分析上，股份制银行披露得比较具体。不过，使用的模型类型和具体参数上，原城商行披露比较具体。在信用风险的披露上，股份制银行更多的是在内部和外部评级、信用风险备抵和风险缓解术等方面加以披露，而原城商行更愿意披露地理区域和业务种类，尤其是交易业务信息、逾期贷款和受损资产等细目，这与原城商行面临的风险是分不开的。此外，城商行极少披露信用衍生产品方面的信息，虽然披露了衍生产品的名义金额和公允价值，但是没有提及利用信用衍生品的运用策略和目的，更没有披露衍生品的交易策略。

7.4　A/H 股上市银行信息披露的比较

随着我国经济的不断发展，商业银行的国际化水平越来越高。目前已经有 8 家国内商业银行完成了在香港的上市，它们在遵守国内相关监管规则的同时，还要接受香港监管机构的监管和指导。为了解这些 A + H 上市银行的信息披露情况，我们对它们的 A 股和 H 股年报分别进行了考察，以了解两者间存在的差异，并从中获得一些借鉴和启发。

1. A/H 股上市银行信息披露的总体差异

表 7 - 6 是 2012 年、2009 年和 2006 年 A/H 股上市商业银行两份年报的披露指数对比。由于 2003 年尚无国内商业银行在港交所上市，故该年无数据。

表 7 - 6　　2006—2012 年 A + H 上市银行披露指数比较

银行名称	2012 年		2009 年		2006 年	
	A 股	H 股	A 股	H 股	A 股	H 股
中国工商银行	0.6566	0.6970	0.6465	0.6970	0.5253	0.4646
中国建设银行	0.6263	0.6364	0.6566	0.6061	n. a	0.5253
中国银行	0.6465	0.6364	0.5758	0.6061	0.5859	0.5354
交通银行	0.6768	0.5859	0.5152	0.4646	n. a	0.3737
招商银行	0.5152	0.5455	0.5253	0.4545	0.4848	0.3737
中国民生银行	0.4848	0.4848	0.4343	0.4545	0.3232	n. a
中信银行	0.4343	0.4444	0.4343	0.4141	n. a	n. a
中国农业银行	0.5758	0.5960	n. a	n. a	n. a	n. a
均值	0.5770	0.5783	0.5411	0.5281	0.4798	0.4545

从表 7 - 6 中可以看到，①从 2012 年的披露指数来看，上市银行 H 股年报的信息披露透明度要略高于 A 股年报，不过总体上的差异不大。②H 股中，披露指数最高的是中国工商银行，达到了 0.6970，而同期的 A 股为 0.6566。H 股披露指数大于 A 股的还有中国建设银行、招商银行、中信银行和中国农

业银行。③A 股披露中，交通银行得分最高，0.6768，超过中国工商银行和中国建设银行。④从各家银行 A 股和 H 股的披露指数高低来看，除交通银行和中国农业银行外，两者的顺序基本相同，说明披露好的银行无论年报是按哪一种准则要求，其披露质量都较好，而差的则都差。⑤比较 2006 年、2009 年到 2012 年的数据，从均值看，A 股和 H 股年报的披露指数都在上升，表明银行信息披露质量还在不断改进。

2. A/H 股上市银行信息披露比率的比较

在前面对两个上市地年报披露指数进行比较之后，我们接下来分析其在具体项目上的披露比率，有关数据见表 7-7 和图 7-3，主要基于其 2012 年年报。图 7-3 体现的是 H 股披露比率减去 A 股披露比率之差。

表 7-7　　2012 年 A/H 股上市银行披露比率比较

披露项目	A 股	H 股
资本结构	55.77%	61.54%
资本充足率	62.50%	67.50%
市场风险内部模型法	44.53%	43.75%
内部和外部评级	87.50%	100.00%
信用风险模型法	40.63%	50.00%
信用风险备抵	57.95%	51.14%
地理区域和业务种类划分	56.25%	65.00%
银行账簿信用风险	80.00%	80.00%
信用风险缓解技术	68.75%	64.58%
信用衍生产品和其他信用增强	56.25%	50.00%
衍生产品	15.00%	17.50%
会计政策	53.57%	44.64%
操作风险	100.00%	100.00%
其他风险	90.63%	87.50%
巴塞尔协议Ⅲ下的资本比率和资本结构	47.50%	50.00%
平均值	61.12%	62.21%
最小值	15.00%	17.50%
最大值	100.00%	100.00%

从这些图表中，我们发现：

（1）在资本和资本充足率的披露方面，A股和H股年报上的披露都做得较好，两份年报都披露了资本及其构成。但由于各家银行均未有创新和复杂的资本工具，故该方面均未披露。目前，商业银行的核心资本主要是股本、少数股东权益以及储备（资本公积和未分配利润的可计入部分、盈余公积以及一般风险准备），银行还可以通过在银行间债券市场发行次级债来补充附属资本。能否发行创新和复杂资本工具，取决于金融市场的成熟度。在香港发行股票上市的国内商业银行可以利用上市地相对成熟的金融环境在这方面做一些尝试。

（2）在风险管理的披露方面，两地年报的信息披露水平大体相当。对所采用的市场风险内部模型都做出了积极的披露，但均未披露“投资组合损失超过VaR的天数”、“周度和月度VaR”以及“对非交易组合提供汇总VaR或对收益的影响”等。在对模型将来的运用中，上述方面可以加以改进。

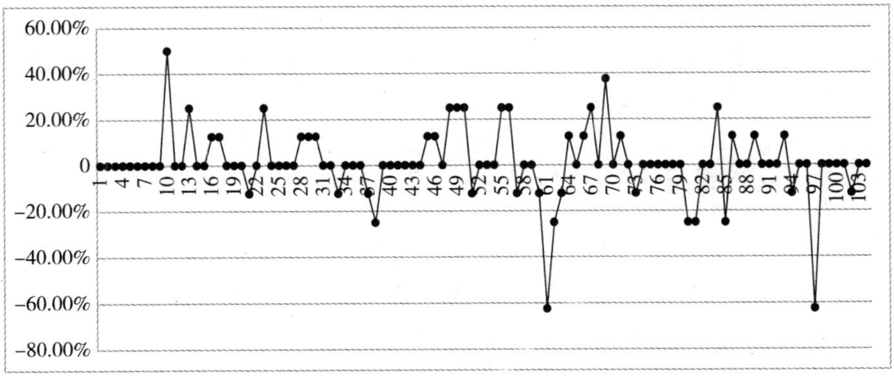

图7-3　A+H股上市银行2012年年报披露比率差

（3）在会计政策和其他风险等方面，A股年报的披露情况要稍好于H股年报。可见，香港监管当局和资本市场对有些方面的信息披露要求不一定高于内地。

综合上述现象，可以得到的一个结论是：虽然H股年报的披露情况要略高于A股，但两者的差异并不非常显著。究其原因，我们认为主要有以下几个方面：

首先，这与被调查银行的业务性质有关。此次被调查的8家银行均为在香港和大陆同时上市的商业银行。尽管在不同地点上市，但其经营模式、业务范围、业务类型等均相同，属于同一经营主体。因此，除非不同上市地的监管要求以及资本市场投资者偏重不同，一家银行在两地的年报中呈现巨大差异可能性不大。

其次，随着国内金融市场的不断发展，国内金融市场在监管体系的构建上，尤其是对商业银行的监管已日趋成熟，正在逐步实现与国际接轨，在某些方面甚至已经超过了香港。同时，金融市场本身的开放，也使得金融市场的环境日趋与国际市场接近。从这两方面因素考虑，两地上市提交的年报将来的差异可能更小。

最后，银行自身缺乏差异化披露动机。虽然香港和内地在会计准则和监管法规上存在一些差异，进而导致银行在信息披露内容上存在一定的不同，但是，我们所研究的A+H银行其所处的经营特点和风险水平却是相同的。如果存在较大的年报披露差异的话，比如A股年报的透明度大大低于H股，那么投资者可以通过H股年报来获得该银行的相关风险情况，并做出投资决策，修正市场上的价格偏差，反之亦然。这一行为的结果最终会导致银行在信息披露中倾向于使两地信息披露透明度水平趋同。

7.5 上市银行个案分析

在这一部分，我们将对几家代表性银行进行调查项目的具体分析。调查基于A股2012年的年报，结果见表7-8。另外，我们还从2012年的年报中整理出了各家银行的相关财务数据，见表7-9，以方便我们进行分析。

1. 中国工商银行

国有“四大”行以其庞大的资产规模、完善的组织管理框架和国际化水平，一直以来都是国内银行业的巨擘，其信息披露水平也明显高于其他上市银行，尤其是在市场风险内部模型法方面。

表 7－8　　代表性银行 A 股 2012 年报各调查项目披露比较

披露项目	应披露项目数	实际披露项目数						
		工商	农业	交通	光大	民生	招商	平安
资本结构	13	8	8	7	9	8	8	8
资本充足率	5	4	3	3	3	3	3	2
市场风险内部模型法	16	10	10	10	0	1	5	0
适用于使用标准法银行的市场风险披露	5	0	0	0	0	0	0	0
内部和外部评级	4	3	3	4	4	4	3	4
信用风险模型法	4	1	2	3	2	1	1	1
信用风险备抵	11	7	5	8	7	8	7	5
地理区域和业务种类划分	10	8	7	5	6	4	4	4
银行账簿信用风险	5	4	4	4	4	4	4	3
信用风险缓解技术	6	4	3	6	3	3	5	2
信用衍生产品和其他信用增强	2	2	1	2	1	0	1	0
衍生产品	5	1	0	2	2	2	0	0
会计政策	7	5	3	4	4	4	2	2
操作风险	2	2	2	2	2	2	2	2
其他风险	4	3	4	4	4	3	4	4
巴塞尔协议Ⅲ下的资本比率和资本结构	5	3	2	3	3	1	2	1
合计	104	65	57	67	54	48	51	38

注：表中的“工商”代表中国工商银行，“农业”代表中国农业银行，“交通”代表交通银行，“光大”代表中国光大银行，“民生”代表中国民生银行，“招商”代表招商银行，“平安”代表平安银行。

中国工商银行作为“四大”之一，具有很强的代表性。正如其在银行网站上宣称的，“中国工商银行股份有限公司通过持续努力和稳健发展，已经迈入世界领先大银行行列，拥有优质的客户基础、多元的业务结构、强劲的创新能力和市场竞争力。业务跨越六大洲，境外网络扩展至40个国家和地区，通过17 245个境内机构、329个境外机构和1 903个代理行以及网上银行、电话银行和自助银行等分销渠道，向473.5万公司客户和4.32亿个人客户提供广泛的金融产品和服务，形成了以商业银行为主体，综合化、国际化、信息化的经营格局，继续保持国内市场领先地位。2013年，位列英国《银行家》全球1 000家大银行榜首，在美国《福布斯》杂志全球企业2 000强排名中，成为全球最大企业，并首次入选全球系统重要性银行”①。

从表7－8中可知，中国工商银行在资本项目的披露上是居前的，在市场风险的披露方面也较好，这与它作为一个国际大行的身份是相称的。从资本充足率来看，2012年达到13.66%，在国内银行中属于较高水平，同时其净资产收益率达到23.02%，成本收入比也只有28.56，在同类银行中居前列，这充分体现了其经营的质量和底气。不过，从披露项目数来看，中国工商银行在信用风险、衍生产品等方面的披露相对于其关于资本的披露偏弱。从表7－9可见，其不良贷款率为0.85%，贷款总额占资产总额约50%，这两个指标在7家银行中均居中，说明在信用风险管理方面中国工商银行可能也处居中水平。另外，在衍生产品的披露上要弱于多数银行。这些方面可能是其将来有待改进的地方。

2. 中国农业银行

中国农业银行最早可追溯至1951年成立的农业合作银行。2009年1月，整体改制为股份有限公司。2010年7月，分别完成了在上海证券交易所和香港联合交易所的挂牌上市。中国农业银行的主要经营特点是面向“三农”，有着庞大的分销网络，其境内分支机构达到23 547个，还有10家境外分支机构。2013年，在美国《财富》杂志全球500强排名中，本行位列第64位；在英国《银行家》杂志全球银行1 000强排名中，位列第10位。②

① 见中国工商银行网址 http://www.icbc－ltd.com。

② 参见中国农业银行网站 http://www.abchina.com。

表7-9　　代表性银行2012年的相关财务指标

	工商	农行	交通	光大	民生	招商	平安
资产规模（亿元）	175 422.17	132 443.42	52 733.79	22 792.95	32 120.01	34 082.19	16 065.37
客户贷款及垫款总额（亿元）	88 036.92	64 333.99	29 472.99	10 231.87	13 846.10	19 044.63	7 082.62
贷款占总资产（%）	50	49	56	45	43	56	44
不良贷款率（%）	0.85	1.33	0.92	0.74	0.76	0.61	0.95
资本充足率（%）	13.66	12.61	14.07	10.99	10.75	12.14	11.37
基本每股收益（元）	0.68	0.45	0.88	0.58	1.34	2.10	2.62
加权平均净资产收益率（%）	23.02	20.74	18.43	22.54	25.24	24.78	16.78
成本收入比	28.56	36.76	29.71	29.97	34.01	35.98	39.41

注：①表中的“工商”代表中国工商银行，“农业”代表中国农业银行，“交通”代表交通银行，“光大”代表中国光大银行，“民生”代表中国民生银行，“招商”代表招商银行，“平安”代表平安银行；②不良贷款率：不良贷款余额除以发放贷款和垫款总额；③基本每股收益和加权平均净资产收益率：根据证监会《公开发行证券的公司信息披露编报规则第9号——净资产收益率和每股收益率的计算及披露》计算得到；④成本收入比：业务及管理费除以营业收入。

从本次调查结果来看，中国农业银行的信息披露总体较好，但在“四大”行中排名最后，2012年的披露指数为0.5657。我们认为，这与其在“四大”行中最晚一个上市有关，或者说与其信息披露行为接受上市规范比较晚有关。从具体项目上看，尽管关于资本的披露在样本银行中属较好的，但比中国工商银行要差。由于大型商业银行在风险管理方面具备一定的优势，基本上都采用了内部模型法来衡量市场风险，因此关于市场风险的披露较好。

然而，对于信用风险的披露，中国农业银行的披露水平较为一般，与中国工商银行差不多。在衍生品以及会计政策方面的披露相对薄弱。显然，在这些方面没有体现出“四大”行的优势。从表7-9中可以看到，中国农业银行的贷款总额占总资产约49%，不良贷款率为1.33%，在7家银行中最高，另外，其成本收入比在7家银行中居次高。这些数据表明，中国农业银行在一些内部管理如信用风险管理、衍生品管理等方面可能还需进一步加强，管理上的薄弱也常常是导致相关项目上披露水平较低的一个原因。

3. 交通银行

交通银行始建于1908年，2005年6月，交通银行在香港联合交易所挂牌上市，2007年5月在上海证券交易所挂牌上市。现有境内机构202家，在全国215个地级以上城市、159个县或县级市共设有2 690个营业网点，同时，境外设有12家机构，包括香港、纽约、旧金山、东京、新加坡、首尔、法兰克福、悉尼、澳门、胡志明市、台北分行及交通银行（英国）有限公司。根据英国《银行家》杂志发布的2013年全球千家最大银行报告，交通银行一级资本位列第23位，提升较快。从业务范围看，涵盖了商业银行、证券、信托、金融租赁、基金管理、保险、离岸金融服务等领域，是一家具有国际化、综合性的大型银行集团。①

从这次调查看，交通银行的信息披露水平是最好的，其A股2012年年报的披露指数为0.6768，达最高。在市场风险、信用风险以及衍生品等方面，它的披露情况甚至好于“四大”行。不仅披露了“市场风险内部模型法”下所使用的内部模型类型（风险价值法），具体参数和VaR结果，还对交易组合的冲击影响做了情景分析。在信用风险方面，也对使用的信用风险模型类型和压力测试进行了披露。我们认为，这与其较早步入资本市场特别是国际资本市场不无关系。2005年6月，交通银行在香港联合交易所挂牌上市，成为在香港上市的国内第一家大型银行，2007年5月又在上海证券交易所挂牌上市。资本市场对信息披露的规范，让这些上市银行很早就开始按国际标准规范自己的经营行为。

另外，对照表7－9可知，交通银行不良贷款率为0.92%，在7家银行中偏高，贷款占总资产比例达到56%，7家中最高，同时，其净资产收益率为18.43%，7家中最低，成本收入比29.71，7家中偏低。这些数据说明，交通银行在内部经营管理方面可能有强有弱。从成本收入看，成本管理较好，但净资产收益率偏低，表明可能在一些投资项目的收益上不够理想，包括贷款和其他下属机构。不过，尽管不良贷款率较高，但并没有妨碍其对信用风险、衍生品等方面进行较好的披露，这一点特别值得一提。

① 参见交通银行2013年年报“公司简介”。

4. 中国光大银行

中国光大银行成立于1992年8月，在综合经营、公司业务、国际业务、理财业务、电子银行业务等方面有较强的竞争优势。2010年8月18日，在上海证券交易所上市，2013年12月20日，在香港联交所主板上市。截至2013年末，中国光大银行在全国29个省、自治区、直辖市及香港地区的91个经济中心城市设立一级分行37家（含香港），二级分行47家，营业网点769家，是国内一家有较大影响力的商业银行。①

从其信息披露情况来看，其2012年的披露指数为0.5455，在同类银行中居前列。其中一个亮点是，中国光大银行在2012年的年报中率先披露了关于流动性风险管理的基本战略，即将来要建立巴塞尔协议Ⅲ流动性覆盖率预测模型，加强指标的分析与应用，关注资产负债结构调整及货币政策调整对流动性覆盖率和净稳定资金比率的影响。目前，国内商业银行大多将重点放在完成巴塞尔新资本协议的要求上，而中国光大银行已经将巴塞尔协议Ⅲ的实施提上了议事日程，具有一定的前瞻性。

从具体披露项目看，见表7－8，中国光大银行在资本、其他风险、会计政策等方面披露得较好，在信用风险、衍生品方面居中，在市场风险方面较弱。尽管其资本充足率在7家中居后，但资本方面的信息披露并不差。从贷款看，贷款占总资产的45%，不良贷款率0.74%，这两项指标在7家银行中偏低，表明中国光大银行在贷款规模控制、信用风险管理方面做得不差，然而这方面的信息披露却只有居中水平。

5. 中国民生银行

中国民生银行成立于1996年1月12日，是中国首家主要由非公有制企业入股的全国性股份制商业银行。2000年12月19日，其A股股票在上海证券交易所挂牌上市。2009年11月26日，其H股在香港交易所挂牌上市。截至2013年底，在国内共开设了36家分行，机构总数达到852家。在《2008中国商业银行竞争力评价报告》中，中国民生银行核心竞争力排名第6位，在公司治理和流程银行两个单项评价中位列第1。在英国《银行家》2009年7月公布

① 参见中国光大银行网站 http：//www.cebbank.com。

的一级资本全球银行1 000强排名中，中国民生银行全球排名第107位。①

在国内的商业银行中，中国民生银行的高速发展令人印象深刻，其信息披露水平似乎也以同样的速度在提高。从前面4个年份的披露指数的计算可知，见表7－5，中国民生银行的信息披露改进幅度是最大的，从2003年的0.1414增长到2012年的0.4848。

作为中国第一家由民间资本设立的银行，中国民生银行主要专注于小微企业的金融服务。不过，由于小微企业的信用风险要明显高于大型企业，为让投资者放心，民生银行在信用风险的披露方面比较翔实，主要侧重于用损失提取准备和备抵适当性的实务和规程、监控和管理逾期或受损资产/信用关系的技术，以及抵押担保等方式对信用暴露的影响。在表7－9中，其贷款占总资产比例为43%，低于国内大型银行，其不良贷款率控制在中等水平，为0.76%。这种经营上的谨慎性与其关于信用风险较为充分的披露是一致的。另外，中国民生银行在披露资本项目信息方面表现居中，我们认为与其资本管理能力是相适应的。从资本充足率看，它在7家中最低，为10.75%，但这并不构成其短板，因为其资本收益较好，净资产收益率达到25.34%，7家银行中最高。

6. 招商银行

招商银行成立于1987年4月8日，其A股于2002年4月9日在上海证券交易所上市。自A股上市起，招商银行一直同时采用中国公认会计准则和国际财务报告准则编制年度经审计财务报告。2006年9月22日，其H股在香港联合交易所上市。截至2013年底，招商银行在国内设有99家分行及934家支行，此外还发展了一些专营机构，如信用卡中心和小企业信贷中心等。在香港、台北、美国、英国等国家和地区亦设有机构，开始国际化经营道路。②

从表7－8来看，招商银行在资本信息的披露方面做得较好，披露的项目数与中国农业银行一样，说明赶上了“四大”行的水平，这与其资本充足率12.14%属中上水平相适应。在市场风险、信用风险方面，披露水平居中。在

① 参见中国民生银行网站http://www.cmbc.com.cn。
② 参见招商银行网站http://www.cmbchina.com。

年报中，招商银行披露了市场风险内部模型法下所使用的内部模型类型（风险价值法），包括了模型的置信水平、持有期和观察期，但没有提供关于VaR数据的说明。结合表7－9，我们发现，招商银行的贷款占总资产比例为56%，在7家银行中居高位，而不良贷款率为0.61%，在7家中最低。由此推测，该行在信用风险方面有着较好的管理控制，不会让投资者过于担心，其中等水平的披露与此是相适应的。招商银行信息披露中较弱的是衍生品和会计政策，这有待重视和提高。

7. 平安银行——银行中信息披露水平最低

2012年1月，原深圳发展银行吸收合并原平安银行，两行整合，更名为平安银行。平安银行是中国内地首家上市的全国性股份制商业银行，控股股东为中国平安保险（集团）股份。截至2013年底，平安银行拥有分行38家，各类网点528家，并与境内外众多国家和地区逾2 000家银行建立了代理行关系。平安银行以公司、零售、同业、投行"四轮"驱动业务发展，打造"专业化、集约化、综合金融、互联网金融"四大特色，走的是一条"不一样"的发展道路。[①]

可能正因为平安银行的特殊发展历史，其信息披露也处在初级阶段。以2012年年报披露指数为例，仅为0.3838，在国内16家上市银行中为最低。在表7－8中也可以看出这一点。在具体项目上，平安银行在操作风险、其他风险等方面披露较好，但同时期其他银行在这两方面的披露也很好。在资本结构、充足率以及巴塞尔协议Ⅲ新增内容方面居中，这似乎与其居中的资本充足率11.37%相适应。在信用风险方面，平安银行的也属居中水平。从表7－9可知，平安银行的贷款占总资产比例为44%，在7家银行中偏低，其不良贷款率为0.95%，在7家银行中偏高。单从这两个数据看，平安银行面对的信用风险可能稍高于其他银行，但因银行的贷款规模较低，故信用风险总体不是很大，因此在相关信息的披露上平安银行处在一个平均水平。平安银行明显较弱的地方是关于市场风险、衍生品以及会计政策等方面的披露，这需要多加关注。

① 参见平安银行网站 http://bank.pingan.com。

7.6 研究结论

首先，从披露情况来看。总体来说，随着资本市场的不断发展成熟，国内上市银行的信息披露水平有了长足的进步。比较不同银行之间的披露，可以得出以下结论：

（1）从2003年至2012年，国内上市商业银行的信息披露水平呈现不断上升的趋势。披露指数的均值从2003年0.2707升至2012年的0.5120，这表明国内商业银行信息披露的透明度在不断提高。

（2）不同类型银行之间披露的差异较大，国有“四大”行的披露水平明显高于其他银行，尤其是在市场风险内部模型法项目的信息披露方面表现最为明显。除“四大”外，其他股份制商业银行的披露水平还有进一步提高的空间。在这类银行中，新上市的原城市商业银行的透明度稍弱于其他非股份制银行。

（3）H股上市的国内银行其信息披露水平普遍优于A股上市的银行，但对两地上市的A+H股上市银行来说，两地的年报披露差异并不大。

其次，从现存问题来看。虽然从近年来的发展趋势看，国内上市银行的信息披露已经有了很大的进步，但离国际监管标准和社会公众的要求还是有一定距离的，主要体现在：

（1）尚未达到巴塞尔委员会的要求。根据2013年3月底巴塞尔委员会最新一次调查成果显示，其27个成员国中已经完成实施巴塞尔协议Ⅱ的国家已达到24家，只有3个国家（阿根廷、俄罗斯以及美国）未完成。巴塞尔协议Ⅱ的实施计划还未彻底完成，但也均在实施过程中。中国尚处于巴塞尔协议Ⅱ的实施过程中，2012年颁布的《资本管理办法》也要求从2013年1月1日开始实施。根据2012年的情况来看，虽然多家银行都在年报中表示未来将达到巴塞尔新资本协议的要求，但实际上离这一要求还有很长一段路。国有“四大”行和交通银行的信息披露水平已经接近了协议的要求，但其他上市银行的信息披露还不够。

（2）不同类型银行间信息披露的差异明显。与大行（包括“四大”行和交通银行）相比，其他股份制银行的信息披露存在较大的差距，主要体现在市场风险、信用风险和衍生产品等重要方面。部分银行在风险方面披露不足不利于社会公众和监管机构了解整个银行风险水平全貌，加大了监管难度，为银行业控制风险埋下了隐患。如果风险一旦爆发，很可能导致银行自身和监管机构无法迅速采取措施，致使社会公众丧失对银行的信心，最终导致经济危机的爆发。

（3）信息披露中过于侧重于定性描述，定量分析比较缺乏。对年报的调查我们发现，银行在信息披露中倾向于采用定性描述。例如，银行会阐述其风险控制采用的方法和流程等，看上去是“面面俱到”，但实际上只是蜻蜓点水，点到为止，对所采用方法的具体数值、分析结果缺乏科学、客观的定量描述。在风险价值法的分析中，有的银行虽然披露了持有期、观察期、置信水平以及VaR数据，但没有披露实际投资组合损失超过VaR的时间，也未提供周际和月际的汇总VaR结果。对于压力测试、情景分析等重要风险分析方法，也仅仅做了简单的介绍。

（4）信息披露缺乏主动性和前瞻性。各家银行在信息披露中仅按当前的监管要求进行披露，较少进行自愿性披露，在披露中也没有充分考虑未来监管要求的发展趋势。例如，巴塞尔协议Ⅲ建立了逆周期监管框架，引入了杠杆比率和流动性监管指标，在国内上市银行中，仅有中国光大银行以文字叙述的方式表示，将建立巴塞尔协议Ⅲ流动性覆盖率预测模型，加强指标的分析与应用，关注资产负债结构调整及货币政策调整对流动性覆盖率和净稳定资金比率的影响。这种对未来变革缺乏前瞻性的态度，将导致银行在风险控制中始终处于被动地位，对于监管标准只能亦步亦趋，甚至没有充分的时间进行调整。

第8章 国内非上市商业银行的信息披露调查
——基于2012年年报

在这一章，我们主要关注以城市商业银行和农村商业银行为代表的国内非上市银行的信息披露情况。我们选取了90家银行，对其2012年年报按之前的方法进行信息披露评分并加以比较，目的在于了解这些银行现有披露离巴塞尔新协议要求有多大的距离，了解不同银行之间的差距以及影响因素。

8.1 国内非上市商业银行概述

按中国银监会网站上的归类，国内银行类金融机构主要包括10种[①]：①政策性银行，如国家开发银行等3家银行；②国有商业银行，如中国工商银行、中国银行等5家银行；③股份制商业银行，如中信银行、招商银行等；④邮政储蓄银行，只有一家即中国邮件储蓄银行；⑤城市商业银行，如北京银行、天津银行等；⑥农商行，如上海农商行、天津滨海农村商业银行等；⑦农合行，如浙江兰溪农村合作银行、呼和浩特金谷农村合作银行等；⑧农信社，如黑龙江省农村信用合作社联社、山西省农村信用社等；⑨三类新型农村金融机构，如北京密云汇丰村镇银行有限责任公司、江苏丰县民丰村镇银行等；⑩外资银行，如荷兰银行（中国）有限公司、摩根大通（中国）有限公司等。

在这些从事银行业务的金融机构中，第1类和第4类不属于商业银行，第2、第3两类属于上市商业银行，已在第7章进行了讨论。第7、第8、第9类属于小微型金融机构，在本章暂不考虑。最后是第10类，属于设在中国的外资银行分支机构，本章亦不予包含。总之，我们这里所讨论的对象主要是第5类即城市商业银行，以及少量第6类即农村商业银行。

---

① 其他类型的金融机构还包括：①信托公司，如上海信托、中信信托；②财务公司，如中油财务有限责任公司；③金融租赁公司，如交银租赁；④汽车金融公司，如丰田汽车金融（中国）有限公司；⑤货币经纪公司，如上海国际货币经纪有限责任公司；⑥消费金融公司，如中银消费金融有限公司等。

从2012年的统计资料来看，中国城市商业银行和农村商业银行发展极为迅速。2012年，城市商业银行有144家，与2011年持平[①]。到2012年末，农村商业银行达到337家，当年新组建125家，同时还有农村合作银行147家以及农村信用社1927家[②]。根据中国银监会发布的《中国银行业运行报告(2012年度)》，至2012年末，各类商业银行总资产余额达104.6万亿元（本外币合计，下同），比上年末增加16.2万亿元，同比增长18.3%。其中，城市商业银行同比增速为23.7%，农村商业银行同比增速为47.1%，为所有类型中最高。图8－1为2012年商业银行资产增长情况，图8－2则为各类商业银行资产同比增速。

总体来看，商业银行发展形势较好。2012年，商业银行合计实现净利润1.24万亿元，比2011年增长18.9%，平均资产利润率为1.28%，平均资本利润率为19.8%。同时，国内银行加权平均资本充足率为13.3%，加权核心资本充足率为10.6%，均比2011年末所有上升。资产质量保持良好，不良贷款率为0.95%，比上年略有下降。另外，成本控制也呈现一定的成效，成本收入比为33.1%，亦所有下降。

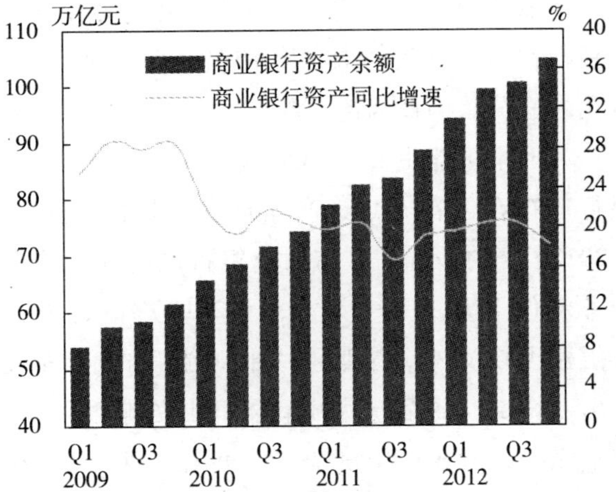

图8－1　商业银行资产增长情况

数据来源：中国银监会。

① 欧明刚、张坤："城市商业银行竞争力评价报告"，《银行家》，2013年第9期。

② 李丹红："中国商业银行发展报告（2013）之三——中国商业银行改革"，《中国建设银行研究报告》，2013年5月9日。

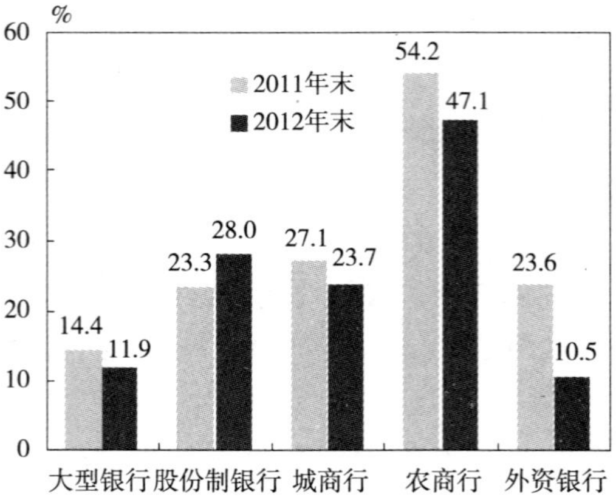

图 8-2　各类商业银行资产同比增速

数据来源：中国银监会。

商业银行快速发展的同时往往也存在一些问题，有的是过去沿袭下来的，有的则是发展中新出现的。

首先，关于城市商业银行。一些学者从商业银行竞争力角度出发，认为城市商业银行近年来存在不良贷款“双升”情况（即总量和比率），不过由于负债率较低，拨备比较充分，因此风险可控。不过，在新的资本要求下，又面临日趋激烈的竞争，其成本可能更高（欧明刚、张坤，2013）。从业务发展角度看，城市商业银行还存在创新不足、产品技术含量低，业务结构不合理（曹永栋、陆跃祥，2012）[①] 的情况。城市商业银行之间同质化严重，需要在特色化、专业性等服务定位上下功夫（许小萍，2010）[②]。此外，在公司治理机制的完善、人才队伍建设以及风险管理和内部控制等方面，都需要不断加强。譬如，有的学者指出，城市商业银行从城市合作社改制之后，民资进入踊跃，但公司治理架构尚不完善，股权结构复杂（李丹红，2013）。在允许跨区经营之后，城市商业银行在业务条线整合、管理经验、高级人才队伍方面存在明显不

① 曹永栋、陆跃祥：“城市商业银行竞争力指标体系及其对策设计”，《改革》，2012 年第 1 期。

② 许小萍：“城市商业银行要走差异化、特色化发展道路”，《中国金融》，2010 年第 8 期。

足（蔡志强、孙晓萌，2013）[①]。在风险管理上，机构设置存在不合理、流程制度管控不到位，缺乏集中统一的管理体系，过于侧重后台而疏于前台，内部审计职能和内部控制制度欠缺、管理职责不清（杨肃昌，2012）[②]。

其次，关于农村商业银行。作为农村金融机构改革的一个主要方向，农商行是从农信社改制而来的。农村合作银行可以看成是农村信用社改制到农商行的一种过渡形式。在这些农商行中，东部地区的发展较好，但中西部地区的在持续竞争力方面较为落后。地理位置、改制时间长短、管理水平以及组织成熟度等都会影响其竞争力（朱南、吴中超，2012）[③]。作为改制来的农村商业银行，在产权制度、组织模式方面的改革及业务发展上取得了不小的成绩，但仍存在服务对象定位不清、业务平台空缺、产品单一、全面风险管理体系不健全及人才缺乏等问题。例如，从业务范围看，改制后部分农村商业银行并没有改变，仍然受限于市场准入条件，也无法获得金融衍生产品交易资格，不能开办外汇、信用卡及代销基金等业务资格等，不能满足企业和个人多元化的金融服务需求（罗乐忠，2013）[④]；从服务对象看，改制后尽管提升了发展能力，但却减少了对中小型乡镇企业的支持力度（张兵、曹阳，2010）[⑤]。此外，农村商业银行在股份制改造过程中，尚存在一些问题有待解决，如资本补充方式尚不健全，透明的、市场化股权定价机制欠缺，没有合适的流转平台等（王儒靓、房建恩，2014）[⑥]。

综合上述问题，有一点是非常明确的，即对于城市商业银行和农村商业银行来说，在明确战略定位、大力拓展业务的同时，必须同时提高公司治理水平，加强风险控制与管理。而在这两个环节中，信息披露非常关键。通过信息披露，市场可以更好地了解商业银行的经营情况，包括经营业绩、风险大小

① 蔡志强、孙晓萌：“中美城市商业银行跨区域发展的经济效率比较”，《财经科学》，2013 年第 4 期。

② 杨肃昌：“城市商业银行风险管理体系研究”，《会计之友》，2012 年第 4 期。

③ 朱南、吴中超：“东中西部农村商业银行竞争力比较研究”，《金融论坛》，2012 年第 6 期。

④ 罗乐忠：“农村信用社改制为农村商业银行后面临的主要问题和对策”，《三农金融》，2013 年第 4 期。

⑤ 张兵、曹阳：“商业可持续、支农力度与农村信用社新一轮制度变迁”，《中国农村经济》，2010 年第 6 期。

⑥ 王儒靓、房建恩：“农村商业银行的股权清理及法律措施”，《农业经济》，2014 年第 2 期。

等，可以更好地发挥市场约束、优胜劣汰配置资源的功效。发展越快，信息披露就越应该跟上。

8.2 样本数据与研究方法

为更好地了解城市商业银行和农村商业银行的信息披露情况，我们从非上市商业银行中选择了90家进行观察，下面主要介绍有关样本选择情况和所采用的研究方法。

1. 样本筛选

由于目前国内对非上市银行信息披露没有对公众披露的强制性要求，从公开渠道可获取的银行信息比较有限，主要来自各家银行自己的网站。本次研究选择的银行样本均为地方性的城市商业银行或农村商业银行，我们按以下方法进行筛选。

首先，根据2013年7月《银行家》杂志公布的世界银行1 000强排名数据，我们整理出国内银行有96家，从中剔除上市银行17家。这17家是在A股和在A股和H股上市的银行16家，分别为浦发银行、华夏银行、民生银行、招商银行、南京银行、兴业银行、北京银行、农业银行、交通银行、工商银行、光大银行、建设银行、中国银行、中信银行、平安银行、宁波银行，以及在香港上市的1家内资银行，即重庆农商银行。

其次，剔除没有在网站上公布年报的银行，剩余77家。选取这些样本主要是因为其相关信息容易获得，能够保证信息的可靠性。同时，为了丰富样本的代表性，使不同地区的样本数量更加分散，减少选取上述1 000强银行造成的系统偏差，样本中还加入了一些属于内陆省份的银行13家，最终形成90家样本银行，见表8－1。这些银行来自全国39个省、自治区或直辖市。

从样本采集过程我们发现，国内银行在地域分布上呈现出明显的差异，银行的数量与不同地区的经济发展状况密切相关。从我们采集的样本来看，数量最多的为东部沿海发达地区，如江苏、浙江、辽宁、山东、福建等；人口较多的省份银行数量占比也比较高，如广东、辽宁、河北等；内陆地区和面积较小的省市银行数量较少，如河南、贵州等。河南地区农村人口较多，金融机构多为小型农村信用社，当地的大型地方性银行较少。宁夏的幅员小，人口数量较少，支持不了大型地方银行的运作，市场的需求较弱。此外，还有的地区样本银行数量较小，如直辖市等大城市。在这些地方，全国性国有银行或股份制银行比较集中，留给地方性商业银行的生长空间非常有限，如北京、上海、重庆等。

表 8-1 样本银行的地区分布情况

省份	样本量	占比	省份	样本量	占比
江苏	9	10.00%	甘肃	1	1.11%
山东	8	8.89%	广西	2	2.22%
浙江	8	8.89%	黑龙江	2	2.22%
广东	7	7.78%	吉林	2	2.22%
辽宁	6	6.67%	青海	2	2.22%
福建	4	4.44%	山西	2	2.22%
河北	3	3.33%	陕西	2	2.22%
湖北	3	3.33%	上海	2	2.22%
湖南	3	3.33%	云南	2	2.22%
江西	3	3.33%	重庆	2	2.22%
内蒙古	3	3.33%	北京	1	1.11%
四川	3	3.33%	贵州	1	1.11%
天津	3	3.33%	河南	1	1.11%
新疆	3	3.33%	宁夏	1	1.11%
安徽	1	1.11%	总计	90	100.00%

2. 披露方式

相关数据均出自各家银行网站的信息披露，主要为 2012 年的年度报告或审计报告。部分银行的网站信息更新较慢，没有提供 2012 年的年报，我们采用其 2011 年或 2010 年的年报作为替代。

在资料搜集过程中，我们发现不同银行的信息披露大致可分为四类：

第一类，如上海银行，在官方网站上有明晰的投资者关系栏目，且分栏列示了银行的整体概况，银行按时间顺序排列的公告，银行的定期年报、审计报告及财务信息，还有银行的企业社会责任报告等。其中，年报按照类似中国证监会对上市银行的披露格式披露了银行当年总体运行情况、资产质量状况、风险管理状况和财务信息的汇总摘要，在审计报告和财务信息中披露了包含会计政策和详细资产、负债、收入、成本等构成的财务报表附注。内容翔实、数据可靠。

第二类，如广发银行，虽然在网站上有明晰的投资者关系板块，但是在板块内仅能看到最近1年的年报，没有企业社会责任报告或独立的审计报告。但年报的内容较为详尽，不仅包括银行的总体运行情况、治理层报告等概要信息，还包含了财务报表附注的主要部分，对信息的披露十分详细，基本能够满足投资者对信息的需要。前两类银行主要是一、二线省会城市的城商行和农商行或者省一级的银行。

第三类，如西安银行，在官方网站上公布了连续的定期报告，但报告不是完整的年报，而是年报的摘要，其中仅有有限的财务数据和非常简略的附注信息，篇幅也仅在20页左右。这类情形主要出现于三线城市等内陆地区的城商行或农商行。这些银行本身具有对信息的收集和整理能力，但是没有将其掌握的信息全部向社会公布，而是选择了保留部分信息。

第四类，像辽阳银行，网站的信息非常简略或没有官方网站，没有独立的投资者关系的栏目，也没有定期报告等详细描述，无法在年报或审计报告中披露相关的资本结构、资本充足率等信息，但在网络等公开渠道上能够找到相应的银行审计报告。不过，有些审计报告类似于工商年检的报告文件，没有按照金融企业财务报告的规定格式编制，而是按照一般企业会计准则编制，会计报表附注中也没有独立的风险管理章节，仅有股本和减值损失等零星信息散落其间，信息披露的深度和广度都严重不足。不过，由于这部分银行多数属于三、四线城市或偏远地区的银行，将这些银行加入样本能够起到很好的平衡作用，因此我们依旧对其进行了详细的考评。

此外，由于部分银行在简介及社会责任报告中披露了年报中没有的信息，对于考察这些银行的信息披露情况具有一定贡献，我们共获取到59家具有重要信息含量的银行简介，以及27份社会责任报告，作为对年报信息的补充。

3. 调研方法

首先，与第6章和第7章两章的工作类似，我们依然采用“评分”研究方法，设立了一个104项调查项目的调查表。各调查项目以巴塞尔协议的信息披露框架为模本，结合第三版巴塞尔协议提出的新的要求，涵盖3大支柱的详细情况。104 个项目问题主要分为 17 个大类，其中资本结构和资本充足率问题共 18 个，信用风险问题 26 个，市场风险问题 21 个，内部和外部评级问题 4 个，衍生产品问题 7 个，地理区域和业务种类划分问题 10 个，会计政策问题 7 个，操作风险 2 个，巴塞尔协议Ⅲ专项问题 5 个，其他风险问题 4 个，其他风险包括“关于银行账簿利率风险的定性信息”、“关于银行账簿利率风险的定量信息”、“关于流动性风险的定量和定性信息及策略”以及“或有事项”的披露。项目中有关信用风险、市场风险等风险暴露及风险监管的信息披露，其他项目问题作为补充。

其次，参考胡奕明（2002）① 所用的统计方法，使用“披露比率”和“披露指数”作为分析工具，从横向和纵向两个角度来考察不同维度的信息披露情况。所谓“披露比率”，是指披露某一项目的银行数占所有 90 家银行的比率，该指标揭示商业银行信息披露的总体情况。“披露指数”则为已披露项目占要求披露项目的比例。在评分时，如果该项目没有披露或披露的信息不清晰，赋值 0，有明确的描述或者货币性的定量信息的采用，则赋值 1。

评分方法面临的一个重要挑战是克服评分过程中存在的主观臆断，即如何将评分的系统性风险控制在可接受的范围内是本项研究一个关键。为了提高评分的有效性，尽量减少系统性风险，我们采取了以下措施：

（1）确定比较明晰的评分总体原则，对于标准比较容易确定的有关定量信息的项目，评判标准从严。只要稍微没有满足披露条件，均视为没有进行适当的披露。而对于描述性的定量信息，评判标准较为宽松，只要有明显的关键词，即判定为进行了披露。对于难以筛选出合适关键词的项目，则对每个样本进行反复研读后加以评判。

（2）分别进行两次评分，之后取两次评分的中间值。

（3）在给不同样本银行进行评分的过程中，如果对评分的标准和原则有了新的感悟和体会，涉及已经完成评分的，及时追溯之前的样本并加以调整，保证评分尺度前后的一致性。同时，对不一致的情况进行分析，直到获得一致的评分。

① 胡奕明：“银行信息披露的国际比较——对 13 个国家和地区银行年报的调查分析”，《金融研究》，2002 年第 3 期，第 87—94 页。

4. 回归分析

为更好地了解影响非上市商业银行信息披露高低的主要因素，我们还运用多元线性回归方法对有关因素进行了分析，这些因素包括：银行的规模、资本、经营好坏、成本高低、中间业务以及注册地等。回归方程中的被解释变量为我们通过对2012年年报评分得到的“披露指数”。

8.3 评分结果的总体情况

在这一部分，我们主要对银行的披露指数进行分析，包括各家银行的具体指数，区分地区和调查大类的披露指数。

1. 各家银行的披露指数

经过对年报及其他报表两次完整的评分和调整，得到90家银行的披露指数的信息，如表8－2所示。

表8－2　　90家境内非上市银行的披露指数统计

序号	银行名称	省份	世界1 000强排名	披露指数	序号	银行名称	省份	世界1 000强排名	披露指数
1	广发银行	广东	118	0.5385	13	浙商银行	浙江	235	0.4231
2	南京银行	江苏	238	0.5385	14	成都银行	四川	380	0.4231
3	上海银行	上海	158	0.5288	15	东莞银行	广东	491	0.4135
4	杭州银行	浙江	344	0.5	16	阜新银行	内蒙古	746	0.4038
5	贵阳银行	贵州	578	0.4808	17	德阳银行	四川	977	0.4038
6	温州银行	浙江	671	0.4808	18	汉口银行	湖北	401	0.3942
7	北京农商银行	北京	285	0.4615	19	大连银行	辽宁	434	0.3942
8	天津农商银行	天津	413	0.4615	20	广西北部湾银行	广西	540	0.3942
9	上海农商银行	上海	212	0.4519	21	江苏江阴农商银行	江苏	689	0.3942
10	徽商银行	安徽	279	0.4519	22	鄞州银行	浙江	694	0.3846
11	天津银行	天津	353	0.4423	23	锦州银行	辽宁	420	0.375
12	富滇银行	云南	599	0.4327	24	长沙银行	湖南	546	0.375

续表

序号	银行名称	省份	世界1 000强排名	披露指数	序号	银行名称	省份	世界1 000强排名	披露指数
25	福建海峡银行	福建	648	0.3654	49	桂林银行	广西	792	0.2115
26	长安银行	陕西	-	0.3654	50	赣州银行	江西	862	0.2019
27	包商银行	内蒙古	-	0.3654	51	哈尔滨银行	黑龙江	-	0.2019
28	吴江农商银行	江苏	771	0.3558	52	龙江银行（原牡丹江银行）	黑龙江	-	0.2019
29	重庆银行	重庆	513	0.3462	53	杭州联合银行	浙江	497	0.1923
30	九江银行	江西	613	0.3462	54	重庆三峡银行	重庆	788	0.1923
31	郑州银行	河南	529	0.3365	55	昆山农商银行	江苏	904	0.1923
32	台州银行	浙江	589	0.3365	56	济宁银行	山东	935	0.1923
33	苏州银行	江苏	357	0.3173	57	吉林银行	吉林	352	0.1827
34	盛京银行	辽宁	348	0.3077	58	营口银行	山东	707	0.1827
35	威海市商业银行	山东	730	0.2981	59	广州农商行	广东	245	0.1827
36	邯郸银行	河北	913	0.2981	60	晋城银行	山西	-	0.1827
37	泉州银行	福建	990	0.2981	61	南昌银行	江西	-	0.1827
38	河北银行	河北	501	0.2885	62	珠海华润银行	广东	535	0.1731
39	攀枝花城市商业银行	四川	952	0.25	63	内蒙古银行	内蒙古	552	0.1731
40	江苏银行	江苏	179	0.2404	64	齐鲁银行	山东	685	0.1731
41	渤海银行	天津	278	0.2404	65	辽阳银行	辽宁	717	0.1731
42	张家港农商银行	江苏	697	0.2404	66	宁夏银行	宁夏	638	0.1635
43	广东南粤银行	广东	565	0.2308	67	无锡农商银行	江苏	719	0.1635
44	兰州银行	甘肃	704	0.2308	68	莱商银行	山东	725	0.1635
45	浙江民泰商业银行	浙江	803	0.2308	69	鞍山银行	辽宁	726	0.1635
46	乌鲁木齐市商业银行	新疆	-	0.2212	70	青海银行	青海	-	0.1635
47	顺德农商银行	广东	387	0.2115	71	浙江稠州银行	浙江	559	0.1538
48	晋商银行	山西	601	0.2115	72	常熟农商银行	江苏	690	0.1538

续表

序号	银行名称	省份	世界1 000强排名	披露指数	序号	银行名称	省份	世界1 000强排名	披露指数
73	抚顺银行	辽宁	945	0.1538	82	江门新会农商银行	广东	835	0.1154
74	湖北银行	湖北	–	0.1538	83	吉林舒兰农村商业银行	吉林	–	0.1154
75	湖州银行	湖南	–	0.1538	84	青岛农商银行	山东	498	0.1058
76	昆仑银行	新疆	350	0.1442	85	青岛银行	山东	542	0.0962
77	武汉农商银行	湖北	583	0.1442	86	西安银行	陕西	669	0.0865
78	潍坊银行	山东	740	0.1442	87	曲靖市商业银行	云南	–	0.0481
79	厦门银行	福建	759	0.1442	88	厦门国际银行	福建	480	0.0385
80	沧州银行	河北	997	0.1442	89	西宁农商银行	青海	–	0.0385
81	华融湘江农商银行	湖南	569	0.1346	90	哈密市商业银行	新疆	–	0.0385

从评分结果可以看到：

（1）境内非上市商业银行中排名前10位的分别是：广发银行、南京银行、上海银行、杭州银行、贵阳银行、温州银行、北京农商银行、天津农商银行、上海农商银行和徽商银行。除贵阳银行外，均是分布在东部较发达地区的城市商业银行。其中，披露指数最高的为0.5385，是广发银行，广发银行同时是这90家银行中在世界银行1 000强中排名最为靠前的，排在第118位。披露指数居前10强的银行均在世界银行1 000强中占有一席之地，且总体排名比较靠前。

（2）披露指数较高的银行一般在其官方网站上有较完备的信息。如披露指数排名第3位的上海银行，在其网站上公布了近10年期的完整年报，包括财务信息摘要、公司各治理管理层报告和公司结构变动等信息，同时还独立公布了完整的审计报告及财务报表，其中有比较详尽的财务报表附注，风险管理部分也详尽叙述了各类风险的现状和银行的应对措施，从定量和定性多个角度进行了叙述。

（3）相比之下，披露指数最低的10家分别是哈密市商业银行、西宁农商银行、厦门国际银行、曲靖市商业银行、西安银行、青岛银行、青岛农商银行、吉林舒兰农村商业银行、江门新会农商银行和华融湘江农商银行。可以看出，其中内陆地区的中小城市商业银行占了多数。它们中有近一半不在世界银行1 000强的排名当中，但也有厦门国际银行这样的中外合资银行。其中厦门国际银行、西宁农商银行和哈密市商业银行的披露指数最低，均为0.0385，这些银行所披露的信息基本只有财务报告和简单的附注，没有董事会报告和风险管理情况等必要的部分，也没有与银行业信息披露有关的相应信息。

2. 分地区的披露指数

针对不同地区的商业银行，我们将相应银行的披露指数进行了简单统计，结果见表8－3。

表8－3　　　　分地区的披露指数描述性统计

序号	省份	N	均值	标准差	最小值	中位数	最大值
1	上海	2	0.4904	0.0544	0.4519	0.4904	0.5288
2	贵州	1	0.4808	*	0.4808	0.4808	0.4808
3	北京	1	0.4615	*	0.4615	0.4615	0.4615
4	安徽	1	0.4519	*	0.4519	0.4519	0.4519
5	天津	3	0.3814	0.1225	0.2404	0.4423	0.4615
6	四川	3	0.3590	0.0949	0.2500	0.4038	0.4231
7	浙江	8	0.3377	0.1324	0.1538	0.3606	0.5000
8	河南	1	0.3365	*	0.3365	0.3365	0.3365
9	内蒙古	3	0.3141	0.1236	0.1731	0.3654	0.4038
10	广西	2	0.3029	0.1292	0.2115	0.3029	0.3942
11	江苏	9	0.2885	0.1258	0.1538	0.2404	0.5385
12	重庆	2	0.2692	0.1088	0.1923	0.2692	0.3462
13	广东	7	0.2665	0.1519	0.1154	0.2115	0.5385
14	辽宁	6	0.2612	0.111	0.1538	0.2404	0.3942
15	河北	3	0.2436	0.0862	0.1442	0.2885	0.2981
16	江西	3	0.2436	0.0893	0.1827	0.2019	0.3462
17	云南	2	0.2400	0.272	0.0480	0.2400	0.4330
18	甘肃	1	0.2308	*	0.2308	0.2308	0.2308
19	湖北	3	0.2308	0.1416	0.1442	0.1538	0.3942
20	陕西	2	0.2260	0.197	0.0870	0.2260	0.3650
21	湖南	3	0.2212	0.1336	0.1346	0.1538	0.3750

续表

序号	省份	N	均值	标准差	最小值	中位数	最大值
22	福建	4	0.2115	0.1479	0.0385	0.2212	0.3654
23	黑龙江	2	0.2019	0.000	0.2019	0.2019	0.2019
24	山西	2	0.1971	0.0204	0.1827	0.1971	0.2115
25	山东	8	0.1695	0.0625	0.0962	0.1683	0.2981
26	宁夏	1	0.1635	*	0.1635	0.1635	0.1635
27	吉林	2	0.1490	0.0476	0.1154	0.1490	0.1827
28	新疆	3	0.1346	0.0917	0.0385	0.1442	0.2212
29	青海	2	0.1010	0.0884	0.0385	0.1010	0.1635
30	总体样本	90	0.2644	0.1303	0.0385	0.2260	0.5385

首先，从披露指数总体情况看。境内非上市商业银行的信息披露情况不容乐观，披露指数总体均值仅为0.2644，这与胡奕明（2002）① 调查的英美（均值为0.5140）及香港（均值为0.3666）、韩国（均值为0.3775）、新加坡（均值为0.5058）均存在比较大的差距，说明国内非上市银行的信息披露与10多年前的发达国家和亚太较发达地区的银行相比还存在较大差距。总体样本的中位数为0.2260，明显小于均值，说明披露指数整体呈现左偏的趋势。也就是说，许多银行的信息披露指数偏小。另外，总体样本的标准差达到0.1303，说明不同银行间的披露指数差异十分明显，信息披露情况参差不齐。

其次，从区分地区的情况看。平均披露指数最高的地区是上海，最低的是青海，地区之间相差0.3894。从具体的地区分布来看，不同地区的非上市银行披露指数存在非常明显的差距。直辖市如上海、北京、天津和东部沿海的省份的排名比较靠前，而开放程度相对较低的中西部省份披露指数相对较低，如湖南、湖北、山西、陕西等。从这里能够大致看出我国银行信息披露水平的地域分布情况。

上海地区2家银行的平均披露指数在所有地区的排名中处于最高，为0.4904。上海银行和上海农商银行都提供了比较完善的年报信息和社会责任报

① 胡奕明："银行信息披露的国际比较——对13个国家和地区银行年报的调查分析"，《金融研究》，2002年第3期，第87—94页。

告等，且披露年份连续，达到了境内上市银行的水平。

贵州和北京地区的银行披露指数均值分列二、三位，但因只有1家银行入围，不具有较强的代表性。不过，与样本量同为1的河南和宁夏相比，其披露水平明显高于后者。这从另一个角度也说明，北京农商银行和贵阳银行的透明度要高于其他地区银行，这与当地金融资源比较集中有一定关系。

东南沿海其他省份银行的披露指数也比较靠前，但由于这些地区样本容量较大，一些省份的均值并不显著高于其他省份。例如，浙江省共有8家样本银行，占样本总量的8.70%，且不同银行在披露指数方面存在较大差异，标准差达到0.1324。最高的是杭州银行，披露指数为0.5000，与总体最高分广发银行仅差0.0385分，而评分最低的浙江稠州银行仅为0.1538，两者相差近0.35。浙江在所有省份披露指数的排名中排到了第7位。江苏和广东两地类似。江苏评分最高的南京银行披露指数为0.5385，而评分最低的常熟农商银行披露指数仅为0.1538，两者相差0.3847。在广东，评分最高的是广发银行，披露指数为0.5385，评分最低的是江门新会农商行，披露指数仅为0.1154，两者相差0.4231。江苏和广东在所有省份的排名中排在了第11位和第13位，均处于中等偏上的位置。但是，并不是所有样本量较大的省份都有较大的内部差异和中等偏上的披露水平。例如，数量占比第2的山东，有8家银行入围，占样本总量的8.7%，但评分最高的威海银行披露指数仅为0.2981，而评分最低的青岛银行披露指数为0.0962，两者相差不大，说明山东各银行的年报信息量总体处于比较低的水平，其平均披露指数排在第25位，不太理想。

披露指数最低的均是内陆边疆省份的银行，包括新疆、青海等少数民族聚居的地区，以及吉林。由于国内现有的文献资料较少涉及边远地区银行的信息披露，因此在此对这些地区的银行信息披露质量进行较为详尽的分析。

新疆地区共有3家样本银行，其中披露指数最高的为乌鲁木齐市商业银行。该银行是新疆维吾尔自治区第一家具有独立法人资格的地方性股份制银行，本次评分的分数为0.2212，排在所有90家银行中的第46位，属于中等水平。其在网站上没有登载相应的年报信息，但在“关于我们”的板块介绍了银行的历史沿革和当前经营情况的概要信息，还介绍了乌鲁木齐银行在全国50家内资银行中的排名情况，排名中列示了所有者权益余额及其变动、总资产余额及其变动、利润情况和资产收益等。该银行曾在互联网上完整公布过

2012年的年报，披露指数的主要评分项主要来源于这篇报告。该报告总体形式基本遵循一般企业的年报披露格式，焦点集中于财务信息的叙述、各个治理层次的报告和人员变动等，没有专门的板块阐述对各类风险的管控，报告信息质量一般。

新疆的另一家银行昆仑银行，规模较乌鲁木齐市商业银行要大，资本实力更为雄厚，其前身是2006年改制成立的克拉玛依商业银行，2009年接受中国石油天然气集团公司的注资，并于2010年4月再次增资，2010年改名为昆仑银行，现在已成长为新疆地区最大的地方性商业银行，在2013年的“世界银行1 000强”中排在第350位。该银行信息披露在形式上也较乌鲁木齐市商业银行更加完善，在其官方网站上设有专门的“投资者关系”板块，公布了年份连续的年报摘要，但没有完整的年报全文，内容也较简略，缺少必要的资本结构信息和风险管理信息，信息含量小。

哈密市商业银行的信息披露非常粗略，不但在其官网上没有列示任何年报等定期报告，在我们从公开的信息渠道获得的哈密市商业银行的年报信息摘要中，也只有3张表格，没有其他的附注说明，信息量非常少。

吉林和青海两个省份的银行披露指数平均值也较低，分别为0.1490和0.1010，均为2个样本。各自有1家披露质量较好的省会银行和一家披露质量比较差的地级市银行。省会银行有正规的官方网站，并公布了年报摘要，而地级市银行没有官方网站或者没有公布其年报信息，我们只能通过公开途径搜索得到其信息。类似情况在山西、宁夏等省份的银行也会出现。

宁夏地区金融资源十分有限，境内仅有宁夏银行1家大型股份制商业银行。它是由银川市商业银行股份有限公司于2007年改制而来的，近年由于试点开办伊斯兰银行业务而名声大噪，并在2011年开办天津分行，实现了跨区域经营。其在官方网站上仅公布了年报摘要，因此评分较低，披露指数为0.1635。

3. 分项目的披露指数

根据各家银行在各个调查项目中的披露情况，我们按每个项目大类进行了披露指数的计算，并进行了汇总统计，结果如表8－4所示。

在所有项目中，披露情况最好的5个项目分别是“其他风险”、“内部和外部评级”、“银行账簿信用风险”、“操作风险”和“信用风险备抵”，这些项目几乎全部是关于风险描述和风险管理的，属于第二支柱的重要内容。这几个项目的披露情况较好可能与中国银行业的监管政策逐渐向巴塞尔协议接轨有关，其中很多项目都有明确的规定，必须向公众披露。在新版《商业银行资本管理办法》（以下简称《新办法》）中，商业银行要求通过公众渠道公开其风险管理体系和风险的变动情况等，这些要求看来得到了较好的遵守。例如，"其他风险"中的利率风险和流动性风险是《新办法》的监管重点。在表8－4中，"其他风险"的披露指数均值为0.594，是所有项目中唯一超过50%的项目；其次是"内部和外部评级"，均值为0.469；排在第3的是"银行账簿信用风险"，均值为0.464，也达到了接近50%的程度；排在第4位的是"操作风险"，均值为0.450；排在第5位的是"信用风险备抵"，均值为0.435，全部都在0.4以上，而均值前5位的中位数也基本保持在0.5左右，披露情况比较乐观。

表8－4　　分调查项目的披露指数描述性统计

序号	调查项目	N	均值	标准差	最小值	中位数	最大值
1	资本结构	90	0.350	0.118	0.077	0.385	0.538
2	资本充足率	90	0.384	0.183	0.000	0.400	0.800
3	内部模型法测量市场风险信息	90	0.010	0.056	0.000	0.000	0.500
4	内部和外部评级	90	0.469	0.299	0.000	0.500	1.000
5	信用风险模型法	90	0.039	0.124	0.000	0.000	0.500
6	信用风险备抵	90	0.435	0.248	0.000	0.364	0.909
7	信用衍生产品及其他	90	0.056	0.190	0.000	0.000	1.000
8	衍生产品	90	0.036	0.139	0.000	0.000	1.000
9	地理区域和业务种类划分	90	0.323	0.207	0.000	0.300	0.900
10	会计政策	90	0.305	0.298	0.000	0.286	0.857
11	其他风险	90	0.594	0.368	0.000	0.500	1.000
12	银行账簿信用风险	90	0.464	0.287	0.000	0.400	1.000
13	信用风险缓解技术	90	0.259	0.266	0.000	0.167	1.000
14	标准法测量市场风险信息	90	0.004	0.042	0.000	0.000	0.400
15	操作风险	90	0.450	0.291	0.000	0.500	1.000
16	巴塞尔协议Ⅲ	90	0.242	0.176	0.000	0.200	0.600

注：不包括"证券化业务"一类，共16个大项。

披露指数最低的五项分别是“标准法测量市场风险信息”、“内部模型法测量市场风险信息”、“衍生产品”、“信用风险模型法”以及“信用衍生产品及其他”，这几个评分较低的项目多数涉及新的风险管理方法和创新金融产品。而在中国银行业，尤其是非一线城市银行，这些方面的普及率较低。另外，从监管角度看，虽然《新办法》对使用内部评级法衡量信用风险做出了非常详细的规定，并要求重要商业银行采用高级内部评级法来衡量信用风险加权资产，但并未要求银行披露其采用的信用风险模型及其参数，仅对信用风险的方法和定性、定量信息提出了比较模糊的披露要求，因此绝大多数银行都选择不披露相关信息。“会计政策”、“信用风险缓解技术”、“地理区域和业务种类划分”、“资本结构”和“资本充足率”的披露比率处于中间水平。

从披露指数的波动角度来看，在披露均值最高的前4位项目中，披露指数最大值均为1.0000，即有非上市银行对该项目进行了100%的披露，而平均披露指数最低的“标准法测量市场风险信息”的最大值仅为0.4000，是所有项目中最低的。在均值排名最后5个项目中，其中位数均为0，说明这些项目至少有一半银行完全没有披露，存在较大的盲区。

8.4 各类调查项目上的披露情况分析

在这一部分，我们将计算各类调查项目上的披露比率，即披露该项的银行数占90家银行之比，并从资本、市场风险、信用风险、地理区域和业务种类划分、衍生产品、会计政策、操作风险和其他风险，以及巴塞尔协议Ⅲ新增部分等方面分别进行分析。

1. 资本

资本类项目涉及两个大类，即“资本结构”和“资本充足率”，主要考察商业银行以自有资本应对风险的能力，是否按照巴塞尔协议的要求计算资本充足率并做了适当的披露。两类项目的披露比率见表8－5、表8－6。

从表8－5可知，非上市商业银行对资本类项目的披露分化比较严重。对普通股数量、一二级资本、扣减项、少数股东权益、总资本基数和核心资本充足率的披露水平较高，“普通股数量”的披露达到了0.989，“核心资本充足率”也达到了0.922。这说明，近乎所有的银行都进行了相关披露，它是《商业银行资本管理办法》规定的必须披露的内容。不过，对只提供了3张财务报表的银行来说，这个数据也可能找不到。

表 8 - 5　　资本类项目的披露比率

序号	资本类项目（1）——资本结构	披露比率
1	普通股数量	0.989
2	一级资本数量	0.833
3	永久非累积优先股的数量	0.011
4	资本扣除项目	0.511
5	二级资本数量	0.700
6	三级资本数量	0.000
7	总资本基数	0.844
8	下属机构的少数股权	0.589
9	创新或复杂资本工具	0.067
10	资本期限及其赎回特征	0.000
11	关键“触发”事件	0.000
12	其他累积特征条款	0.000
13	特殊目的工具（SPVs）	0.000

表 8 - 6　　资本充足率披露比率

序号	资本充足率	披露比率
14	核心资本充足率	0.922
15	按内部模型法衡量市场风险的所有相关信息	0.044
16	按标准法衡量市场风险的所有相关信息	0.022
17	银行资本结构变动及对关键比率和总资本头寸的影响	0.289
18	披露银行是否有评估资本充足率和确定恰当资本水平的内部过程	0.644

有些项目的披露评分很低，我们注意到，有5个项目的披露比率为0，即没有一家银行涉及相关披露。造成这种情况我们认为有几方面的原因：第一，由于优先股目前在国内还没有开始试点，非上市商业银行没有发行优先股的情

况存在；第二，按照旧版资本管理办法的核算口径，监管资本只分为一级资本和二级资本两级，没有三级资本，虽然现在银监会《关于中国银行业实施新监管标准的指导意见》已经开始实施，要求商业银行从2012年1月1日开始将监管资本从原来的两级调整为三级，增加核心一级资本这项分类，但该项规定没有指明三级资本的概念，故现在国内商业银行在资本结构中还没有单独的三级资本；第三，目前具有期限特征的资本性项目仅有可转换债券等有限品种，且明确只能由上市公司发行，非上市商业银行不能发行有期限资本项目，也没有涉及利息或鼓励递延类的条款，包括“触发”条款等。

在创新和复杂工具方面，有少数的非上市商业银行涉及并进行了披露，包括广发银行、渤海银行、杭州银行等，但基本上也仅有长期次级债券一种形式，属于附属资本的范围，这与美英等国银行在资本结构存在大量股债混合型的创新工具的情况存在较大差距。

2. 市场风险

对于市场风险的衡量，新巴塞尔协议规定了两种方法，即内部模型法和标准法。内部模型法是指利用在险值（VaR）计算市场风险的加权值，从而确定应准备的针对市场风险的资本要求。标准法则是按照统一的衡量标准，分别计算利率风险、汇率风险、商品风险和股票风险等的资本要求，在此基础上确定市场风险的资本要求。有关衡量市场风险的内部模型法和标准法的评分详情见表8－7和表8－8。

表8－7　　内部模型法测量市场风险信息披露比率

序号	内部模型法测量市场风险	披露比率
19	所用的内部模型类型	0.056
20	银行内部模型覆盖的投资组合	0.011
21	所用内部模型的置信水平	0.011
22	内部模型持有期	0.011
23	所用内部模型的观察期	0.000
24	内部模型回顾测试政策和过程概况	0.000
25	内部模型计量的市场风险暴露汇总定量信息，及管理这些风险的业绩信息	0.000

续表

序号	内部模型法测量市场风险	披露比率
26	实际投资组合损失超过 VaR 的时间（天数）	0.000
27	对于披露的 VaR 数据	0.011
28	交易业务损益日际信息，以及相应的 VaR 数	0.011
29	周际和月际的汇总 VaR 结果	0.000
30	披露的 VaR 数据，提供高/低 VaR	0.011
31	提供非交易投资组合汇总 VaR 或对收益的影响	0.000
32	提供内部模型压力测试政策和程序概况	0.033
33	讨论交易投资组合的冲击影响的情景分析结果	0.000
34	提供非交易投资组合冲击影响的情景分析汇总结果	0.011

表 8-8　　标准法测量市场风险信息披露比率

序号	标准法测量市场风险信息	披露比率
35	披露使用标准法的投资组合	0.011
36	披露每个投资组合使用的度量方法。例如，在交易账簿中衡量利率风险是使用到期日方法还是期限法	0.000
37	披露每个利率风险、股票头寸风险、外汇风险和商品风险的资本要求	0.011
38	披露期权头寸的资本要求	0.000
39	披露在标准法和内部模型法间变换的投资组合	0.000

从表 8-7 和表 8-8 中可知，内部模型法和标准法衡量市场风险项目的披露指数均很低。其中，披露比率最高的单项是“所用的内部模型类型”。我们在对该项进行评分时尺度较松，只要资料中提到使用了内部模型法或 VaR 来衡量市场风险，均视为披露该项信息，但绝大多数样本银行没有提及市场风险衡量方面的信息。即便如此，90 家样本银行中也仅有 5 家银行披露了有关信息，真正提供比较详尽的内部模型信息的仅有上海银行 1 家。可见，非上市银行对市场风险的衡量和披露与巴塞尔协议的要求之间尚存在巨大差距。成熟资本市场的商业银行一般同时采用两种方法衡量内部市场风险。

根据《新办法》的要求，商业银行应当采用内部模型法和标准法，用其计量交易账户中的利率风险和股票风险、全部汇率风险和商品风险的市场风险资本。采用内部模型法计量不能达标的，应按照标准法计量市场风险资本要求。现在，几乎所有的非上市商业银行都没有达到《新办法》的要求，但在《新办法》规定的最后期限 2018 年前，商业银行仍有足够的时间来做准备。从目前看，推行市场风险计量工作仍是一项艰巨的任务。

3. 信用风险

信用风险一直被认为是银行业面临的最主要的风险，也是新资本协议所确立的监管框架中最关注的部分。本次调查相关项目包括 6 个大类，40 个细项，是所有披露信息中最重要的部分。我们将相关调查项目分三个方面加以阐述。

（1）信用风险的评估。

商业银行的信用风险评估方法主要有“内部和外部评级”和“信用风险模型”两类，评分结果详见表 8 －9 和表 8 －10。

表 8 －9　　内部和外部评级披露比率

序号	内部和外部评级	披露比率
40	交易对手信用风险评估过程及方法	0.400
41	提供基于内部或外部评级过程的表内外信用风险质量方面的概要信息	0.333
42	提供内部评级过程的概要信息	0.322
43	内部资本配置过程中内部评级的应用情况	0.822

表 8 －10　　信用风险模型法披露比率

序号	信用风险模型法	披露比率
44	披露信用风险模型是否采用，若采用，则提供模型类型、覆盖的组合及组合规模方面的描述信息	0.044
45	如果一机构对交易对手信用风险进行压力测试，就应披露其过程及其如何被纳入风险管理系统中	0.044
46	披露所用信用风险计量模型的定性与定量信息，包括模型参数（如，持有期，观察期，置信区间等）、整个时期的业绩、模型有效性及压力测试	0.000
47	披露是否在授信时进行了信用评分，如果是，提供评分模型和如何应用方面的描述性信息	0.067

从披露比率上看，内外部评级方面的披露做得较好，各项目分值分布在0.33—0.83之间。根据中国银行业监督管理委员会制定的《贷款风险分类指引》（银监发〔2007〕54号）和《小企业贷款风险分类办法（试行）》，在衡量及监控贷款质量时，应按借款人的还款能力、还款记录、还款意愿、贷款的担保、贷款偿还的法律责任等，把贷款划分为正常、关注、次级、可疑和损失五个类别，其中次级、可疑和损失类的贷款为不良贷款。国内几乎所有银行都对贷款按这一标准进行了评级和分类。不过，许多银行对评价标准未予详细披露，仅仅是列示了五种贷款余额信息。

《新办法》还规定，商业银行可以使用权重法或内部评级法计算信用风险加权资产。内部评级法又分为高级法和低级法。对于不能按照内部评级法计算风险加权资产的银行，均按照《新办法》中的统一标准采用权重法计算。从样本银行披露的信息来看，银行采用信用风险模型并予披露的非常少，4个披露项目比率在0—0.067之间。绝大部分银行没有披露任何信用风险模型相关信息。

（2）信用风险定性信息。

对信用风险的披露，定性信息亦非常有价值。在调查项目的“银行账簿信用风险”一栏中，涉及有关信用风险的多项定性信息，包括信用风险管理机构设置、监管运作、管理战略、逾期和减值、不良资产等的定义和管理方法等。90家银行的披露比率见表8－11。

表8－11　　　　银行账簿信用风险（定性信息）披露比率

序号	信用风险定性信息	披露比率
48	信用风险管理部门的结构、管理和组织	0.578
49	信用风险管理的战略、目的和实际运作	0.844
50	逾期资产和减值资产管理技术和方法	0.378
51	不良、逾期和减值贷款的定义和违约定义	0.433
52	特殊风险备抵的定义	0.089

除“特殊风险备抵的定义”这一项外，信用风险其他4项定性信息披露比率均较好，分值在0.38—0.85之间。其中，分值最高的是“信用风险管理

的战略、目的和实际运作”。发布独立年报的银行基本上都会在年报的风险管理部分披露自己信用风险管理方面的一些运作情况。“逾期资产和减值资产管理技术和方法”这类信息大多可以在财务报表附注有关资产减值部分的披露中找到。只要披露了完整的财务报表（含附注），大多会披露该项信息。对于“特殊风险备抵的定义”，披露的银行很少，这可能与没有此项工作有关。

（3）信用风险缓解。

信用风险缓解方面的项目包括“信用风险缓解技术”和“信用风险备抵信息”两大类，其中，信用风险缓解技术包括抵押物和担保物管理的战略和相应的定量信息，信用风险备抵信息则包括减值准备和减值损失等方面的定性和定量信息，以及国家风险和衍生品备抵等方面的信息。评分结果详见表8－12和表8－13。

表8－12　信用风险缓解技术披露比率

序号	信用风险缓解技术	披露比率
53	抵押管理的总体战略和程序	0.311
54	描述抵押物确认的关键内部政策	0.167
55	对保护提供者进行持续信用质量监督	0.156
56	总暴露定性信息	0.356
57	由抵押物或表内对抵合同保护的暴露数量	0.133
58	由担保规避的风险数量	0.433

从表8－12可知，信用风险缓解技术6个项目的披露比率分布在0.13—0.45之间，相对较低。其中，只有“由担保规避的风险数量”和“抵押管理的总体战略和程序”两项较高，它们属于财务报表附注必须披露的内容。“总暴露定性信息”主要反映样本银行对备抵定量信息的披露情况。披露该项信息的银行基本都在年报中有单独的风险敞口方面的内容，这类银行的整体信息披露质量较高。我们发现，很少有银行在年报中会提及抵押物的确认政策和对担保提供者的持续监督。一方面可能是因为银行对抵押物没有明确的覆盖比政策，另一方面也可能是因为银行对担保提供者监督力度还不够。

表 8－13　　信用风险备抵信息披露比率

序号	信用风险备抵	披露比率
59	统一的建立信用损失备抵的信息	0.467
60	非应计和受损资产对银行财务业绩影响的信息	0.922
61	直接计入损益表的冲销和回收数量	0.611
62	历史备抵水平	0.933
63	提供总信用风险信息	0.489
64	备抵的分配标准	0.367
65	描述对国家风险提取准备的政策和实务	0.011
66	信用损失提取准备和备抵适当性的实务和规程	0.300
67	用于监控和管理逾期或受损资产/信用关系的技术	0.367
68	抵押、约定、担保或信用保险对信用暴露的影响	0.289
69	衍生产品信用风险损失备抵的数量和性质方面的信息	0.033

在“信用风险备抵”各调查项目之间，披露比率存在较大差距，分值分布从0.03到0.94不等。披露比率水平最高的“非应计和受损资产对银行财务业绩影响的信息”和“直接计入损益表的冲销和回收数量”是财务报表必须披露的内容，因此分值较高。对于没有强制披露要求的项目，如“统一的建立信用损失备抵的信息”等，披露比率较低，多在0.2到0.5之间。此外，非上市商业银行也很少涉及有关国家风险和衍生品信息的披露，披露比率在0.2以下，显然这与它们的业务复杂程度以及尚未涉及跨国经营有关。

4. 地理区域和业务种类划分

对银行来说，风险与业务是密切相关的。业务的布局往往可以决定风险的分布，这种布局可以体现在不同金融产品或金融工具上面，也可以体现在地理区域或交易对手上面。为更好地监控风险，巴塞尔委员会明确要求商业银行应按照交易对手、地区、资产或工具种类等进行划分，并披露相关信息。这方面调查项目的分值参见表8－14。

表 8-14　　地理区域和业务种类划分披露比率

序号	地理区域和业务种类划分	披露比率
70	按广义工具类别划分的市场业务信息	0.033
71	按广义风险类别划分的市场业务信息	0.711
72	按主要风险或产品划分的交易收入信息	0.556
73	按资产种类划分的过期资产细目	0.467
74	按主要对手类型划分的表内和表外组成的信息	0.678
75	按对手类型划分的逾期资产细目	0.278
76	按业务种类划分的信用风险信息	0.400
77	信用风险地理分布概要信息，包括国内和国际	0.078
78	国家风险	0.011
79	按地区区域划分的受损资产细目	0.022

显然，在根据不同标准划分业务相关信息的披露上，各家银行的做法有较大差别。从披露情况看，披露按风险类别划分的银行最多，披露比率为0.711；其次是按表内表外划分的，披露比率为0.678。对于收入和业务，银行主要按产品和交易对手类型进行划分。而对于资产，则主要按资产的种类进行划分。我们发现，较少银行按对手类型进行划分，按地区划分的也很少。这两类项目上的披露比率没有超过0.1000。由于分类的标准可以很多，加上有些标准不一定好把握，因此如果要加强监管，则应由监管机构给出一些划分标准并作出强制披露要求。否则，单单依靠银行自愿披露，信息的可比性可能不会太好。

5. 衍生产品

衍生产品调查项目包括“普通衍生产品”和“信用衍生产品”两大类。信用衍生产品是指以贷款或债券的信用状况作为合约标的的一种金融衍生工具，这一项目主要用来考察商业银行对金融衍生工具相关信息的披露质量。评分详情见表8-15和表8-16。

表 8-15　　衍生产品披露比率

序号	衍生产品	披露比率
80	运用非交易衍生产品的目的	0.011
81	交易业务总业务目的以及达到这些目标的策略	0.022
82	衍生产品如何用来对风险进行套期保值（策略）	0.022
83	衍生产品总的正市值	0.056
84	衍生产品总的负市值	0.067

表 8-16　　信用衍生产品和其他信用增强披露比率

序号	信用衍生产品和其他信用增强	披露比率
85	讨论信用衍生产品的运用、包括策略和目的	0.022
86	披露信用衍生产品的名义金额和公允价值	0.089

从披露比率看，衍生产品的信息披露总体情况较弱。除上海银行、南京银行、渤海银行等有限几家银行披露了少量衍生产品信息外，其余银行很少在年报中披露衍生产品相关信息。由于衍生产品栏目是金融企业财务报表的必填项目，我们特地留意了样本银行财务报表中的相应栏目，余额基本均为0。这说明衍生产品业务在非上市银行中开展得非常有限，绝大部分地方性商业银行还没有涉及衍生品业务，因而也就不存在相应的信息披露。

6. 会计政策

新巴塞尔协议要求关注会计政策对收入和资产计量的影响，要求披露这方面的相关信息，因为会计政策的运用有时会在一定程度上揭露或者掩盖银行面临的风险。了解不同银行在会计政策方面的差异，对评估不同银行的风险有重要作用。这一调查项目的评分结果参见表 8-17。

从表 8-17 可知，会计政策项目中属于会计准则要求披露的项目，如“资产初始确认和后续期间的计量基础”、“银行内按性质或功能划分的收入和费用”和“区分交易资产和交易负债”等，其披露情况较好，平均披露比率在 0.5 左右。而非交易业务和套期等涉及复杂金融工具政策的披露比率较低，说明银行很少进行这方面披露。我们认为，这主要还是因为地方性商业银行其业务大多涉及存贷业务，涉及复杂金融工具的很少，故相关会计政策的运用及披露也较少。

表 8 - 17　　会计政策披露比率

序号	会计政策	披露比率
87	资产初始确认和后续期间的计量基础	0.522
88	交易业务（运用现金工具和衍生产品）及非交易业务收入确认会计政策和方法	0.133
89	银行内按性质或功能划分的收入和费用	0.533
90	基于内部计量和会计系统的交易业务对收入影响的汇总信息	0.056
91	影响资产计量的套期关系处理	0.022
92	会计上确定逾期或受损资产的根据及披露目的（合适的话披露天数）	0.378
93	区分交易资产和交易负债	0.489

7. 操作风险及其他风险

操作风险的评估和管理近年来越来越受到重视，也是本次调查的一个关注点。对于操作风险，如何进行有效管理，目前尚没有权威性的解决方案。巴塞尔新资本协议提出了三种衡量方法：基本指数法、标准法和内部计量法。中国银监会的《新办法》要求商业银行可选用这三种方法，用以衡量操作风险，计算相应的风险加权资产及相应的风险资本。不过，定量衡量在实务中还是一个尚未解决的难题。除操作风险之外，本次调查还设计了一个项目“其他风险”，包括流动性风险、法律风险等，这也是近年来关注的热点问题之一。有关操作风险和其他风险的调查结果见表 8 - 18 和表 8 - 19。

表 8 - 18　　操作风险披露比率

序号	操作风险	披露比率
94	提供操作风险管理体系的风险政策（包括缓解技术）、组织结构、报告系统和程序文件	0.778
95	提供操作风险管理体系的有效运用、每年至少一次的独立回顾	0.122

表 8-19 **其他风险披露比率**

序号	其他风险	披露比率
96	银行账簿利率风险定性信息	0.644
97	银行账簿利率风险定量信息	0.400
98	流动性风险的定量和定性信息及策略	0.844
99	法律或有情况（包括待决法律行动），讨论可能的债务	0.489

从上述表格可知，关于操作风险政策描述等定性信息的披露比率很高，达到0.778，但对其实际运用情况的披露比率却仅为0.122，这从侧面印证了操作风险管理在技术上还存在相当大的困难，目前国内地方性商业银行主要还是从定性角度进行管理。

银行对“其他风险”的披露情况比较好，很多银行将利率风险作为市场风险的主要内容进行披露，同时单独列示流动性风险信息。有关法律风险方面的信息是财务报告辅助披露的重要组成部分，故其披露情况也较好。

8. 巴塞尔协议Ⅲ新增项目

在这次调查中，我们根据巴塞尔协议Ⅲ新增的几项重要内容，增加了5个调查项目，包括几个比较重要的指标，如杠杆率、流动性指标等。这些新增项目体现了巴塞尔协议Ⅲ用以评估银行资本及风险状况的新角度和新技术。调查结果见表8-20。

表 8-20 **巴塞尔Ⅲ披露比率**

序号	巴塞尔Ⅲ	披露比率
100	新增流动性标准	0.711
101	新增资本组成：资本留存缓冲和逆周期资本	0.011
102	杠杆率	0.078
103	监管资本的组成与经审计的财务报表数据之间的调和	0.222
104	对于各类监管资本率计算方法的详细说明	0.189

从表8-20可以看到，在巴塞尔协议Ⅲ的新增项目中，关于“流动性标准”的披露非常好，披露比率达0.711。目前，流动性比率已经是中国银监会

重视的监管指标之一，要求商业银行必须将流动性比率控制在25%以上，这也是众多银行对该项信息披露充分的一个重要原因。至于其他几项信息，由于监管机构还没有提出相应的强制披露要求，披露情况较为不足，披露比率基本处于0.2及以下水平。

8.5 信息披露影响因素分析

为了解非上市商业银行信息披露影响因素，我们对上述90家银行进行了回归分析，考察的影响因素主要包括银行规模、资本状况、资产质量以及经营业绩等方面。

1. 描述性统计

考察的变量涉及银行经营管理等多个方面，相关数据均取自银行年报的财务概要或合并报表及附注中的有关内容。变量大体分以下几类：①银行规模，包括总资产（Asset）、净利润（Income）、存款总额（Deposit）、贷款总额（Loan）几个变量。存款总额和贷款总额要么出现在财务概要中，要么分别取自合并资产负债表中的“客户存款”和“客户贷款或垫款”科目。②资本状况，包括资本充足率（CAR）、核心资本充足率（CCAR）和总权益比总资产（ETA）。2012年，资本充足率和核心资本充足率的计算是依据中国银监会《商业银行资本充足率管理办法》及相关规定计算。总权益比总资产为总权益与总资产之比，是反映资金来源结构的一个主要变量。③资产质量，包括拨备覆盖率（PCR）和不良贷款率（NPLR）两个变量。拨备覆盖率为贷款减值准备余额除以不良贷款余额，不良贷款率则为不良贷款余额除以客户贷款及垫款总额。④经营业绩，包括加权平均净资产收益率（WROE）、成本收入比（CIR）和手续费占比（FRR）。加权平均净资产收益率反映的是银行的获利能力，取自年报财务概要①。但约有21家银行没有披露该项数据，为减少缺省值的影响，我们用“净利润除以期初、期末净资产平均值”替代。成本收入比为“业务及管理费除以营业收入”，反映银行成本管理能力，该比值越高，说明成本越高。手续费占比为“手续费及佣金净收入除以营业收入”，反映银

① 有些银行会标注计算依据，如披露“根据中国证监会《公开发行证券的公司信息披露编报规则第9号——净资产收益率和每股收益的计算及披露》（2010年修订）的规定计算”。对于不加标注的，我们视同按上述规定计算。

行中间业务相对其他业务的好坏，比值越高，说明中间业务贡献越大。⑤两个哑变量：地区和银行类型。当银行注册地属于沿海东部发达地区，“地区”哑变量取值为1，否则为0。这些地区是辽宁、北京、天津、山东、江苏、上海、浙江、福建和广东。当银行属于城市商业银行，“银行”哑变量取值为1，否则为0。对相关变量进行的描述性统计结果见表8－21。

表8－21　　　　　　变量的描述性统计

变量名	含义	平均值	标准差	最小值	最大值
Index	披露指数	0.264	0.130	0.039	0.539
Asset	总资产（亿元）	1 496.3	1 747.2	29.5	11 681
Income	净利润（亿元）	15.8	16.9	0.3	112.2
Deposit	存款总额（亿元）	1 053.4	1 261.7	25.1	8 567.1
Loan	贷款总额（亿元）	649.7	867.8	11.2	6 157.5
CAR	资本充足率	0.141	0.019	0.109	0.193
CCAR	核心资本充足率	0.120	0.022	0.083	0.188
ETA	总权益比总资产	0.070	0.020	0.004	0.124
PCR	拨备覆盖率	4.411	5.384	1.323	48.038
NPLR	不良贷款率	0.010	0.005	0.001	0.027
WROE	加权平均净资产收益率	0.184	0.049	0.066	0.295
CIR	成本收入比	0.332	0.069	0.162	0.542
FRR	手续费占比	0.053	0.045	－0.050	0.196
Area	地区	0.533	0.502	0	1
Type	银行类型	0.811	0.394	0	1

从关于银行规模的几个变量来看，最大值和最小值之间差异较大，总资产从最小的29.5亿元到最大的11 681亿元。从资本状况看，各银行的资本充足率差异不大，最小为10.9%，最大为19.3%，不过，在总权益比总资产方面，差别还是不小，从最小的0.004到最大的0.124。这个比例越低，表明负债资金来源占比越高。从资产质量来看，拨备覆盖率平均为441.1%，最小为132.3%，最大为4803.8%。从不良贷款率看，最小0.1%，最大2.7%，说明银行间差异不小。从获利能力即加权平均净资产收益率看，最低6.6%，最高

29.5%。从成本控制角度看，最低的成本收入比为16.2%，最高的为54.2%，即占营业收入一半以上。从手续费占比看，因为是看手续费和佣金净收入的比值，因此最小值出现小于零即净收入为负的情况。该值的平均数为5.3%，表明总体上看，中间业务的贡献还是很低的。另外，从地区看，东部沿海发达地区的银行和其他地区的银行在样本中基本上各占一半，不过，从银行类型看，城市商业银行占约80%，其他类型（主要是农业商业银行）银行在样本中占比较小。

2. 相关分析

对上述变量进行的Pearson相关分析结果见表8-22。从表中可知，信息披露指数（Index）与四个规模变量（Asset，Income，Deposit和Loan）以及获利能力（WROE）的变量之间均呈显著正相关，但与核心资本充足率（CCAR）和总权益比总资产（ETA）成显著负相关。不过，一些自变量之间可能存在较强的相关性，如反映银行规模的四个变量之间具有高度的相关性，反映资本状况的三个变量（CAR，CCAR和ETA）之间也存在类似的情况，特别是资本充足率（CAR）和核心资本充足率（CCAR）之间，相关系数达到0.841。此外，反映规模的四个变量与反映资本状况的三个变量之间呈显著负相关关系，与手续费占比（FRR）变量呈显著负相关。反映获利能力的加权平均净资产收益率（WROE）与不良贷款率（PCR）呈显著正相关，与拨备覆盖率（NFLR）呈显著负相关。不过，这种相关分析并没有将变量间的干扰排除，故需要做进一步的回归分析。

3. 多元回归分析

首先，我们给出多元回归方程，见下式：

$$Index_i = \alpha + \sum \beta_1 Size_i + \sum \beta_2 Captial_i + \sum \beta_3 Quality_i + \sum \beta_4 Performance_i + \beta_5 Area_i + \beta_6 Type_i + \varepsilon$$

其中，*Size*代表4个规模变量：总资产、净利润、存款总额、贷款总额；*Capital*代表3个资本状况变量：资本充足率、核心资本充足率、总权益比总资产；*Quality*代表2个资产质量变量：拨备覆盖率、不良贷款率；*Performance*代表3个财务业绩指标：加权平均净资产收益率、成本收入比和手续费占比。

考虑到变量之间的相关性，我们将变量组合之后放入回归方程，形成9个模型，其回归结果见表8-23。由于衡量银行规模的4个变量（Asset，Income，Deposit，Loan）和衡量资本状况的3个变量（CAR，CCAR，ETA）以及衡量中间业务收入的变量（FRR）之间具有很强的相关性，因此在模型（1）—（5）中仅包括了反映银行规模的变量，而未纳入上述几个强相关变量。在模型（6）—（9）中则相反，分别考察3个衡量资本状况的变量以及中间业务变量。从F值看，方程均总体有效。9个模型的R^2大多在0.26—0.28之间，说明模型有一定的解释力。

从回归结果中可以看到：①信息披露指数与银行规模正相关。从模型（1）—（4）的结果看，4个规模变量的回归系数都显著为正。不过，其中只有净利润（Income）的回归系数为0.003，其他的回归系数均接近0，非常小。这一结果表明，规模是影响银行信息披露好坏的因素之一，特别是净利润，规模越大，披露越好。②信息披露好坏与资本状况无关。这从模型（6）—（8）的结果可以看出，3个变量均不显著。③信息披露好坏也与资产质量无关。模型（1）—（4）以及模型（6）—（9）中都包含了拨备覆盖率（PCR），但系数均不显著。模型（5）中用不良贷款率（NPLR）对其做替换，结果亦不显著。④从反映银行经营业绩的财务指标看，代表获利能力的WROE回归系数在模型（1）—（9）中基本为正显著相关，表明获利能力越强，银行信息披露也越好。这与前面的规模变量净利润结果相呼应。不过，代表成本管理能力的变量成本收入比（CIR）不显著，代表中间业务能力的变量手续费占比（FRR）也不显著。⑤代表地区和银行类型的两个控制变量哑变量回归系数也不显著。这表明无论银行在什么地区，也不管是城市商业银行，还是农村商业银行，其信息披露程度都没有显著差异，地区和银行类型不影响信息披露好坏。

表 8 - 22　　Pearson 相关分析结果

	Index	Asset	Income	Deposit	Loan	CAR	CCAR	ETA	PCR	NPLR	WROE	CIR	FRR	Area	Type
Index	1.000														
Asset	0.484 ***	1.000													
Income	0.507 ***	0.972 ***	1.000												
Deposit	0.488 ***	0.987 ***	0.975 ***	1.000											
Loan	0.473 ***	0.976 ***	0.966 ***	0.989 ***	1.000										
CAR	-0.157	-0.311 ***	-0.245 **	-0.283 ***	-0.278 ***	1.000									
CCAR	-0.301 ***	-0.427 ***	-0.374 ***	-0.427 ***	-0.416 ***	0.841 ***	1.000								
ETA	-0.241 **	-0.357 ***	-0.278 ***	-0.329 ***	-0.288 ***	0.607 ***	0.739 ***	1.000							
PCR	-0.041	-0.099	-0.107	-0.127	-0.121	0.044	-0.048	-0.158	1.000						
NPLR	-0.092	0.021	-0.020	0.071	0.068	0.132	0.119	0.294 ***	-0.406 ***	1.000					
WROE	0.250 **	0.087	0.198 *	0.103	0.087	-0.094	-0.271 **	-0.390 ***	0.251 **	-0.430 ***	1.000				
CIR	-0.111	0.089	-0.024	0.084	0.089	-0.151	-0.127	-0.047	-0.231 **	0.188 *	-0.512 ***	1.000			
FRR	0.160	0.497 ***	0.441 ***	0.431 ***	0.404 ***	-0.323 ***	-0.248 **	-0.245 **	0.071	-0.084	-0.069	0.023	1.000		
Area	0.142	0.248 **	0.212 **	0.246 **	0.269 **	-0.166	-0.114	0.085	-0.182	0.225 **	-0.353 ***	0.046	0.094	1.000	
Type	0.125	0.042	0.039	0.006	0.008	-0.129	-0.058	-0.157	0.116	-0.431 ***	0.187 *	-0.092	0.161	-0.224 **	1.000

注：*** 代表 1% 显著性水平，** 代表 5% 显著性水平，* 代表 10% 显著性水平。

表 8-23 银行信息披露影响因素多元回归分析结果

模型	(1)		(2)		(3)		(4)		(5)		(6)		(7)		(8)		(9)	
解释变量	回归系数	T值	回归系数	T值	回归系数	T值	回归系数	T值	回归系数	T值	回归系数	T值	回归系数	T值	回归系数	T值	回归系数	T值
Asset	0.000	4.01 ***							0.000	4.04 ***	0.000	4.02 ***	0.000	3.64 ***	0.000	3.85 ***	0.000	3.21 ***
Income			0.003	3.69 ***														
Deposit					0.000	3.50 ***												
Loan							0.000	3.61 ***										
CAR											0.285	0.32						
CCAR													-0.354	-0.55				
ETA															-0.025	-0.04		
PCR	-0.001	-0.97	-0.000	-0.62	-0.001	-0.75	-0.001	-0.92			-0.001	-0.97	-0.001	-0.99	-0.001	-0.93	-0.003	-0.42
NPLR									0.843	0.31								
WROE	0.671	2.27 **	0.587	1.97 **	0.677	2.35 **	0.662	2.26 **	0.682	2.03 **	0.699	2.03 **	0.584	1.63	0.666	1.91 *	0.635	1.96 **
CIR	0.022	0.09	0.097	0.40	0.047	0.19	0.035	0.14	-0.012	-0.05	0.040	0.14	-0.026	-0.10	0.019	0.07	0.009	0.03
FRR																	-0.240	-0.64
Area	0.026	0.90	0.027	0.96	0.032	1.15	0.025	0.88	0.035	1.34	0.028	0.97	0.023	0.80	0.026	0.89	0.027	0.90
Type	0.011	0.29	0.013	0.34	0.016	0.43	0.015	0.39	0.035	1.01	0.013	0.34	0.012	0.30	0.011	0.29	0.011	0.26
观测数	79		79		78		79		84		79		78		79		72	
F值	5.31		4.44		4.23		4.13		5.32		4.50		4.56		4.51		3.77	
R-squared	0.266		0.269		0.273		0.260		0.280		0.268		0.266		0.266		0.268	

注：*** 代表1%显著性水平，** 代表5%显著性水平，* 代表10%显著性水平。

8.6 研究结论

综合本章研究结果，我们可以得到的研究结论是：

（1）从信息披露指数看，在90家非上市商业银行中，披露指数最高的为0.5385，是广发银行。排名前10位的银行大多是分布在东部较发达地区的商业银行，而后10位大多是内陆地区的中小商业银行。而且，披露指数较高的银行一般在其官方网站上有较完备的信息。

（2）在所有调查项目中，披露情况最好的5个项目分别是“其他风险”、“内部和外部评级”、“银行账簿信用风险”、“操作风险”和“信用风险备抵”，这些项目几乎全部是关于风险描述和风险管理的，属于第二支柱的重要内容。披露指数最低的五项分别是“标准法测量市场风险信息”、“内部模型法测量市场风险信息”、“衍生产品”、“信用风险模型”以及“信用衍生产品及其他”，这几个评分较低的项目多数涉及新的风险管理方法和创新金融产品。

（3）在巴塞尔协议Ⅲ的新增项目中，关于“流动性标准”的披露非常好，披露比率达0.711。目前，流动性比率已经是中国银监会重视的监管指标之一，要求商业银行必须将流动性比率控制在25%以上，这也是众多银行对该项信息披露充分的一个重要原因。至于其他几项信息，如杠杆率、各类监管资本计算方法说明等，则因无强制披露要求，披露情况较为不足。

（4）经过回归分析可知，影响国内非上市商业银行信息披露的主要因素是银行规模以及获利能力。规模越大，获利能力越强，信息披露也越好。